Maria Balì
Luciana Ziglio

Espresso 3

Ein Italienischkurs
Lehr- und Arbeitsbuch

Max Hueber Verlag

Beratende Mitarbeit:

Rita Cagiano, Kursleiterin am Italienischen Kulturinstitut Köln und an der Volkshochschule Düsseldorf

Linda Cusimano, Kursleiterin an der Volkshochschule München, Lehrbeauftragte an der Universität München, Lehrerin am Pestalozzi-Gymnasium, München

Mariangela Porta, Kursleiterin an der Volkshochschule München

Paolo Degasperi, Pädagoge und Soziologe, Trento

Wir danken allen Freunden und Kollegen für die Beratung, die sprachliche Durchsicht und die Erprobung im Unterricht.

Verlagsredaktion: Giovanna Rizzo
Redaktionsassistenz: Stephanie Pfeiffer

Ⓡ Dieses Werk folgt der seit 1. August 1998 gültigen Rechtschreibreform.

€ 3. 2. 1. | Die letzten Ziffern
2007 06 05 04 03 | bezeichnen Zahl und Jahr des Druckes.
Alle Drucke dieser Auflage können, da unverändert,
nebeneinander benutzt werden.
1. Auflage
© 2003 Max Hueber Verlag, 85737 Ismaning, Deutschland
Zeichnungen: ofczarek!, Köln
Satz und Gestaltung: Büro Caroline Sieveking, München
Reproarbeiten: Lorenz & Zeller, Inning
Druck und Bindung: Druckerei Appl, Wemding
Printed in Germany
ISBN 3–19–005349–9

Inhalt

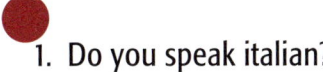

10. Italia da scoprire S. 100 – 107

Redeabsichten

eine Route beschreiben; Informationen über eine Stadt / Gegend geben
und verstehen; Vorlieben und Besorgnis ausdrücken

Grammatik

das Passiv mit *andare*; *il cui/la cui*; die *si*-Konstruktion in zusammengesetzten Zeiten;
die *si*-Konstruktion mit *essere*; der Finalsatz (*affinché, perché* + *congiuntivo*)

Vorwort

Espresso 3 ist der dritte Band unseres dreibändigen Italienischlehrwerks mit integriertem Übungsbuch und führt zum Niveau B1 des Europäischen Referenzrahmens.

Anhand von lebendigen Dialogen, authentischen Texten und abwechslungsreichen Übungen werden die Sprachkenntnisse systematisch ausgebaut. Dabei werden zahlreiche kulturkundliche Aspekte Italiens dargestellt und mit den eigenen Erfahrungen der Lernenden verglichen.

Ebenso wie in **Espresso 1** und **2** ist jede der 10 Lektionen thematisch so angelegt, dass der Lernende die Strukturen und den Wortschatz erlernt, die für die Kommunikation im Unterricht und später in Italien notwendig sind.

Jede Lektion enthält immer wiederkehrende Teile:

- Eine Einstiegsseite führt in das Thema der Lektion ein. Hier lernen Sie die ersten Wörter, die dann in den folgenden Dialogen und Texten erweitert werden.
- Es folgen kurze Dialoge oder Lesetexte, die anschließend in gelenkten und freien Übungen in kleinen Schritten erarbeitet werden.
- Ein Hörverstehensteil bringt Sie in direkten Kontakt zur gesprochenen Sprache. Hier geht es nicht darum, alles zu verstehen. Sie sollten sich vielmehr mit dem Italienischen vertraut machen und sich auf die zugehörigen Übungen konzentrieren.
- Eine abschließende Seite stellt die Sprechintentionen und die wichtigsten Strukturen aus der Lektion übersichtlich dar.

CD 1, CD 2 usw. verweisen auf die Stopppunkte auf der Audio-CD.

Im Anschluss an die Lektionen finden Sie einen Übungsteil, der Ihnen zu Hause, aber auch im Kurs Gelegenheit gibt, individuell und systematisch den Lektionsstoff zu vertiefen. Auch finden Sie hier wichtige landeskundliche Informationen.

Mit Hilfe eines Lösungsschlüssels am Ende des Buches können Sie selbst feststellen, ob Sie alles richtig gemacht haben.

Zwischen dem Lehrbuchteil und dem Übungsteil bieten wir Ihnen noch zusätzliche authentische Lesetexte (*Qualcosa in più*). Mit ihnen können Sie Ihr Leseverstehen weiter festigen.

Espresso 3 endet mit einer Grammatikübersicht – geordnet nach Grammatikthemen, einem Lektionswortschatz und einem alphabetischen Wortschatzregister mit einem Verweis auf die Lektion, in der das Wort zum ersten Mal erscheint.

Und nun wünschen wir Ihnen viel Erfolg und Freude bei der Arbeit mit **Espresso 3**.

Autorinnen und Verlag

Do you speak italian?

1 Io imparo ...

Fate una crocetta sulle affermazioni che vi riguardano.

Io imparo una lingua straniera...

per soddisfazione personale ☐
per comprendere una cultura diversa ☐
per comunicare sul lavoro ☐
per parlare con amici o in famiglia ☐
per arrangiarmi quando sono all'estero ☐

Il mio obiettivo è...

partecipare a una conversazione ☐
saper comunicare in situazioni quotidiane (ristorante, bar, negozi, ecc.) ☐
leggere giornali, riviste o libri ☐
leggere documenti ufficiali ☐
guardare film o programmi televisivi ☐
ascoltare la radio ☐
scrivere lettere o e-mail ☐

Come valutate il vostro livello di conoscenza dell'italiano?
(1 = discreto; 2 = buono; 3 = molto buono)

parlare ☐   grammatica ☐
capire ☐   vocabolario ☐
scrivere ☐   pronuncia ☐

Secondo voi, quali attività sono importanti per imparare una lingua straniera?
Esprimete il vostro parere, confrontate con un compagno e poi in plenum.

È utile e divertente	È utile, ma per me difficile	È utile, ma noioso	Non è utile
++	+	/	–

ascoltare dialoghi «autentici» ☐   tradurre ☐
leggere articoli di giornale ☐   scrivere testi in classe ☐
leggere testi letterari ☐   scrivere testi a casa ☐
leggere ad alta voce ☐   imparare vocaboli a memoria ☐
fare dettati ☐   giocare ☐
ascoltare canzoni e cantare ☐   parlare il più possibile ☐
guardare video ☐   fare esercizi di grammatica ☐
(film, programmi televisivi, ecc.)

In piccoli gruppi confrontate le vostre risposte e, dove possibile, motivatele.

  2 Toglimi una curiosità!

CD 1

Ascoltate il dialogo e rispondete alle domande.

a. In quanto tempo ha imparato l'italiano Stefan?

_____

b. Che lingua studia il collega italiano? E da quanto tempo?

_____

c. Che difficoltà ha il collega italiano?

_____

d. Che cosa pensa Stefan dell'apprendimento delle lingue straniere?

_____

Ora riascoltate il dialogo e controllate.

■ Senti, Stefan, toglimi una curiosità, ma tu quanto tempo
ci hai messo a imparare l'italiano?

▼ Mah, non lo so ... due anni direi ...

■ Ma l'hai imparato qui o avevi già fatto dei corsi?

▼ Beh, sì, quando sono arrivato in Italia avevo già fatto un corso.
Prima di partire, avevo frequentato un corso all'università di Amsterdam,
ma solo per un paio di mesi ...

■ Pazzesco! Io sono tre anni che faccio corsi d'inglese e ancora non lo parlo!

▼ Vabbe', dai! Un po' lo parli! E poi non puoi fare il confronto con me.
Prima di trasferirmi io ero già stato altre volte in Italia,
e poi, scusa, io dopo tutto vivo qui!

■ Sì, però dovrei parlarlo molto meglio dopo tutti i corsi che ho fatto ...

▼ Mah, dipende ...

■ Sai, il problema è che alcune regole di grammatica proprio non mi
entrano in testa!

▼ Beh, forse è proprio questo il punto. Pensi troppo alla grammatica
e poi ti blocchi!

■ Sì, è vero ... è perché ho paura di sbagliare.

▼ Sì, però se pensi sempre agli errori non parlerai mai.
Anch'io all'inizio mi vergognavo perché facevo un sacco
di errori, poi però ...

> Avevo fatto un corso
> **prima di trasferirmi.**

E 1·2

> Quanto tempo ci hai messo a imparare l'italiano?
> Sono tre anni che faccio corsi d'inglese.

3 Riflettiamo

*Il verbo qui sottolineato è un trapassato prossimo. Rileggete il dialogo, sottolineate
tutti i verbi che secondo voi sono nello stesso tempo e scriveteli qui di seguito.
Confrontate poi in plenum.*

<u>Avevi fatto</u> dei corsi?

Come si forma secondo voi il trapassato prossimo? E quando si usa?
Parlatene in coppia e poi in plenum.

4 Avevi già fatto dei corsi?

Collegate le frasi e coniugate al trapassato prossimo i verbi indicati tra parentesi.

1. Prima di trasferirmi a Parigi

2. Quando siamo arrivati al cinema,

3. No, i ragazzi non li ho visti, quando sono arrivato

4. Quando sono arrivata in classe

5. Quando sono arrivati alla stazione

6. Ieri sera quando sono arrivata a casa

7. Sono andato in biblioteca per restituire i libri

8. Ho guardato l'orologio e ho visto che

a. (uscire) _____ già _____.

b. che (prendere) _____ _____ in prestito un mese fa.

c. (fare) _____ già _____ diversi corsi di francese.

d. (passare) _____ già _____ un'ora.

e. la lezione (finire) _____ _____ da cinque minuti.

f. il treno (partire) _____ già _____.

g. il film purtroppo (cominciare) _____ già _____.

h. mio marito (preparare) _____ già _____ la cena.

1

5 Intervista

Parlate con un vostro compagno e chiedetegli

E 3·4

perché studia l'italiano,
se l'aveva già imparato a scuola o da un'altra parte,
se è contento/-a dei suoi «progressi»,
se parla un'altra lingua straniera oltre all'italiano,
dove l'ha imparata,
quanto ci ha messo a impararla,
se è stato più semplice che imparare l'italiano,
se si è mai trovato/-a in situazioni in cui non è riuscito/-a
a dire nemmeno una parola,
se ha mai sognato in una lingua straniera.

6 Consigli pratici per imparare le lingue straniere

Leggete il seguente testo.

Consigli pratici

- Non cercate di imparare tutto in un colpo solo. PoneteVi degli obiettivi chiari e realistici e seguite il Vostro ritmo.
- Siate aperti nei confronti dei nuovi modi di imparare – nuovi metodi e nuove tecnologie. Vi possono aiutare.
- Usate qualsiasi opportunità per comunicare nella lingua che studiate.
- Non abbiate paura di fare errori. Potete gradualmente lavorare per ridurli. Quel che importa è farVi capire.
- Rivedete regolarmente ciò che avete studiato e osservate i Vostri progressi.

Leggere e ascoltare

- Leggere e ascoltare è molto importante. Più ascolterete, meglio parlerete.
- Leggete e ascoltate testi nei quali la lingua sia usata in maniera naturale (giornali, TV, radio).
- Ricordate che per capire il succo del discorso non bisogna capire ogni singola parola.

Scrivere

- Cercate di trovare opportunità per comunicare per iscritto – e-mails, cartoline, lettere, ecc.

Parlare

- Cercate di parlare più che potete.
- Se andate in un Paese in cui si parla la lingua che studiate, ma le persone Vi si rivolgono nella Vostra lingua, spiegate che preferite parlare la loro lingua.
- Memorizzate le frasi che Vi serviranno più spesso – incontrando persone, facendo shopping, ecc.
- La maggior parte delle persone non raggiungono mai un accento perfetto in un'altra lingua. Ma non è grave, l'importante è farsi capire.

(dall'Opuscolo informativo della Commissione Europea / Direzione generale per l'istruzione e la cultura)

Leggete e ascoltate testi **nei quali** la lingua sia usata in maniera naturale.	Usate qualsiasi opportunità per...

Segnate con una crocetta le affermazioni contenute nel testo.

Nell'articolo si consiglia di

a. imparare la lingua straniera velocemente ☐
b. mostrare curiosità verso nuovi metodi e tecnologie ☐
c. non fare errori ☐
d. ripetere di tanto in tanto le cose imparate ☐
e. leggere o ascoltare testi autentici ☐
f. concentrarsi sulle singole parole ☐
g. cercare di scrivere nella lingua straniera ☐
h. parlare in inglese se si hanno problemi a usare
   la lingua che si sta studiando ☐
i. non concentrarsi troppo sulla pronuncia ☐

E 5·6

7 E voi?

Con quali dei consigli dati siete d'accordo? Quali seguite e quali no e perché?
Ne aggiungereste degli altri? Parlatene in piccoli gruppi.

1

8 Non sono affatto d'accordo!

CD 2

Ascoltate e fate una crocetta sull'affermazione esatta.

	sì	no
a. La donna ha un dubbio circa una parola che ha trovato in un testo.	☐	☐
b. La donna non è convinta di una certa forma verbale.	☐	☐
c. Secondo Paolo bisognerebbe rispettare di più le regole di grammatica.	☐	☐
d. Secondo la donna non si dovrebbe essere troppo categorici.	☐	☐

■ Scusa, Paolo, posso?

▼ Sì, entra, entra.

■ Senti, non è che per caso hai una grammatica?

▼ Sì, guarda, dovrebbe essere lì, nel primo scaffale in basso.

■ Me la presti un attimo?

▼ Certo.

■ Stavo scrivendo una cosa e mi è venuto un dubbio.
Secondo te si dice «l'appuntamento è a piazza Dante»
o «in piazza Dante»?

▼ «In piazza Dante».

■ Hmmm... allora, vediamo... qui c'è scritto che la forma corretta è «in»,
e che «a» è un regionalismo ormai accettato.

▼ Sì, però dai, «a piazza» suona male!

■ Perché scusa? Suona male per te, perché non lo dici!

▼ No, suona male perché non si dice! E poi io trovo che
le regole andrebbero rispettate!

■ Non sono affatto d'accordo. Secondo me è l'uso che fa la regola.

▼ Ah, allora per te ognuno può parlare come vuole?

■ Non ho detto questo! Anche io penso che le regole servano,
però non si può essere nemmeno così rigidi.

▼ E certo! Poi però ci sono in giro persone come il nostro direttore,
che dicono «a me mi piace» ... orribile!
Mi sa che prima o poi glielo dico che non si dice.

■ Mah, io non sarei così categorica! E poi credo che ormai si possa dire.

> La grammatica **dovrebbe essere** lì.

E 7

Ci vediamo in piazza Dante o a piazza Dante?

Il complemento di stato in luogo con nomi di vie o di piazze è normalmente introdotto dalla preposizione *in*: *l'appuntamento è alle otto in via Cavour*. Per influsso dei dialetti centromeridionali, in casi analoghi si può trovare anche la preposizione *a*: *ci vediamo alle sette a piazza Dante*.

A me mi piace o a me piace?

Frasi come *a me mi piace, a te ti piace, a lui gli piace* ecc. sono tradizionalmente considerate scorrette perché in esse si ripete due volte un pronome personale con la stessa funzione logica. In realtà l'espressione *a me mi piace* è un costrutto tipico del registro colloquiale e la ripetizione del pronome serve a mettere in evidenza a chi piace qualcosa. ... La scelta tra i tipi *a me mi piace, a me piace* o *mi piace* dipende quindi dal contesto (informale o formale) e dalla necessità di evidenziare il tema della frase.

(da la *Grammatica Italiana di Base* di P. Trifone e M. Palermo, Zanichelli)

9   Me lo presti?

In coppia fate dei dialoghi secondo il modello.
Chiedete in prestito o date in prestito i seguenti oggetti (per voi o per una terza persona).

la grammatica
▼ Me la presti?
■ Sì, te la presto volentieri. / No, non te la posso prestare.

il vocabolario

le forbici

la matita

gli occhiali

il giornale

la videocassetta

E 8·9
10·11
12

> Me lo presti?
> Sì, te lo presto volentieri.
> Prima o poi glielo dico (al direttore).

1

10   Argomentare

Cercate nel dialogo 8 le forme usate per:

Esprimere la propria opinione:

Esprimere accordo:

Esprimere disaccordo:

Qui di seguito trovate altre espressioni per esprimere la propria opinione o per esprimere accordo e disaccordo. Inseritele nello schema precedente al posto giusto.

Io sono del parere che ...   Sono d'accordo con te.   A me non sembra proprio!

Io la penso diversamente.   Io sono convinto che ...   Hai ragione.

Non direi proprio!   È proprio vero ...

11 Cosa ne pensate?

*Anche nella vostra lingua ci sono fenomeni simili a quello nominato nel dialogo?
Parlatene in piccoli gruppi e poi in plenum.*

12 Italenglish

Leggete il seguente articolo.

possibile	→ impossibile
utile	→ inutile
regolare	→ irregolare

1 Sono tornato nella mia università, Pavia, per una conferenza sulla lingua inglese. Uno studente si è alzato e mi ha detto: "Anche quando discuto di elettro-
5 nica e computer vorrei parlare italiano. Ma come faccio? Devo dire topo invece di 'mouse'? E come traduco 'clic' e 'scan'? 'Cliccare'? D'accordo! Ma 'scannare'?" Ottima domanda, ho risposto, come sempre
10 fanno coloro che non sanno cosa rispondere. Poi ho provato a dare qualche suggerimento, ricordando il mio personale comandamento: le parole inglesi che conosciamo ci servono per parlare inglese. Quando parliamo italia-
15 no, cerchiamo di usare parole italiane. Sono pochi i casi in cui è impossibile trovare un'alternativa al termine straniero in voga. In qualche caso, invece, quest'alternativa non bisogna neppure cercarla: 'computer',
20 per esempio, è un vocabolo entrato ormai a far parte della nostra lingua, come 'film' o 'sport'. Combattendolo, si rischia di fare una figura da francesi. Soddisfatto della mia improvvisa saggezza, ho cambiato argomen-
25 to. Poi, tornato a casa, ho provato scrupoli di coscienza (abbastanza rari in un giornali-sta). Mi sono accorto, per cominciare, di non trovare una traduzione per 'scan'. 'Scannare' è brutto; ma 'esaminare con un
30 apparecchio a scansione' (cito dal diziona-rio) è addirittura mostruoso. Anche per 'mouse' (l'aggeggio che consente un rapido spostamento del puntatore sul video del computer) non ho trovato traduzioni ade-
35 guate. Certo, potrei impuntarmi e proporre 'topo' (traduzione letterale di 'mouse'), ma nessuno capirebbe. E quando si parla o si

scrive, di solito, lo scopo è farsi capire. Il problema, quindi, è complesso. (...) È inutile, come dicevo, battersi con la parola 'computer'; in altri casi è invece possibile difendersi, e addirittura passare all'offen-siva. 'Internet', per esempio, sembrava un vocabolo inattaccabile (metà latino e metà inglese, mondiale per definizione); eppure la nostra modesta 'rete' si sta difendendo bene. Più difficile si sta rivelando la batta-glia contro 'browser', il programma che consente di navigare in Internet (Explorer, Netscape). (...) Il vocabolo inglese 'provi-der', che risale al XIV secolo, ha spiazzato quello italiano assumendo un significato specifico: non solo 'fornitore', ma 'fornito-re-di-accesso-alla-Rete'. Altre volte, quando ci accorgiamo che l'avversario è debole, dobbiamo essere spietati. 'Screen-saver' non serve: 'Salvaschermo' va benissimo. 'Desk top' fa ridere: l'espressione 'da tavo-lo' serve perfettamente allo scopo. 'Surfing' (il passaggio da un sito all'altro della Rete) è inutile, 'navigazione' è più lungo, ma rende l'idea, ed è più adatto a un popolo mediterraneo che il surf lo vede solo al cinema. E 'trackpad' – dispositivo per spo-stare il puntatore sullo schermo muovendo il dito su una tavoletta nella tastiera – non è solo uno splendido esempio di invenzione inutile, è anche un nome assurdo. 'Tappe-tino' è più simpatico e più chiaro. Dovete solo avere il coraggio di pronunciarlo la prima volta. Poi tutto diventa più facile.

(articolo di Beppe Severgnini, da *Io donna*,
suppl. sett. del *Corriere della Sera*)

E 13

Per quali parole straniere esiste, secondo Severgnini, un adeguato equivalente in italiano?
Per quali invece no? Rileggete il testo e scrivetele su un foglio.

13 È una parola di origine …

Formate due gruppi. Vince il gruppo che riesce a scoprire l'origine delle seguenti parole
straniere entrate nella lingua italiana. Potete scegliere tra le seguenti lingue: eschimese,
francese, giapponese, indiano, inglese, spagnolo, tedesco, turco.

abat-jour   hacienda   mobbing
kitsch   bouquet

karaoke   hinterland

globe trotter   yogurt

karma   freezer

kayak   harèm

14 Parole straniere

Usate spesso delle parole straniere nel vostro linguaggio quotidiano? In quali situazioni?
Cosa pensate della presenza di termini stranieri nella vostra lingua? Parlatene in piccoli
gruppi e riferite poi in plenum.

15 SOS italiano

03

a. Ascoltate l'intervista e segnate i temi trattati. Confrontate in coppia e poi in plenum.

Tutela della lingua italiana	☐
Ruolo dei nuovi mezzi di comunicazione	☐
Uso dei dialetti nelle scuole	☐
Posizione dell'italiano tra le lingue studiate nel mondo	☐

b. Ascoltate di nuovo e fate una crocetta sull'affermazione esatta.

	sì	no
a. In Italia esiste già un'istituzione per la tutela dell'italiano.	☐	☐
b. Secondo Masi per tutelare l'italiano bisognerebbe introdurre dei divieti.	☐	☐
c. L'unità linguistica italiana è stata realizzata da Radio e TV.	☐	☐
d. Secondo Masi bisognerebbe sensibilizzare i ragazzi a un uso più attento della lingua.	☐	☐

E 14

Per comunicare

Toglimi una curiosità!
Quanto tempo ci hai messo a imparare l'italiano?
Mah … due anni, direi.
Cosa pensi dell'apprendimento delle lingue straniere?
Sono tre anni che …
Forse perché ho paura di sbagliare …

Io sono del parere che …
Io sono convinto/-a che …
A me non sembra proprio!
Non direi proprio!
Io (invece) la penso diversamente.
È proprio vero (che) …
Sono d'accordo con te.
Hai ragione.

Grammatica

Prima di (+ Infinitiv)

Prima di trasferirmi a Roma, avevo seguito un corso d'italiano.

In einem temporalen Nebensatz benutzt man **prima di + Infinitiv**, *wenn Haupt- und Nebensatz dasselbe Subjekt haben.*

Metterci (Zeit brauchen)

Quanto tempo **ci metti a** finire di vestirti?
Ci hai messo molto **a** imparare l'italiano?
Il treno **ci ha messo** tre ore.

Wenn man ausdrücken möchte, wie lange jemand oder etwas braucht, um ein Ziel zu erreichen, verwendet man das Verb **metterci.** *Achtung: Verwechseln Sie nicht* **metterci a** *mit* **mettersi a (fare qualcosa).**

Das trapassato prossimo (Plusquamperfekt)

Formen: Siehe Grammatikanhang S. 201

Quando sono arrivata a casa, mio marito **aveva** già **mangiato.**
Quando sono arrivata, Franca **era** già **andata** via.

Das **trapassato prossimo** *wird mit den Imperfektformen von* **avere** *bzw.* **essere** *und dem Partizip Perfekt des Hauptverbs gebildet.*
Diese Zeit drückt die Vorzeitigkeit gegenüber einem anderen vergangenen Ereignis aus. **Già** *wird normalerweise zwischen das Hilfsverb und das Partizip Perfekt gesetzt.*

Qualsiasi

qualsiasi lingua / qualsiasi obiettivo

Qualsiasi bedeutet »jede(r) Beliebige« und ist unveränderlich. Das darauf folgende Substantiv steht immer im Singular.

Il quale / la quale / i quali / le quali

Mi hanno detto che Sandro, **il quale** (=che) aveva un lavoro dipendente, adesso si è messo in proprio.
Leggete testi **nei quali** (= in cui) la lingua sia usata in maniera naturale.
È una persona **per la quale** (= per cui) farei di tutto.

*Das Relativpronomen **il quale** steht für **che** bzw. **cui** + Präposition und richtet sich in Geschlecht und Zahl nach der Person/Sache, auf die es sich bezieht. Es wird hauptsächlich in der Schriftsprache verwendet.*

Zusammengesetzte Pronomen

Mi presti **il vocabolario**? **Me lo** presti?
Chi **vi** ha prestato **la macchina**? **Ve l'**ha prestata Giovanni?
– **Le** puoi prestare **i tuoi CD**?
– Sì, **glieli** presto volentieri.

*Treffen zwei unbetonte Pronomen aufeinander, erfolgen folgende Kombinationen. Dabei steht der Dativ vor dem Akkusativ. Das **-i** der 1. und 2. Person wird zu **-e**.*

	+ lo	+ la	+ li	+ le	+ ne
mi	me lo	me la	me li	me le	me ne
ti	te lo	te la	te li	te le	te ne
gli/le/Le	glielo	gliela	glieli	gliele	gliene
ci	ce lo	ce la	ce li	ce le	ce ne
vi	ve lo	ve la	ve li	ve le	ve ne
gli	glielo	gliela	glieli	gliele	gliene

Dovere als Ausdruck einer Vermutung

La grammatica **dovrebbe essere** lì. (= ... forse è lì)
Lui **deve aver perso** il treno. (= Forse ha perso il treno.)

*Das Modalverb **dovere** wird häufig gebraucht, um eine Vermutung auszudrücken.*

Die negative Vorsilbe in-

adatto   →   **in**adatto (= non adatto)
utile   →   **in**utile (= non utile)

*Durch die Vorsilbe **in-** kann ein Adjektiv eine negative Bedeutung bekommen.*

logico   →   **il**logico
bevibile   →   **im**bevibile
morale   →   **im**morale
probabile   →   **im**probabile
ragionevole →   **ir**ragionevole

*Die Vorsilbe **in-** wird zu **il-** (wenn das Adjektiv mit **l** beginnt), zu **im-** (wenn das Adjektiv mit **b, m** oder **p** beginnt), zu **ir-** (wenn das Adjektiv mit **r** beginnt).*

1

Vivere in città

 Città

Osservate le foto. Secondo voi quali potrebbero essere i problemi maggiori di una grande città? Parlatene in plenum.

 Di che città si parla?

A quali delle città indicate qui di seguito si riferiscono le seguenti affermazioni? Alcune sono valide per più di una città.

	a	b	c	d	e	f	g	h	i	l	m	n	o	p	q
Torino															
Milano															
Venezia															
Roma															
Palermo															

a. è sede delle maggiori istituzioni politiche
b. è una città molto turistica
c. è il capoluogo del Piemonte
d. è la capitale d'Italia
e. è sede di un'importante industria automobilistica
f. non ha problemi di traffico
g. si trova su un'isola

h. ha un passato arabo-normanno
i. è una città portuale
l. è il centro economico e finanziario del Paese
m. in inverno c'è spesso la nebbia
n. ha enormi problemi di traffico
o. ha quasi tre milioni di abitanti
p. è la città della moda e dell'editoria
q. è la città dei ponti

Immaginate di dovervi trasferire per un anno in una di queste città.
Quale scegliereste e perché? Parlatene in piccoli gruppi.

3 Indovina

In coppia pensate a una città famosa e descrivetela senza dirne il nome.
Gli altri dovranno indovinare di quale città si tratta.

4 Sarebbe stato meglio!

Ascoltate il dialogo e segnate con una crocetta l'affermazione
esatta. A volte è giusta più di una risposta.

La donna va a fare la spesa a piedi perché

è più comodo. ☐   l'autobus ha cambiato itinerario. ☐

La donna si lamenta

del rumore. ☐   dello smog. ☐
delle difficoltà ad attraversare la strada. ☐   della sporcizia. ☐

Secondo la donna al posto di una banca avrebbero potuto costruire

un giardino pubblico. ☐   un parcheggio. ☐   un asilo. ☐
una piscina. ☐   un cinema. ☐

Secondo il ragazzo nella zona manca/mancano

una biblioteca. ☐   impianti sportivi. ☐   un parco. ☐   un teatro. ☐   un cinema. ☐

- ■ Mi scusi! Mi darebbe una mano a portare queste buste fino al portone?
- ▼ Certo, non c'è problema, dia a me!
- ■ Prima al mercato ci andavo in autobus. Era così comodo! Dovevo fare una sola fermata, ma da quando ci sono questi lavori, l'autobus ha cambiato giro e così mi tocca andare a piedi!
- ▼ Eh, lo so, è un problema ...
- ■ Non pensano ai cittadini quando fanno queste cose, no! Bisogna fare la gimcana per passare dall'altra parte! Per non parlare del rumore poi ... mah, speriamo finiscano presto!
- ▼ Eh, sì, speriamo!
- ■ Lei per caso sa che cosa stanno costruendo?
- ▼ Una banca.
- ■ Una banca? E a che ci serve un'altra banca? Ce ne sono già tre!
- ▼ Me lo chiedo anch'io!
- ■ Mah, anziché costruire una banca avrebbero potuto fare un bel parco o costruire un asilo nido ...
- ▼ Beh, sì, sarebbe stato meglio! In effetti gli asili mancano e non solo gli asili! In questa zona mancano parecchie cose. Non ci sono impianti sportivi, non c'è un cinema, non c'è una biblioteca ...

> Mi tocca andare a piedi = Devo andare a piedi.

E 1·2

5 E voi che cosa avreste fatto?

In coppia fate delle frasi secondo l'esempio.

> costruire una banca / costruire un asilo nido
> Anziché costruire una banca, noi avremmo costruito un asilo nido/ sarebbe stato meglio costruire un asilo nido.

costruire nuovi parcheggi / aggiungere un'altra linea della metropolitana
aprire un nuovo centro commerciale / ingrandire il mercato
aprire il centro alle macchine / mettere a disposizione delle biciclette
costruire una nuova strada / costruire una pista ciclabile
progettare nuovi uffici / investire nella costruzione di nuove abitazioni
introdurre il sistema delle targhe alterne / migliorare i trasporti pubblici
chiudere il centro per gli anziani / costruirne altri due
E 3·4   aprire una clinica privata / costruire un nuovo ospedale pubblico

> Avrebbero potuto costruire un asilo nido.
> Sarebbe stato meglio.

6 La traversata dei vecchietti

Leggete il seguente racconto e ordinate i disegni secondo la giusta sequenza.

2

C'erano due vecchietti che dovevano attraversare la strada. Avevano saputo che dall'altra parte c'era un giardino pubblico con un laghetto. Ai vecchietti, che si chiamavano Aldo e Alberto, sarebbe piaciuto molto andarci.

Così cercarono di attraversare la strada, ma era l'ora di punta e c'era un flusso continuo di macchine.

– Cerchiamo un semaforo – disse Aldo.

– Buon'idea – disse Alberto.

Camminarono finché ne trovarono uno, ma l'ingorgo era tale che le auto erano ferme anche sulle strisce pedonali.

Aldo cercò di avanzare di qualche metro, ma fu subito respinto indietro a suon di clacson e male parole. Allora disse: proviamo a passare in un momento in cui tutti sono fermi. Ma l'ingorgo era tale che, anche se i vecchietti erano magri come acciughe, non riuscirono a passare. (...)

Era quasi sera quando a Aldo venne un'altra idea.

– Mi sdraio in mezzo alla strada e faccio finta di essere morto – disse – quando le auto si fermano tu attraversi veloce, poi mi alzo e passo io.

– Non possiamo fallire – disse Alberto.

Allora Aldo si sdraiò in mezzo alla strada, ma arrivò un'auto nera e non frenò, gli diede una gran botta e lo mandò quasi dall'altra parte della strada.

– Forza che ce la fai! – gridò Alberto.

Ma passò una grossa moto e con una gran botta rispedì Aldo dalla parte sbagliata. Il vecchietto rimbalzò in tal modo tre o quattro volte e alla fine si ritrovò tutto acciaccato al punto di partenza.

– Che facciamo? chiese. (...)

(da *Il bar sotto il mare* di Stefano Benni)

E 5

7 | Riflettiamo

Nel testo Stefano Benni, invece di dire i vecchietti «hanno cercato» di attraversare la strada, scrive «cercarono» di attraversare la strada. Usa cioè un passato remoto, il tempo che nella letteratura sostituisce il passato prossimo. Sottolineate nel testo tutti i verbi che secondo voi sono al passato remoto, scriveteli qui di seguito e confrontate poi in plenum.

E 6·7
8

2

cercare	vendere	spedire
cercai	vendei/vendetti	spedii
cercasti	vendesti	spedisti
cercò	vendé/vendette	spedì
cercammo	vendemmo	spedimmo
cercaste	vendeste	spediste
cercarono	venderono/vendettero	spedirono

essere	avere	fare
fui	ebbi	feci
fosti	avesti	facesti
fu	ebbe	fece
fummo	avemmo	facemmo
foste	aveste	faceste
furono	ebbero	fecero

8 | Riuscirono i vecchietti ... ?

Riuscirono i due vecchietti a raggiungere il parco? Se sì, come?
In coppia continuate la storia per iscritto usando il passato remoto.
Riferite poi le vostre versioni in plenum.

9 Guardi che è vietato!

)5

Provate a ricostruire il dialogo completandolo con le seguenti frasi.

- Guardi, non vorrei sembrarLe scortese, ma perché non si fa gli affari Suoi?
- Perché è vietato, scusi? Veramente io non vedo nessun segnale di divieto.
- Niente ma, se non è d'accordo chiami un vigile e se lui mi dice
  che me ne devo andare, allora me ne vado!
- No, non si è spiegato. E poi, scusi, potrei sapere per chi è riservato?
- E Lei chi è? Un vigile?
- Senta, io oggi non sono proprio in vena di discutere. Mi è successo di tutto,
  quindi è meglio se mi lascia parcheggiare in pace! Va bene?
- Sì, è mia, perché?

▼ Scusi, signora, è Sua questa Punto rossa?

■ _____

▼ Guardi che lì non può parcheggiare, è vietato!

■ _____

▼ Sì, ma glielo dico io che è vietato.

■ _____

▼ No, sono il portiere di questo stabile.

■ _____

▼ Guardi che io lo dico per Lei. Quel posto è riservato e se lascia la macchina lì ...
  insomma, non so se mi sono spiegato.

■ _____

▼ Per l'avvocato Meucci.

■ _____

▼ Sì, ma ...

■ _____

Adesso ascoltate e confrontate.

| È **Sua** questa Punto rossa? |
| Sì, è **mia**. |

E 9·10
11

10 Vietato ...

Quali di questi divieti pensate abbiano senso e quali invece no?
Perché? Parlatene in piccoli gruppi.

Divieto di
fumare nei luoghi pubblici
usare il cellulare nei luoghi pubblici
fotografare nei musei
portare a spasso il cane senza guinzaglio
entrare con un cane in un locale pubblico

portare il cane in spiaggia
entrare in una chiesa con i pantaloncini
ascoltare il walkman in un mezzo pubblico
suonare il clacson
altro: _____

11 Niente cani nei locali!

In coppia scegliete un ruolo e fate un dialogo.
Se volete potete usare anche le seguenti espressioni.

> Non vorrei sembrarLe scortese, ma ...
> Perché non si fa gli affari Suoi?
> Non so se mi sono spiegato/-a.
> (Non) sono in vena di discutere.

A

Lei sta tranquillamente mangiando qualcosa in un bar. Improvvisamente si accorge della presenza di un grosso cane (Lei non ama per niente i cani) che guarda insistentemente il Suo panino. La cosa La disturba. Faccia presente all'altra persona che è vietato entrare con animali nei luoghi pubblici.

B

Dopo una faticosissima giornata Lei entra in un bar con il Suo cane. Sta prendendo un caffè quando un cliente Le fa notare che è vietato portare cani nei locali pubblici.

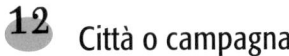 **12** Città o campagna?

Leggete il seguente articolo.

«Io, felice solo se posso tornare a vivere a Milano»

1 (...) Sono nata a Milano nel 1963 e qui ho vissuto fino a 22 anni, quando ho conosciuto e sposato un uomo di Caselle Landi, un paese di circa 1.700 abitanti del Sud
Lodigiano, forse il più «basso» della Lombardia. Vivo lì dal 1985 e, dopo 18 anni da
residente, ho un solo desiderio: quello di tornare a Milano. Abito in una bella villa
5 con 1000 metri di giardino, ma non so cosa darei per vivere in un appartamento
a Milano. La vita di campagna è la cosa più noiosa che ti possa capitare. Non c'è
niente oltre la natura, che tra l'altro qui non è poi così bella. È tutto piatto e, tanto
per dirne una, a pochi passi da casa mia il Po rischia di esondare un anno sì e tre no,
tanto che Caselle è stato uno di quei comuni che nel novembre dello scorso anno è
10 stato evacuato. Non puoi andare al cinema, a teatro, a una mostra, a un concerto o
anche solo a comprarti un bell'abito, salvo fare almeno 20 km per raggiungere la
città più vicina: sapete che gioia in inverno quando c'è una nebbia che si taglia col
coltello? I milanesi si lamentano del traffico, ma quando io vivevo là, giravo tutta la
città in metrò, mentre da quando sono qui ho in mano la macchina tutto il santo
15 giorno, anche solo per andare a fare la spesa o accompagnare i miei figli a praticare
uno sport o a suonare la chitarra, visto che non mi sono mai voluta arrendere alla
vita di paese. Già, i figli, altra nota dolente!! Finché sono piccoli, va anche bene.
Qui, almeno, smog non ce n'è. Ma appena oltrepassano la terza media, cominciano
le noti dolenti. Scuole? Non c'è scelta. O almeno, c'è quel liceo in quella cittadina e
20 quell'altro in quella città vicina, ma se uno volesse qualcosa di diverso o di «meglio»?
Bisogna accontentarsi ... Allora mi chiedo, che sia Caselle Landi o qualsiasi altro
paese, quali sono questi grandi vantaggi di vivere in campagna?

2

Rispondete alle seguenti domande.

a. In quale regione vive la signora?
b. Perché si è trasferita in campagna?
c. Perché vorrebbe tornare in città?

«Allora mi chiedo, che sia Caselle Landi o qualsiasi altro paese, quali sono questi
grandi vantaggi di vivere in campagna?»

E 12

Come rispondereste voi alla domanda posta dalla signora?
Parlatene in piccoli gruppi.

13 La mia regione preferita

CD 6

Qui di seguito trovate alcuni aggettivi usati per descrivere una regione.
Ascoltate le interviste e segnate quelli nominati.

sensuale	☐	montuosa	☐	misteriosa	☐
verde	☐	affascinante	☐	pianeggiante	☐
romantica	☐	vivibile	☐	varia	☐
industriale	☐				

Riascoltate e completate la tabella.

	Gianni	Cristiana	Teresa
Qual è la sua regione preferita? Perché?			
Ci sono altre regioni che gli/le piacciono? Perché?			
Di dov'è?			
Che cosa pensa della sua regione?			
In quale regione gli/le piacerebbe vivere?			

14 Una regione

In coppia pensate a una regione italiana che conoscete. Descrivetene la posizione e le caratteristiche più importanti. Gli altri dovranno indovinare di quale regione si tratta.

> È una regione molto piccola e montuosa. Si trova al Nord (nell'Italia del Nord) ...

Si trova	a Nord a Sud a Est a Ovest	sul mare sulla costa all'interno	Confina con ...

E 13·14

Per comunicare

Scusi, mi darebbe una mano a ...?
Certo, non c'è problema, dia a me.
Adesso mi tocca andare a piedi.
Anziché costruire una banca,
avrebbero potuto costruire una scuola!
Sì, sarebbe stato meglio.

Per non parlare del / della ...!
È tuo / Suo / vostro? Sì, è mio / nostro.
Guardi che è vietato!
Senta, non sono in vena di (+ infinito).
Senta, non vorrei sembrarLe scortese,
ma perché non si fa gli affari Suoi?

Grammatica

Condizionale passato

Formen: Siehe Grammatikanhang S. 207

Sarebbe stato meglio costruire un parco.
(ma non l'hanno costruito)
Avrebbero potuto aprire una clinica privata.
(ma non l'hanno aperta)

*Der **condizionale passato** wird mit den Formen des **condizionale presente** von **essere** oder **avere** + dem Partizip Perfekt des Hauptverbs gebildet.
In einem Hauptsatz drückt der **condizionale passato** Folgendes aus: einen in der Vergangenheit unerfüllten Wunsch, eine(n) Handlung / Vorgang, die/der hätte stattfinden sollen oder können, aber nicht realisiert wurde.*

Das passato remoto

Formen: Siehe Grammatikanhang S. 202

Aldo **cercò** di avanzare di qualche metro, ma **fu** subito respinto indietro a suon di clacson e male parole.
Allora **disse**: proviamo a passare in un momento in cui tutti sono fermi.

*Das **passato remoto** ist eine Zeitform, die fast ausschließlich in literarischen Texten und historischen Darstellungen gebraucht wird. Es entspricht dem **passato prossimo** der gesprochenen Sprache, dient jedoch hauptsächlich der Wiedergabe einer fernen Vergangenheit. Mündlich wird es heute noch bisweilen in Mittel- und Süditalien verwendet.*

Dormivo da un paio d'ore, quando **squillò** (**è squillato**) il telefono.

*Beim Gebrauch von **passato remoto** und **imperfetto** gelten dieselben Regeln wie zwischen **passato prossimo** und **imperfetto**.*

Das Possessivpronomen

È Sua questa Punto rossa? – Sì, è **mia**.
Di chi è quest'ombrello? – **È mio**.

È mio, è nostro, è vostro usw. bezeichnet einen Besitz und bedeutet »es gehört mir, uns, euch ...« usw.

Prestami la tua bicicletta. **La mia** (bicicletta) si è rotta.
Il mio corso è molto interessante. Anche **il tuo** (corso)?

Das Possessivpronomen in pronominalem Gebrauch ersetzt das Substantiv. Es wird also verwendet, um die Wiederholung eines Substantivs zu vermeiden. Dabei wird der bestimmte Artikel hinzugefügt.

Ma perché non si fa gli affari **Suoi**?
Oh, mamma **mia**!

Die Possessivpronomen in adjektivischem Gebrauch stehen in der Regel vor dem Substantiv mit Ausnahme von einigen festen Wendungen oder bei Ausrufen.

2

Non mi serve, ma...

1 Compravendita

Osservate le foto e abbinatele all'annuncio corrispondente.

a.

b.

c.

d.

e.

f.

g.

h.

i.

l.

☐	**Zaino da trekking** In nylon grigio e nero, resistente, impermeabile, dotato di una grande tasca con chiusura lampo. Usato pochissimo.
☐	**Tavolo antico** Tavolo rotondo in legno di mogano, antico, inizi '900, restaurato da pochi anni.
☐	**Orecchini in oro** Grazioso paio di orecchini in oro. Ottimo affare.
☐	**Tovaglia antica in lino** Tovaglia bianca rettangolare in lino, per tavolo da 6 persone, usata pochissimo.
☐	**Cornice in argento** Cornice in argento 925. Antica, vendo a un prezzo incredibile.

Quale prodotto comprereste? Quale no, e perché?

Secondo voi quale si vende di più? Quale di meno?

Quale avrà ancora valore fra cinquanta anni?

E adesso cercate negli annunci tutte le parole usate per descrivere gli oggetti e inseritele nella seguente tabella.

materiale	forma	altre caratteristiche

Qui di seguito trovate altre parole usate per descrivere qualcosa. Inseritele nella tabella.

metallo, triangolare, ferro, quadrato, utile, plastica, inutile, velluto, carta, ingombrante, pelle, vetro, sottile, pesante, ceramica, pratico, indispensabile, ovale

 2 Bingo

Osservate i disegni e in plenum ripetetene o chiedetene il nome.

Si gioca in gruppi di quattro. Ogni giocatore scrive – con la matita – nella seguente
tabella i nomi di sei oggetti scegliendoli tra quelli rappresentati nel disegno. A turno
i giocatori descrivono alcuni degli oggetti – esclusi quelli segnati sulla propria tabella –
senza nominarli (forma, materiale, uso). Vince il giocatore che barra per primo tutte le caselle.

E 1

È una cosa lunga/corta/..., quadrata/rettangolare/..., di legno/di ferro ..., serve per/a ...

3 E voi?

Avete mai fatto degli acquisti via Internet? Se sì, come sono state le vostre esperienze?
Se no, vi interesserebbe farne? Che cosa pensate di questo modo di fare acquisti?
Parlatene in piccoli gruppi.

CD 7

4 Una buona occasione

Ascoltate il dialogo e rispondete alle seguenti domande.

a. Isabella vuole comprare una macchina nuova
perché
non ha più voglia di andare a piedi. ☐
la sua si rompe spesso. ☐
la sua serve ai genitori. ☐

b. La macchina di cui l'amico le parla è
una 500 nuova ☐
una 600 usata ☐
una 600 quasi nuova ☐
e ha
l'airbag. ☐
l'aria condizionata. ☐
la chiusura centralizzata. ☐
l'antifurto. ☐
la radio. ☐

c. Isabella non è del tutto convinta perché
di solito non compra cose usate. ☐
cerca una macchina più grande. ☐
non ha molti soldi. ☐

■ Senti, Isabella, non avevi detto che volevi cambiarti la macchina?

▼ Sì, prima o poi dovrò cambiarla, anche perché ieri mi ha lasciato di nuovo a piedi. Perché me lo chiedi?

■ Eh, perché una mia amica vende la sua, e da come me l'ha descritta credo che sia un'occasione. Può darsi anche che l'abbia già venduta, perché in effetti me l'ha detto una settimana fa ...

▼ E che macchina è?

■ È una 600, seminuova, se non mi sbaglio non ha neanche due anni.

▼ E la vende già?

■ Sì, perché ne vuole una più grande, e comunque in quella famiglia si cambiano le macchine come le scarpe ...

▼ Beh, se se lo possono permettere! E senti, quanti chilometri ha questa macchina?

■ Questo non lo so con esattezza, ma penso l'abbia usata solo per andarci al lavoro, quindi ...

▼ E di che colore è?

■ Azzurrina. E ha pure un sacco di optional, aria condizionata, radio ...

▼ Va be', questo mi interessa relativamente, l'importante è che non costi un patrimonio.

■ Beh, dopo possiamo chiamarla se vuoi.

▼ Sì, anche se prima dovrei parlare con i miei, perché i soldi dovrebbero anticiparmeli loro e ho paura che mio padre faccia un po' di storie perché sai lui è contrario a comprare cose usate.

In questo dialogo compaiono diverse forme al congiuntivo (presente e passato).
Rileggetelo e completate poi la seguente tabella: scrivete nella colonna di destra i verbi
al congiuntivo e in quella di sinistra l'elemento del dialogo da cui ne dipende l'uso.

credo che	sia

Adesso inserite al posto giusto nella tabella seguente i verbi o le espressioni che avete scritto in quella precedente.

verbi che introducono un'opinione
o una supposizione

verbi che esprimono un sentimento

verbi o espressioni impersonali

> Penso che l'**abbia usata** solo
> per andare al lavoro.

 Credo che l'abbia usata poco!

Abbinate le frasi e coniugate al congiuntivo passato i verbi tra parentesi. Attenzione ai pronomi.

1. Dove sono andati? Mah, penso che
2. La benzina devi farla tu, perché non penso che
3. Sì, puoi chiamarlo, anche se non credo che
4. Non so dove l'abbia trovata, ma credo che
5. No, non credo che stiano ancora insieme, penso che
6. È da tanto che non incontro i nostri vicini, credo che

a. (comprare) _____ nella nuova boutique.
b. (cambiare) _____ casa.
c. (lasciarsi) _____ un mese fa.
d. (uscire) _____ con i loro amici.
e. (arrivare) _____ già a casa.
f. (fare) _____ tuo padre.

6 Può darsi che ...

Completate le frasi secondo il modello. Confrontate poi in plenum.

La vostra collega stranamente non è venuta in ufficio e non ha neanche telefonato per avvertire.

Può darsi che sia malata. / Ho paura che le sia successo qualcosa.

> Può darsi che **l'abbia venduta**.
> Ho paura che **faccia** un po' di storie.

Insieme a un amico aspettate che arrivino gli altri due. Il vostro amico si preoccupa, voi dite:

Può darsi che _____

Ho paura che _____

È da un po' di tempo che non vedete i vostri vicini di casa.
Le finestre sono chiuse da un po', voi pensate:

Può darsi che _____

Ho paura che _____

La vostra nuova collega di lavoro è sempre silenziosa e un po' misteriosa,
ne parlate con gli altri e dite:

Può darsi che _____

Ho paura che _____

La vostra macchina improvvisamente non parte, pensate:

Può darsi che _____

Ho paura che _____

E 2

7 Spendere ...

*Ecco un elenco di beni di consumo. Indicate quali sono quelli per cui spendete di più (+),
quelli per cui spendete di meno (–) e quelli per cui non spendete nulla (0).*

☐ beni alimentari
☐ la casa (elettrodomestici, mobili, ecc.)
☐ giornali / riviste / libri / CD
☐ divertimenti
(cinema, teatro, discoteca, ristorante, ecc.)
☐ vacanze
☐ abbigliamento
☐ cosmetici (creme, trucchi, profumi, ecc.)

☐ spese per il trasporto
(macchina, autobus, metropolitana)
☐ sport
☐ computer
☐ cellulare

Altro:

_____

A coppie o in piccoli gruppi confrontate e motivate la vostra graduatoria.

E 3·4

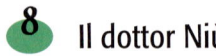
8 Il dottor Niù

Leggete il seguente testo.

1   Avevo appena parcheggiato la macchina, quando un tizio con occhiali neri e capelli rasati mi viene incontro e si presenta: dottor Niù, consulente di aggiornamento tecnologico per famiglie. (...)

    Travolto dal suo garbo e dal suo eloquio, firmo un contratto di consulenza.

5   Diamoci subito da fare, dice il dottor Niù, la sua vita va ottimizzata e rimodernata. Cominciamo dalla sua auto, è un vecchio modello superato e ridicolo. Ma ha solo tre anni, dico io. Tre anni sono tre secoli nella new economy, spiega. La sua auto non ha il navigatore satellitare, i vetri bruniti, l'altimetro, le sospensioni antialce. Però funziona bene, dico io. Si vede che non guarda la pubblicità, ride il dottor Niù. Cosa vuol dire

10 «funziona»? L'auto non è fatta per funzionare, ma per mostrarla, per esibirla, per parlarne con gli amici, il funzionamento è un puro optional. Insomma in meno di tre ore ho il nuovo modello di auto, una specie di ovolone azzurro a dodici posti. Peccato che in famiglia siamo in tre. (...)

    L'indomani il dottor Niù si ripresenta, e sostituisce l'edera del giardino con una

15 new edera modificata geneticamente che strangola i ladri. Poi scuote la testa rimproverandomi perché ho ancora la vecchia televisione col vecchio videoregistratore e la vecchia playstation. Obietto che ho comprato tutto l'anno scorso. Mi rispiega che per la new economy un anno è un secolo, e subito mi fa comprare la playstation due, dove si può giocare a Pokémon, vedere i film in DVD e ascoltare la musica, insomma la

20 macchina perfetta per far litigare mio figlio videogiocomane, mia moglie cinefila e io che amo i Beatles.

    Cerco di telefonare a un fabbro perché intanto la new porta blindata si è bloccata col new alarm system, ma rapidissimo il dottor Niù mi strappa il telefonino di mano. Ma non si vergogna, dice? Questo cellulare è un modello vecchissimo, pesa come un

25 mattone, non ha il collegamento infrarossi, non ha il Wap, non ha il comando vocale, non ha i games... Ma l'ho comprato solo due mesi fa, mi lamento, e ci telefono benissimo. In due mesi, i telefonini hanno enormemente mutato le loro funzioni, dice Niù. Dopo che si sarà collegato alla rete, avrà mandato un fax, avrà riempito la rubrica con novecento nomi, avrà comprato i biglietti della partita e avrà giocato al serpentone

30 mangiacoda, pensa di avere ancora il tempo di telefonare? (...)

(da *Il dottor Niù* di Stefano Benni)

E 5·6

si **ri**presenta = si presenta di nuovo	E **ci** telefono benissimo.
mi **ri**spiega = mi spiega ancora una volta	ci = con il telefonino

Il dottor Niù convince l'altro a comprare una serie di cose.
Scrivete quali e, dove indicato, dite anche il perché.

```
la macchina                    perché è un vecchio modello
                               superato e ridicolo
```

Cercate nel testo di Benni l'equivalente delle seguenti espressioni.

tipo, persona (r. 1)   _____

tagliati cortissimi (r. 2)   _____

gentilezza (r. 4)   _____

vecchio, fuori moda (r. 6)   _____

il giorno dopo (r. 14)   _____

persona appassionata di cinema (r. 20)   _____

togliere violentemente di mano qualcosa a qualcuno (r. 23)   _____

cambiato (r. 27)   _____

agenda con i numeri di telefono (r. 28)   _____

Avete mai comprato qualcosa di cui non avevate assolutamente bisogno? Parlatene in plenum.

9   Riflettiamo

Nell'ultima parte del testo di Benni compaiono alcune forme al futuro anteriore.
Sottolineatele e scrivetele qui di seguito.

```
Dopo che si sarà collegato...
```

Come si forma il futuro anteriore? E quando si usa? In coppia provate a
rispondere e confrontate poi in plenum.

> Ti chiamerò appena **sarò arrivato.**
> Quando **avremo finito** di lavorare ci riposeremo.
> Dopo che **avrò fatto** l'esame partirò.

10 Un po' di fantasia ...

Completate le seguenti frasi.

Andrò in vacanza dopo che _____

Parlerò bene l'italiano quando _____

Farò una grande festa appena _____

Andrò in montagna dopo che _____

E 7·8
9

Mi riposerò quando _____

Farò shopping dopo che _____

11 Stregati dalla pubblicità ...

Guardate le seguenti pubblicità. Quali prodotti reclamizzano?
In coppia fate delle ipotesi e confrontate poi in plenum.

«Si vede che non guarda la pubblicità ... ride il dottor Niù ...»
E voi la guardate invece? E che ne pensate? Vi piace? Vi dà fastidio?
Che immagini e che linguaggio usa? Parlatene in piccoli gruppi.

12 Il linguaggio della pubblicità

Cosa reclamizzano questi slogan pubblicitari? In coppia abbinateli ai corrispondenti prodotti e confrontate poi in plenum. Motivate, dove potete, le vostre scelte.

un'assicurazione sulla vita

un'automobile

uno zaino

una marca di margarina

un'acqua minerale

una marca di caffè

una penna

un pollo

dei gioielli

una marca di maionese

1. Leggera come una foglia.
2. Gustatelo prima che prenda il volo.
3. Le utopie si inseguono. Alcune si indossano.
4. È comodosa, è sciccosa, è risparmiosa, è scattosa.
5. Caro amore, ti assicuro che ti amo.
6. Poco fuori, tanto dentro.
7. Ce l'ha il creativo perché il colore è sempre vivo.
8. Fresca a cominciare dall'uovo.
9. Più lo mandi giù e più ti tira su.
10. Altissima, purissima, levissima.

E 10

13 Un reclamo

D 8

Ascoltate la telefonata e rispondete.

1. Il cliente parla con
a. il direttore. ☐
b. il proprietario del negozio. ☐
c. l'addetto alle spedizioni. ☐

4. Al cliente viene chiesto
a. il nome. ☐
b. il numero d'ordine. ☐
c. l'indirizzo. ☐

2. Di solito Onlinebook consegna i libri
a. in meno di cinque giorni. ☐
b. dopo un giorno. ☐
c. dopo una settimana. ☐

5. Il cliente decide di
a. annullare l'ordine. ☐
b. ordinare di nuovo il libro che voleva, con la garanzia che gli verrà spedito entro due giorni. ☐
c. andare in libreria. ☐

3. L'impiegato di Onlinebook giustifica il ritardo dicendo che
a. in estate ci vuole sempre tanto tempo. ☐
b. in agosto possono capitare dei ritardi nelle consegne per mancanza di personale. ☐

6. Il cliente preferisce pagare
a. con la carta di credito ☐
b. con vaglia postale. ☐
c. in contrassegno. ☐

E adesso riascoltate il dialogo e fate una crocetta sulle espressioni usate
per protestare, scusarsi o giustificarsi.

protestare / reclamare		**scusarsi / giustificarsi**	
Senta, io avrei un problema.	☐	Lei ha ragione, ma ...	☐
Eh, no, mi scusi, ma ...	☐	Che Le devo dire ...	☐
Voglio parlare con un responsabile!	☐	È la prima volta che succede una cosa del genere.	☐
Per fortuna che ...	☐	Sono spiacente, ma ...	☐
Ma Le pare il modo di lavorare questo?	☐	Eh, sì, ma sa ...	☐
Eh, no, scusi, ma a me avevano detto che ...	☐	E allora è proprio strano ...	☐
Eh, no, io però questo non lo sapevo!	☐	Ci scusi tanto. Non capisco proprio cosa sia successo.	☐
Giuro che è l'ultima volta che ...	☐		
Come sarebbe a dire?	☐	Le assicuro che ...	☐

E 11

14 Una telefonata

In coppia dividetevi i ruoli (cliente e impiegato) e improvvisate
una telefonata basandovi sulle seguenti situazioni.

1ª Situazione

A In un catalogo ha ordinato un regalo di compleanno per Sua madre.
La merce ordinata è arrivata troppo tardi.

B Un cliente Le telefona perché la merce che aveva ordinato è arrivata in ritardo.
Si scusi e cerchi di giustificare il ritardo.

2ª Situazione

A Il colore del prodotto che ha ordinato via Internet non Le piace per niente.

B Un cliente reclama perché il colore del prodotto che aveva ordinato non
gli piace per niente. Gli spieghi che non è colpa Sua e che la merce non si
può cambiare.

3ª Situazione

A La merce ordinata Le arriva in un pacco rotto, per cui il prodotto risulta rovinato.

B Spieghi al cliente che La chiama che incidenti simili possono succedere, si scusi
e faccia in modo che resti vostro cliente.

E 12

Per comunicare

È rotondo, pesante, di legno...
Non mi serve!
Serve per/a pulire/aprire...
Si usa per tagliare, cucire...
Non volevi cambiarti la macchina?
Credo che/Penso che sia un'occasione.
L'importante è che non costi un patrimonio!
Può darsi che abbia già venduto la sua macchina.

Ho paura che lui faccia un po' di storie!
Se non mi sbaglio.../Sono spiacente ma...
Lei ha ragione, ma...
Sì, ma può darsi che...
Eh, no, mi scusi, ma...
Ma Le pare il modo di...?
Giuro che...
Per fortuna che...!

Grammatica

Der congiuntivo passato

Formen: Siehe Grammatikanhang S. 203

Può darsi che **sia partito.**
Penso che l'**abbia usata** poco.

*Der **congiuntivo passato** wird mit dem **congiuntivo presente** von **essere** bzw. **avere** + dem Partizip Perfekt des Verbs gebildet.*

Può darsi che **venda** la macchina.
(= in questi giorni o nel prossimo futuro)
Può darsi che **abbia** già **venduto** la macchina.
(= prima, nel passato)

*Der **congiuntivo passato** im che-Satz drückt eine im Vergleich zum Hauptsatz (Verb im Präsens) vorzeitige Handlung aus.*

Die Vorsilbe ri-

presentarsi → **ri**presentarsi
(= presentarsi di nuovo, un'altra volta)
spiegare → **ri**spiegare
(= spiegare di nuovo, un'altra volta)

*Die Vorsilbe **ri-** bedeutet fast immer «di nuovo, un'altra volta» (noch einmal, wieder).*

La clinica **ha riassunto** dieci dipendenti.
(von «assumere» = ha assunto di nuovo)
Le vicende del nostro Paese **sono riassunte** in questa mostra. (von «riassumere» = zusammenfassen)

*Nicht immer hat **ri-** diese Bedeutung, z.B.: ricordare, ricevere usw.*

Das Pronominaladverb ci

Come telefoni con il cellulare? – Mah, **ci** (= con il cellulare) telefono benissimo.
È una persona interessante e **ci** (= con lei) parlo sempre volentieri.

*Das Pronominaladverb **ci** kann Ergänzungen mit **con** (**con qualcuno/con qualcosa**) ersetzen.*

Das Futur II (il futuro anteriore)

Formen: Siehe Grammatikanhang S. 201

Dopo che/Appena **avrò fatto** l'esame, partirò per le vacanze.
Quando/Solo dopo che **avremo finito** di lavorare, ci riposeremo.

*Das Futur II wird mit den Futurformen von **essere** bzw. **avere** + dem Partizip Perfekt des Hauptverbs gebildet. In einem Nebensatz bezeichnet es Vorzeitigkeit gegenüber der im Futur stehenden Handlung des Hauptsatzes. Das Futur II wird gewöhnlich von Konjunktionen wie **appena, (solo) dopo che, quando** eingeführt.*

Transitive Verben mit indirekten Reflexivpronomen

*Bisweilen werden vor allem in der gesprochenen Sprache die Pronomen **mi, ti, si, ci, vi** gemeinsam mit transitiven Verben gebraucht.*

Volevo **cambiarmi** la macchina.

Durch den Gebrauch des Pronomens wird eine verstärkte innere Anteilnahme an der Handlung ausgedrückt.

3

Parole, parole, parole...

 Comunicare

Osservate le seguenti foto. Che tipo di situazioni rappresentano?

In quale delle situazioni rappresentate avviene secondo voi una reale comunicazione?
In quali no? Parlatene in piccoli gruppi.

Quali dei seguenti mezzi di comunicazione usate?
Con quale frequenza? Confrontate con un compagno.

	sempre	molto spesso	spesso	qualche volta	raramente	quasi mai	mai
telefono							
SMS							
fax							
e-mail							
lettera							
cellulare							

2 **Media e testi**

Abbinate i messaggi ai media corrispondenti.

☐ telefono   ☐ e-mail   ☐ SMS   ☐ cellulare   ☐ lettera

a. Senti, ho trovato un parcheggio, ti richiamo fra cinque minuti, d'accordo?
b. Prenotato tavolo 20.30 da Tuttifrutti. Sono a piedi Xciò prendi la macchina.
c. Ciao, scusami se ti rispondo solo adesso, ma negli ultimi giorni non
ho avuto tempo di controllare la posta. Per sabato comunque siamo
d'accordo, ti chiamo quando stiamo per arrivare. Ti abbraccio Marina
d. Gentile signora Torcello, è con piacere che Le inviamo il programma dei
corsi di francese presso il nostro Istituto, come da Lei richiesto.
e. Non ti immagini che è successo ieri sera. Allora, stavamo aspettando Carla
quando un tipo si è fermato per chiederci un'informazione. Mi sembrava
una faccia conosciuta, però non riuscivo a ricordare dove l'avevo visto ...

Confrontate i vostri abbinamenti con un compagno. Che cosa caratterizza,
secondo voi, i diversi tipi di comunicazione? Parlatene insieme.

3 Un mondo che si parla per e-mail

Leggete il seguente articolo.

❶ Ormai tutti conoscono il grande successo degli SMS, cioè dei famosi messaggini che la gente si scambia con i telefoni cellulari. Uso che sta dando origine anche a una specie di nuova lingua piena di invenzioni. L'altro giorno un nostro amico ha ricevuto il seguente messaggio: «K 6?». Un mistero? No, basta pronunciarlo e tutto sarà chiaro: «Chi sei?». Però invece di sei caratteri se ne impiegano tre, e così via.

❷ Quello che forse si sa meno è l'enorme diffusione delle e-mail su Internet. Ogni giorno, cioè ogni 24 ore, nel mondo circolano 10 miliardi di e-mail. Inutile fare il conto di quante ne girano ogni anno: servirebbe solo a scrivere numeri giganteschi. Sarà sufficiente ricordare che, grosso modo, circolano mezzo miliardo di e-mail ogni ora, nell'arco delle 24 ore. Se consideriamo che tutti devono pur dormire un po' (sospendendo la spedizione di e-mail) si arriva alla conclusione che nella parte attiva della giornata ne circola un miliardo all'ora.

❸ Qualcuno, che aveva previsto questa crescita, temeva che il sistema Internet si saturasse, o addirittura che esplodesse. Invece, e misteriosamente, tutto finora ha funzionato a meraviglia.

❹ Ma le prove in arrivo saranno ancora più difficili. Da una ricerca commissionata da Netscalibur si apprende infatti che nel 2005, quindi fra tre anni appena, il numero delle e-mail in circolazione ogni giorno nel mondo sarà di 35 miliardi. (...).
In Italia girano ogni giorno 150 milioni di e-mail. Ma si stima che nel 2005 si arriverà a 500 milioni al giorno, insomma mezzo miliardo di e-mail ogni ventiquattro ore.

❺ Per quanto riguarda l'Italia è interessante che 30 milioni di e-mail al giorno, dei 150 milioni totali, sono spedite dai privati. La restante parte, 120 milioni di e-mail al giorno, partono invece dagli uffici.
Altro dato interessante messo in luce da questa ricerca commissionata da Netscalibur è che in Italia il 71 per cento dei lavoratori delle aziende del nostro Paese usa quotidianamente la posta elettronica. In Europa questa percentuale è del 78 per cento, un po' più elevata.

❻ Altri due dati interessanti. Attualmente in Italia 16 milioni di persone usano Internet. Ma questo numero è destinato a crescere, e molto alla svelta. Si calcola che nel 2005 gli utenti italiani di Internet saranno 30 milioni, metà della popolazione. Risulta, infine, che il 90 per cento delle persone che in Italia usano Internet (e cioè quasi 15 milioni di persone) lo fa solo per usare la posta elettronica.

(da *Affari & Finanza, la Repubblica*, 27/05/2002)

Abbinate i paragrafi con i seguenti titoli.

a. Timore (ingiustificato) per la saturazione di Internet ☐
b. Con gli SMS è possibile scrivere in modo «abbreviato» ☐
c. In futuro l'uso della posta elettronica aumenterà notevolmente ☐
d. Moltissime persone scrivono e-mail ☐
e. Gli italiani e Internet ☐
f. Gli italiani e le e-mail ☐

> **Basta pronunciarlo. =**
> **È sufficiente pronunciarlo.**

Completate la tabella.

Ogni giorno circolano nel mondo _____ di e-mail.

Ogni ora ne circolano _____.

In Italia ne circolano _____ al giorno.

Si calcola che nel 2005 nel mondo circoleranno circa _____ di e-mail.

Attualmente in Italia _____ di persone usano Internet.

Di queste _____ lo fa solo per usare la posta elettronica.

E 1

Provate a definire il tono dell'articolo.

ironico ☐   neutro ☐   positivo ☐   preoccupato ☐   critico ☐

4

4 E voi?

Qual è il vostro rapporto con Internet? Lo usate solo per scrivere e-mail?
Che effetto vi fanno i dati emersi dalla ricerca di cui si parla nell'articolo?
Cosa pensate degli effetti che l'uso di Internet ha o avrà sul linguaggio?
Parlatene in piccoli gruppi.

> Qualcuno **temeva che** il sistema si **saturasse.**
> **Avevo paura che** tu non **arrivassi** in tempo.

parlare	prendere	venire
parlassi	prendessi	venissi
parlassi	prendessi	venissi
parlasse	prendesse	venisse
parlassimo	prendessimo	venissimo
parlaste	prendeste	veniste
parlassero	prendessero	venissero

essere	fare
fossi	facessi
fossi	facessi
fosse	facesse
fossimo	facessimo
foste	faceste
fossero	facessero

5 Chi lo dice?

Osservate e completate le frasi con la forma adeguata del congiuntivo imperfetto dei verbi indicati sotto i disegni.

piacere i libri gialli

non arrivare più

parlare il giapponese

sapere cucinare così bene

dormire già

non chiamare più

a. Finalmente! Temevo che _____

b. Ah, non sapevo che _____

c. Però! Non sapevo che _____

d. Scusami! Non immaginavo che _____

e. Buonissimo! Non pensavo che _____

f. Ah, meno male! Avevo paura che _____

E 2·3

4

6 Risponde il numero ...

Ascoltate il dialogo e rispondete.

a. Perché Milena non ama lasciare messaggi sulla segreteria telefonica?
b. Che cosa le fa notare la sua amica?

● Risponde il numero 065768689, non sono in casa, lasciate un messaggio dopo il segnale acustico e vi richiamerò appena possibile.
▼ Ehmm, pronto, Giulio, sono Milena ... e niente ... ti volevo chiedere una cosa ... hmm, va be' non ci sei ... provo a richiamarti sul cellulare, d'accordo?
■ Oh, quando lasci un messaggio sulla segreteria telefonica parli sempre come se dall'altra parte ci fosse un sordo, o uno che non capisce niente!
▼ Perché?
■ Beh, prima di tutto urli, e poi parli in modo strano, come se non sapessi quello che devi dire.
▼ E infatti io odio lasciare messaggi sulla segreteria. Lo faccio solo se strettamente necessario!
■ Sì, però non capisco perché, ormai la segreteria ce l'ha chiunque, ti ci dovresti essere abituata!
▼ Mah, non lo so, credo che sia l'idea di parlare con una macchina che mi disturba.
■ Va be', dai, non è che parli con una macchina!
▼ Beh, sì, in un certo senso sì! Comunque resta il fatto che a me non piace!

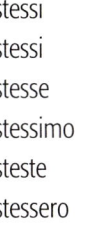

stare
stessi
stessi
stesse
stessimo
steste
stessero

7 Come se ...

Collegate le frasi e coniugate al congiuntivo imperfetto i verbi indicati tra parentesi.

> Parli **come se fossi** sordo.
> Parli **come se** non **sapessi** quello che devi dire.

1. Non parla con nessuno! Si comporta come se
2. Mi spiega sempre le cose mille volte, come se
3. Ma insomma, vi comportate come se
4. Accomodati, fa' come se
5. Mia madre cucina ancora come se
6. Quei due si comportano come se
7. Non lo so, mi ha guardato come se

a. (essere) _____ a casa tua!
b. (volere) _____ dirmi qualcosa di importante.
c. (stare) _____ insieme! Si abbracciano, si tengono per mano.
d. (essere) _____ arrabbiato con tutti!
e. (avere) _____ ancora 10 anni!
f. (noi – essere) _____ in 8!
g. non (io – capire) _____ niente!

E 5

8 Completate

In coppia completate le frasi usando il congiuntivo imperfetto e confrontate poi in plenum.

1. Quando parlo in italiano al telefono parlo come se _____

2. A volte, quando sono in vacanza, mi sento come se _____

3. Quando c'è tanta neve cammino come se _____

4. Quando c'è il sole mi sento come se _____

5. Prima di partire per un viaggio mi sento come se _____

  9 Driiiiin!

CD 10

Ascoltate e segnate accanto alle seguenti affermazioni la telefonata o le telefonate a cui si riferiscono.

	1	2	3	4	5	6
a. La persona desiderata non può andare al telefono.						
b. La persona desiderata non è in casa.						
c. La persona che telefona ha sbagliato numero.						
d. La persona desiderata è in casa, ma non risponde personalmente al telefono.						
e. La persona che chiama lascia un messaggio.						
f. La persona che chiama lascia il proprio numero di telefono.						
g. La persona che chiama non lascia alcun messaggio.						

Riascoltate le telefonate e scrivete le forme che si usano per

chiedere di una persona: _____

presentarsi: _____

chiedere chi è che telefona: _____

rispondere che la persona cercata non c'è: _____

offrire di prendere un messaggio: _____

 segnalare un errore: _____

E 6 offrire aiuto: _____

10 Messaggi

Ecco alcuni messaggi che si riferiscono alle telefonate che avete ascoltato.
Riascoltate e dite a quali telefonate in particolare si riferiscono.

Ha chiamato l'ingegner scialanga. Ha detto che non si sente bene e che quindi non può giocare a tennis stasera. Se vuole può richiamarlo al seguente numero:
068565789 ☐

Elena, ha telefonato Tonino. Lui e Paola stasera vanno a casa di Federica. Se vuoi andare con loro devi richiamare entro le 19.00.
Marina ☐

Ha telefonato papà, ha detto che stasera farà tardi. Se può ti richiama prima della riunione.
Laura
PS Neanch'io ceno a casa! ☐

Riascoltate i messaggi, leggete i biglietti e completate le frasi con il discorso diretto.
Sottolineate poi le differenze. Confrontate in coppia e poi in plenum.

Discorso diretto	Discorso indiretto
Io purtroppo non ___ _____ molto bene e non _____ giocare a tennis.	Ha detto che non si sente molto bene e non può giocare a tennis.
_____ e Paola stasera _____ da Federica, se _____ _____ con _____ _____ richiamare entro le sette.	Ha detto che lui e Paola stasera vanno da Federica, se vuoi andare con loro devi richiamare entro le sette.
_____ stasera _____ tardi. E comunque se _____ _____ _____ prima della riunione.	Ha detto che stasera farà tardi. Comunque se può ti richiama prima della riunione.

E 7·8
9·10
11

11 Ha telefonato ...

CD 11

I coinquilini di Marco sono fuori per il fine settimana. Lui risponde a diverse telefonate.
Ascoltate e scrivete i messaggi che lui potrebbe lasciargli.

Per Aldo
Ha telefonato tua madre,
ha detto che passa lunedì
e ti porta le camice stira-
te. Chiamala quando
torni a casa.
Marco

a.

Per Miriam

b.

Per Ettore

c.

Per Miriam

d.

12 Messaggi per la classe

In coppia scrivete un messaggio a un compagno. Il messaggio verrà poi dato
a un altro compagno il quale dovrà riferirlo al destinatario originario.
Potete scrivere un invito, un'informazione interessante, un consiglio, ecc.

E 12

> Per Linda
> Da parte di Gianni e Barbara
> Noi sabato sera andiamo in pizzeria. Vuoi venire con noi?

Per comunicare

Pronto? Mi chiamo… / Buongiorno, senta, sono …
Potrei parlare con Giuseppe? / C'è Anna per favore?
Chi lo/la desidera, scusi? / Chi lo/la vuole?
Devo dirgli qualcosa? / Vuole lasciare un messaggio?
Resta il fatto che …

Mi dispiace, sta parlando sull'altra linea.
Spiacente, al momento è occupato.
Spiacente, ma qui non c'è nessun Ferrari.
Guardi che ha sbagliato numero …
Basta richiamarlo/arrivare in tempo …

Grammatica

Der congiuntivo imperfetto

Formen: Siehe Grammatikanhang S. 203

Qualcuno temeva che il sistema **si saturasse**.
Avevo paura che tu non **arrivassi** in tempo.

*Die ersten zwei Personen im Singular sind immer identisch (che io **parlassi**, che tu **parlassi**). Deshalb werden häufig die Personalpronomen hinzugefügt.*

Die Zeitenfolge im congiuntivo

Ho paura che lui non **arrivi** in tempo.
(ora)   (ora o nel prossimo futuro)
Ho paura che lui **abbia perso** il treno.
(ora)   (prima)
Avevo paura che tu non **arrivassi** in tempo.
(prima)   (nello stesso momento)

*Steht das Verb des Hauptsatzes im Präsens, verwendet man im **che**-Satz bei Gleichzeitigkeit den **congiuntivo presente**, bei Vorzeitigkeit den **congiuntivo passato**. Wenn das Verb des Hauptsatzes in einer Zeit der Vergangenheit steht und im Haupt- und Nebensatz Gleichzeitigkeit vorliegt, steht das Verb im **che**-Satz im **congiuntivo imperfetto**.*

Come se (+ congiuntivo)

Parli **come se fossi** sordo / **come se** non **sapessi** quello che devi dire.

*Auf **come se** (als ob) folgt immer ein Verb im **congiuntivo**. Liegt im Haupt- und Nebensatz Gleichzeitigkeit vor, wird der **congiuntivo imperfetto** verwendet.*

Indirekte Rede (Discorso indiretto)

Marco: «(Io) non mi sento bene.»
Marco **dice / ha detto** che purtroppo (lui) non **si sente** bene.

Marta: «Stasera mio padre farà tardi.»
Marta **dice / ha detto** che stasera **suo** padre **farà** tardi.

*Die indirekte Rede wird von Verben wie **dire, affermare** usw. eingeleitet. Steht das Verb des Hauptsatzes im Präsens oder im **passato prossimo** (wenn es sich auf die unmittelbare Vergangenheit bezieht), so bleibt die Zeitform in der indirekten Rede unverändert. Beim Übergang von der direkten Rede zur indirekten ergeben sich im Satz Veränderungen, wie z. B. bei Personal- und Possessivpronomen: io → lui, mio → suo.*

Invito alla lettura

1 Leggere

Completate il questionario.

a. Che cosa leggete di solito e con che frequenza?

quotidiani	☐	riviste	☐
fumetti	☐	racconti	☐
romanzi d'amore	☐	romanzi d'avventura	☐
romanzi storici	☐	gialli	☐
libri di fantascienza	☐	poesie	☐
saggi	☐	guide turistiche	☐
libri di cucina	☐	altro: _____	

b. Dove leggete di solito?

a letto ☐
in treno / in metropolitana / in autobus ☐
sul divano ☐
a tavola ☐
dal medico / dal parrucchiere ☐
altro: _____

c. Come leggete?

sottolineate ☐
leggete subito la fine ☐
vi scrivete delle frasi o dei pensieri ☐
altro: _____

d. Come scegliete le vostre letture?

a caso ☐
sulla base di recensioni lette ☐
su consiglio di altre persone ☐

Confrontate le vostre risposte con quelle di un compagno e, dove possibile, motivatele.

Immaginate di dover fare un lungo viaggio in treno. Che tipo di letture portereste con voi come compagnia durante il viaggio?

 **2** Di che parla?

1.

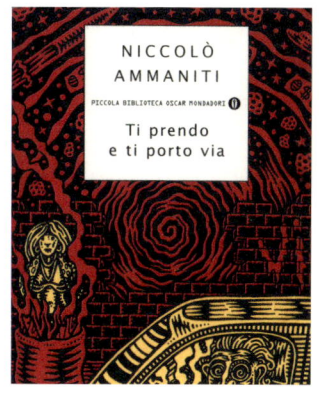
2.

3.

Ecco quattro brevi recensioni. Leggetele e provate a indovinare a quali dei tre libri si riferiscono.

n° ___ Nessuno vuole ammetterlo ma a Bologna c'è un assassino: è l'Iguana, che assume di volta in volta l'identità delle sue vittime. Tocca a Grazia cercare di prenderlo, e più delle sofisticate tecnologie che usa, le serviranno l'intuito e la capacità di ascolto di Simone, cieco dalla nascita. Un thriller nervoso e impeccabile, una storia d'amore e solitudine.

n° ___ Vittorio è un killer professionista. Nessuno l'ha mai visto perché è abilissimo nei travestimenti e può essere contattato solo via Internet. Quando non uccide, passa il suo tempo a guidare in autostrada. Grazia è un poliziotto della Mobile di Bologna. Quando non è in servizio passa le sue giornate con un ragazzo cieco, di cui comincia a chiedersi se è davvero innamorata. Alex è uno studente che lavora part time in un provider. Quando non controlla le chat, passa il suo tempo ad ascoltare una triste canzone di Luigi Tenco, «Un giorno dopo l'altro».

n° ___ Una giornata di pioggia e di uccelli che sporcano le strade, una ragazza di quindici anni che scivola e cade dal motorino. Una corsa in ambulanza verso l'ospedale. Lo stesso dove il padre lavora come chirurgo. Timoteo, il padre, rimane in attesa in un salotto vicino alla camera operatoria. E proprio in questa attesa quest'uomo parla a sua figlia Angela, parla a se stesso nel silenzio che lo circonda. Con precisione chirurgica Timoteo rivela ora alla figlia gli scompensi della sua vita, del suo cuore.

n° ___ Il mare c'è ma non si vede a Ischiano Scalo, un paesino di quattro case accanto a una laguna piena di zanzare. Questo è lo scenario nel quale si svolgono due tormentate storie d'amore. Pietro e Gloria sono due ragazzini. Lei è bella, sicura e un po' arrogante, lui è timido, irresoluto, sognatore. Eppure un sentimento strano che assomiglia curiosamente all'amore li attrae ... Dopo anni di assenza, torna a Ischiano anche Graziano Biglia, logoro playboy. Qui conosce una donna sola e misteriosa. Dovrebbero appartenere a due universi lontani, ma in fondo è proprio tra i poli opposti che scoccano scintille, così...

5

 Adesso ascoltate il dialogo e verificate.

12 *Riascoltate e segnate con una crocetta la risposta esatta.*

La donna che chiede consiglio
acquista un libro di jazz; ☐
pensa di regalare un romanzo poliziesco al padre; ☐
compra un romanzo d'amore; ☐
vorrebbe leggere un libro di letteratura italiana. ☐

L'amica le consiglia
un libro che è in parte comico; ☐
un libro molto triste. ☐

◆ Nadia, questo lo conosci?

▲ Sì, l'ho letto qualche anno fa, è molto bello, a patto che ti piacciano i gialli!

◆ Ah, è un giallo? Credevo che parlasse di jazz.

▲ No, è un romanzo poliziesco, si intitola «Almost blue» perché uno dei protagonisti, che è cieco, è un appassionato di musica jazz.

◆ Ah! Quasi quasi lo regalo a mio padre, lui ama i gialli!

▲ Tu potresti comprarti questo, guarda, è una delle più belle storie d'amore che abbia mai letto.

◆ Fa' vedere ... «Non ti muovere» ... ah, sì, sì, ne ho sentito parlare, è la storia di un padre che immagina di parlare con la figlia prima che lei muoia.

▲ No, la figlia non muore. Comunque sì, lui le parla mentre lei è in coma e le racconta della donna che ha segretamente amato.

◆ Ah, va bene. Lo prendo. E senti, un altro autore italiano che potresti consigliarmi?

▲ Ammaniti lo conosci?

◆ No, veramente no. Mai sentito.

▲ Ho letto un suo libro che mi è piaciuto molto, si chiama «Ti prendo e ti porto via».

◆ E di che parla?

▲ Sono due storie d'amore che in qualche modo si incrociano in un immaginario paesino italiano. È divertente e allo stesso tempo triste.

E 1·2
3

5

Quale di questi libri vi interesserebbe leggere e quale comprereste per fare un regalo?

A patto che	
Purché	**ti piacciano** i gialli.
A condizione che	

3 È il più bello che ...

Formate delle frasi secondo il modello.

«Il piccolo diavolo» di Benigni è uno dei film più divertenti che abbia mai visto.

storia	viaggio	triste	lungo
film	città	bello	caro
ristorante	canzone	avvincente	noioso
attore	giallo	brutto	divertente
romanzo	ragazza	buono	elegante
corso	automobile	emozionante	interessante

E 4·5

È **una delle più belle** storie
d'amore **che abbia mai letto.**

4 Credevo che …

Insieme a un compagno fate le vostre ipotesi.

> Ah, è un giallo? **Credevo che parlasse** di jazz.

Quanti abitanti ha l'Italia?

  56 milioni ☐   63 milioni ☐   52 milioni ☐

Natalia Ginzburg era

  di Roma. ☐   di Palermo. ☐   di Trento. ☐

La festa del papà si festeggia

  il 19 marzo. ☐   il 25 aprile. ☐   il 15 agosto. ☐

Quante regioni ha l'Italia?

  21 ☐   20 ☐   19 ☐

Il risotto alla milanese si fa con

  lo zafferano. ☐   il peperoncino. ☐   i funghi. ☐

Qual è il regista del film «Ladri di biciclette»?

  Fellini ☐   Bertolucci ☐   De Sica ☐

Max Biaggi è

  uno sciatore. ☐   un motociclista. ☐   un cantante. ☐

«La voce del violino» è

  una raccolta di poesie. ☐   un giallo. ☐   un saggio musicale. ☐

Il Cannonau è un vino che si produce

  in Sicilia. ☐   in Sardegna. ☐   in Puglia. ☐

L'insegnante vi darà le risposte corrette. Segnate le vostre risposte errate e scrivete sul quaderno delle frasi secondo il modello.

> Credevamo che l'Italia avesse …

5 Vorrei regalare un libro

In coppia scegliete un ruolo e improvvisate un dialogo.

A

È il compleanno di un Suo caro amico/una Sua cara amica e ha deciso di regalargli/-le un libro, ma non sa ancora quale. Vada in una libreria e si faccia consigliare.

B

Lavora in una libreria. Un/-a cliente (uno dei soliti/una delle solite con le idee poco chiare) Le chiede un consiglio per fare un regalo ad un amico/un' amica.

6 Per una biblioteca globale

*Prima di leggere il testo leggete il titolo
e fate delle ipotesi su quale potrebbe essere
il contenuto dell'articolo.*

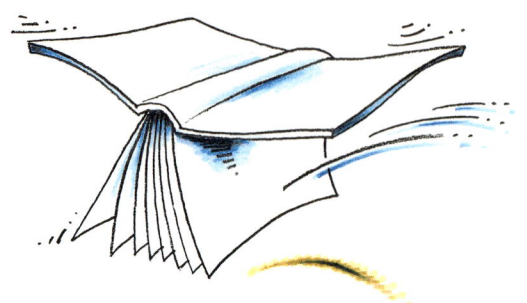

Un sito Usa organizza un sistema di scambio internazionale.
A ogni volume viene associato un numero di riconoscimento.

Un libro (gratis) in ogni luogo dal Web ecco la biblioteca globale

Il tam tam su Internet: in un anno 45 mila volumi sono stati «sparsi» in cinque continenti

❶ Quando lo scorso giugno Judy Andrews trovò un libro abbandonato su una sedia dell'aeroporto di Los Angeles, pensò di essere stata fortunata. Dopo tutto si trattava di uno degli ultimi successi di John Grisham, uno dei suoi autori preferiti. Ma quello che la giovane Judy non sapeva è che si trattava di un incontro non casuale.

❷ E infatti guardando più accuratamente scoprì una piccola nota sulla copertina. Diceva: «Per favore leggimi. Non sono stato perduto. Sto girando il mondo in cerca di amici». Superata la sorpresa, Judy capì che si trattava di qualcosa di più di un semplice libro. Era un invito a partecipare ad un esperimento sociologico globale, organizzato da un sito Internet chiamato bookcrossing.com, il cui obiettivo è trasformare il nostro mondo in una enorme biblioteca. (...).

❸ L'idea è quasi banale, e forse proprio per questo rivoluzionaria. Sul sito si chiede a tutti i lettori che amano visceralmente la letteratura di registrare loro e i loro libri on line e cominciare poi a distribuirli nei bar, sulle sedie dei cinema, sui tavoli dei ristoranti. Insomma, ovunque.

❹ A ogni libro registrato su bookcrossing viene assegnato un numero di identificazione e un'etichetta di registrazione che può essere stampata e attaccata sul volume. La nota spiega brevemente il funzionamento del gioco e chiede a chi ritrova il libro di andare sul sito per indicare dove l'ha trovato e di quale volume si tratti. In questo modo il nuovo proprietario temporaneo può leggerlo e poi rimetterlo in circolo, mentre quello originario può sempre tenerlo sotto occhio e sapere se finisce in buone mani. (...)

❺ Da un anno a questa parte l'esercito degli scambia-libro è salito a 24.000 unità sparse in 50 Paesi del mondo, per un traffico di oltre 45.000 libri di tutti i tipi: novelle, racconti, saggi e romanzi sparsi ai quattro angoli del globo. E ogni giorno ci sono un centinaio di nuovi partecipanti. «Il trucco per far funzionare il sistema – spiega ancora Hoernbaker, uno dei fondatori del sito, – è associare il libro giusto al posto giusto. Per esempio ‹Sulla strada› di Jack Kerouac è stato lasciato in una stazione di benzina vicino a New York ed è arrivato di mano in mano fino al Messico».
Chiaramente non tutti i libri arrivano a destinazione. Al momento solo un 10 o un 15% dei volumi liberati viene trovato da una persona che si aggiunge alla catena.

(da *la Repubblica*, 5/08/2002)

Abbinate i paragrafi con i seguenti titoli.

a. I risultati dell'esperimento
b. Il ritrovamento del libro
c. Come funziona la biblioteca globale

d. L'idea alla base del bookcrossing.com
e. La scoperta del messaggio sul libro

Trovate per ogni significato l'espressione corrispondente nel testo, come nell'esempio.

espressione del testo	significato	n° paragrafo
abbandonato	lasciato	❶
	programmato	❶
	con molta attenzione	❷
	scopo	❷
	con passione	❸
	controllare	❹
	mondo	❺

E 6

7 Il passivo

Nell'articolo che avete letto ci sono alcuni esempi di verbi coniugati al passivo.
In coppia cercateli e scriveteli nella tabella come nell'esempio.

forma passiva	tempo	ausiliare	verbo principale
viene associato	presente	venire	associare

Osservate la tabella precedente. Quanti e quali verbi ausiliari si possono usare
per formare il passivo? C'è una differenza tra loro? Quando si usa uno e quando
si usa l'altro? Discutetene prima in coppia e poi in plenum.

E 7·8

8 Notizie, notizie ...

Ecco alcune brevi notizie tratte da un giornale.
Trasformatele al passivo secondo l'esempio.

> Solo un 15% dei volumi liberati **viene trovato da** una persona.
> 45 mila volumi **sono stati sparsi** in cinque continenti.
> Il libro **verrà pubblicato** la prossima estate.

> La prossima settimana il Governo presenterà la nuova legge sulla maternità.
> La nuova legge sulla maternità sarà / verrà presentata dal Governo la prossima settimana.

E 9

a. Sophia Loren ha consegnato l'Oscar a Benigni.
b. Ogni anno più di 300.000 persone visitano la Biennale di Venezia.
c. Gli antichi Romani conoscevano già la pizza.
d. I giapponesi hanno inventato un melone quadrato.
e. La radio ha confermato la notizia dello sciopero nazionale.
f. Tutto il Paese ascolta il discorso del Presidente in TV.
g. La prossima settimana il sindaco inaugurerà la mostra sugli Etruschi.

9 W i libri!

«La biblioteca globale» è una proposta un po' «curiosa» per stimolare la lettura.
Secondo voi che cosa si potrebbe fare per far leggere di più la gente? Lavorate in piccoli gruppi, fate alcune proposte per stimolare la lettura ed esponetele poi in plenum.

10 Raccontami qualcosa ...

CD 13

Vi piacciono le fiabe? Vi capita ancora di leggerne? Secondo voi oggi ha ancora senso leggerle? C'è una fiaba che vi piace, o vi piaceva, particolarmente? Parlatene in plenum.

La fiaba che ascolterete si chiama «La ragazza mela» ed è tratta da una raccolta di antiche fiabe italiane. Ascoltate e segnate i personaggi, i luoghi e le cose nominate.

personaggi		luoghi		cose (astratte e no)	
regina / re	☐	palazzo	☐	polverina magica	☐
principessa / principe	☐	castello	☐	spada	☐
servitore	☐	bosco	☐	stiletto	☐
mago	☐	terrazzo	☐	incantesimo	☐
matrigna	☐	prigione	☐	pettine	☐
fata	☐	giardino	☐	vassoio	☐
strega	☐	pozzo	☐	chiave	☐

Riascoltate e mettete in ordine le sequenze del racconto.
Confrontate poi con un compagno.

○ Il Re deve partire per la guerra.
○ Il Re, che abita di fronte ai genitori della ragazza, vede sul terrazzo
  la ragazza mela che si lava e si pettina.
○ La Regina diventa madre di una ragazza mela.
○ Il Re incarica il suo servitore di fare attenzione alla ragazza mela.
○ La matrigna ferisce la ragazza mela.
○ Il servitore va da sua zia che è una fata.
○ La matrigna entra nella stanza del Re.
○ Il re e la regina danno all'altro Re (loro vicino di casa) la loro «figlia».
○ Il servitore guarisce la ragazza mela.

E ora, in piccoli gruppi, provate a raccontare la fiaba.

11 Inventiamo una storia

Dettate all'insegnante alcune parole (sostantivi, verbi, aggettivi) – circa 10 –
che lui/lei scriverà alla lavagna. Con queste parole inventate e scrivete poi, in piccoli
gruppi, una breve storia.

E 10

 **Lettura**

Leggete il seguente testo.

Un piacere perduto

Bologna. Bus-navetta che da Piazza Cavour percorre i viali di circonvallazione. Seduti accanto, due uomini molto anziani e altrettanto distinti. Uno indossa un completo marron con camicia color burro e cravatta a strisce, scarpe in tinta, tirate a lucido. L'altro, più sportivo, una giacca a quadretti e una polo allacciata fino all'ultimo bottone. Pantaloni di gabardine e mocassini. Ha in mano uno di quei giornali gratuiti diffusi nelle stazioni. L'altro l'osserva perplesso.
Dice: «Che cosa leggi? Non l'ho mai visto, un giornale così.»
«Lo danno gratis.»
«Ah beh, ma c'è da fidarsi?»
«Cosa vuoi che ne sappia? Te l'ho detto: è gratis. E non sarà peggio del Carlino, che lo devi anche pagare.»
«Ohi, hai ragione.»
«E poi, sai che cosa c'è? Io leggo l'oroscopo e basta.»
«Fai bene. Che cosa dice?»
«Non lo so, non ho con me gli occhiali, lo leggo a casa.»
«Ce li ho io, da' qua che te lo leggo io.»
Il vecchietto senza cravatta passa il giornale all'altro, che s'infila con cerimoniosa lentezza un paio di mezze lenti da lettura.
«Di che segno sei?»
«Vergine.»
Il lettore consulta.
«Va mo' là, sei un fortunello!»
«Cosa dice?»
Scandendo le parole: «AMORE: Con il vostro partner riassaporerete un piacere che credevate perduto.»
Abbassa gli occhiali, sorridendo ammiccante.
L'altro tace. Pensa. Dopo circa mezzo minuto dice: «Sta a vedere che mia moglie mi ha fatto le lasagne.»

(di G. Romagnoli da: la Repubblica del 12/06/2002)

E 11·12
13

| Che io sappia non è ancora arrivato. | C'è da fidarsi. C'è da aver paura. |

 La stampa

E 14

Nella vostra città ci sono dei giornali che vengono distribuiti gratuitamente?
Che cosa pensate di questa iniziativa?

Per comunicare

Di che parla questo libro?
È bellissimo, a patto che ti piacciano i gialli!
Ah, è un giallo? Credevo (che) parlasse di jazz.
Questo lo conosci?
Sì, sì, ne ho sentito parlare. / No, mai sentito.
È uno dei libri più interessanti che abbia mai letto.
Ah, quasi quasi lo regalo a mio padre.

L'ultimo libro che ho letto tratta di …
Il mio autore preferito / la mia autrice preferita è …
Di solito quando leggo sottolineo /
leggo tutte le pagine / salto le parti non importanti.
Che io sappia non è ancora arrivato.
Cosa vuoi che ne sappia?

Grammatica

A patto che/purché/a condizione che
(unter der Bedingung, dass)

È molto bello,
        a patto che
        purché   ti **piacciano** i gialli.
        a condizione che

*Diese drei Konjunktionen führen einen Konditionalsatz ein. Darauf folgt immer ein Verb im **congiuntivo**.*

Der congiuntivo in Relativsätzen

È **una delle più belle** storie d'amore che
(io) **abbia** mai **letto**.
Venezia è la città **più interessante** che
(lui) **abbia** mai **visto**.

*In Relativsätzen wird der **congiuntivo** verwendet, wenn der vorausgehende Hauptsatz einen relativen Superlativ enthält.*

Das Passiv

Formen: Siehe Grammatikanhang S. 211

Oggi la posta elettronica **è usata da** milioni di persone.

*Das Passiv wird im Italienischen mit dem Hilfsverb **essere** + Partizip Perfekt des Hauptverbs gebildet. Das Partizip Perfekt richtet sich in Geschlecht und Zahl nach dem Substantiv, auf das es sich bezieht. Der Urheber der Handlung wird beim Passiv mit der Präposition **da** eingeführt.*

La biblioteca **è illuminata** da cinque grandi finestre. (Zustand)
Solo un 15% dei volumi **viene trovato** da una persona.
La nuova legge **verrà presentata** domani.
La notizia **venne confermata**.

*In den einfachen Zeiten kann **essere** durch **venire** ersetzt werden. Dabei wird **venire** eher für einen Vorgang gebraucht, **essere** dagegen für einen Zustand.*

45 mila volumi **sono stati sparsi** in cinque continenti.

*Bei zusammengesetzten Zeiten kann nur **essere** benutzt werden.*

5

La famiglia cambia faccia

 1 Ritratti di famiglia

Osservate le seguenti foto. Quale foto esprime meglio la vostra «idea» di famiglia?
E quale, invece, esprime meglio il modello di famiglia moderno?

Quali delle seguenti parole associate all'idea di famiglia? Parlatene
in piccoli gruppi e confrontate poi in plenum.

tradizione   solidarietà   competitività   disponibilità   severità

sicurezza   controllo   bambini   sincerità   conflitti

coppia   calore   nido   amicizia

2 La nuova famiglia

Leggete il seguente articolo e segnate con una crocetta i temi che vi vengono trattati.

☐ Divorzi e separazioni in Italia
☐ Natalità in Italia e nel mondo
☐ Aumento delle coppie di fatto
☐ Politiche familiari dello Stato

☐ Individualismo e struttura della famiglia
☐ Aumento degli anziani
☐ Il ruolo dei nonni
☐ Migrazioni e nuove strutture familiari

Nei giorni di sole, le nonne del quartiere Testaccio, a Roma, accompagnano i nipoti ai giardinetti per farli giocare con altri bambini. Maria Ceccani osserva con attenzione il nipotino Fabrizio di tre anni, mentre si azzuffa con un compagno per un autocarro ribaltabile. «Non ha né fratelli, né sorelle. E nemmeno cugini» spiega con rammarico. «Hanno sbagliato ad avere solo un figlio. Non faccio altro che ripeterlo a mio figlio: fanne un altro, fanne un altro». Ma il figlio e la nuora della signora Ceccani non sembrano affatto propensi ad avere un altro bimbo, e una delle ragioni è che vivono ancora con lei. «Una volta le famiglie italiane avevano molti bambini», continua la signora Ceccani, «ma oggi le mamme lavorano e non hanno tempo per una famiglia numerosa. È una vergogna». Quella della signora non è la semplice preoccupazione di una nonna. L'Italia, con una media di 1,18 bambini per donna, occupa il posto più in basso della classifica mondiale della natalità. (...)
Chi l'avrebbe mai detto? Trenta anni fa la maggiore preoccupazione era che il crescente aumento della popolazione mondiale decimasse le risorse della Terra. Oggi nel mondo siamo 6 miliardi ma il tasso di crescita è sceso all'1,2 per cento. Una migliore contraccezione, maternità posticipate, un numero maggiore di donne nel mondo del lavoro e una diffusa migrazione dalle aree rurali del pianeta verso le aree urbane hanno giocato un ruolo decisivo nel decremento delle nascite. Esiste però anche un'altra ragione perché nascono meno bambini, anche se gli stressati genitori non lo ammettono: con un solo figlio tutto è più semplice e più economico.
Il sociologo francese Jean-Claude Kaufman attribuisce l'aumento delle famiglie con un figlio unico alla «crescita dell'individualismo». Con un figlio solo è più facile portare la famiglia in un ristorante a quattro stelle o in un safari in Tanzania. Vivere in un piccolo appartamento di una metropoli è più fattibile e se parliamo poi di educazione non c'è confronto: i figli unici hanno molte più possibilità dei loro amici con fratelli di frequentare prestigiose scuole private. (...). Anche l'età della popolazione mondiale aumenta rapidamente: il numero di ultrasessantenni nei prossimi 50 anni triplicherà e gli over 80 saranno cinque volte di più.

(da *Newsweek/la Repubblica* 19/04/2001)

Quali sono i cambiamenti all'interno della famiglia di cui parla il testo?
E quali sono le cause di questi cambiamenti?

Che cosa è cambiato o sta cambiando?   Perché?

E 1·2
3

| ribaltabile = che può essere ribaltato | un numero **maggiore** = più grande |
| fattibile = che può essere fatto | i figli **minori** = più piccoli |

 3 Dite la vostra!

Immaginate di partecipare a una tavola rotonda il cui tema è il calo demografico.
Dite quali ne sono secondo voi le cause e che cosa si potrebbe fare.

 4 Ti faccio sentire una cosa!

Con l'aiuto dei fumetti, completate le frasi
usando la forma adeguata di fare + *infinito.*

> Le nonne accompagnano i nipoti ai
> giardinetti per **farli giocare**.
> I genitori **fanno vedere** troppa TV ai bambini.

1. Vieni, ti _____ _____ i miei giocattoli.

2. Esco. _____ _____ una passeggiata al cane.

3. Non gli _____ _____ troppa TV.

4. Guarda un po', si è rotta. Me la puoi _____ _____, per favore?

E 4·5   5. Che belli! Me li _____ _____?

5 Nonni e nipoti

Qui di seguito trovate alcuni passaggi tratti da un articolo
del «Corriere della Sera». Leggeteli.

Oggi i nonni vanno in viaggio con gli amici, la sera cinema o ristorante, meno tempo e pazienza. Per i nipotini resta poco spazio, sebbene siano figure centrali nello sviluppo del bambino.

In Italia i nonni sono, secondo l'Istat, oltre 10 milioni e 800 mila, il 38% della popolazione. La metà ha uno o due nipoti. Nel 58% dei casi i nipoti hanno meno di 14 anni.

I grandi caricano di impegni i bambini, dalla ginnastica alle lingue straniere alle lezioni di musica. E i bambini hanno poco tempo per sé stessi, perfino per annoiarsi.

La popolazione dei figli si è ridotta perché le mamme ne fanno di meno e si decidono tardi. Una tendenza che dovrebbe facilitare il ruolo di nonno e di nonna.

14

E ora ascoltate il seguente dialogo un paio di volte e dite a quale notizia o notizie
in particolare si riferisce la discussione fra padre e figlia.

◆ Papà, hai letto questo articolo sui nonni?

▲ No. Oggi non l'ho ancora letto il giornale. Perché?
   Che dice?

◆ Dice che, nonostante i nonni oggi abbiano meno nipoti,
   non sono più così disponibili come una volta.

▲ Mah, guarda, a me sinceramente questi studi convincono
   poco. Io non credo proprio che i nonni siano meno
   disponibili, anzi!

◆ Sì, però non puoi negare che il ruolo dei nonni sia cambiato.

▲ E infatti non lo nego. Però certo non è cambiato in questo senso.

◆ Che vuoi dire?

▲ Voglio dire che secondo me è proprio il contrario. Se prima i nonni facevano solo
   i nonni, oggi fanno i nonni e i genitori.

◆ Hmmm ...

▲ Ad esser veramente cambiato invece è proprio il ruolo dei genitori. Sono stressati,
   troppo impegnati ... non hanno più l'energia per stare dietro ai bambini.

◆ Sì, però questo è anche colpa delle politiche familiari dello Stato che non sostiene
   per niente chi ha famiglia.

▲ Sì, indubbiamente. Però secondo me è proprio cambiato in generale il concetto
   e il bisogno di famiglia. La gente si sposa tardi se si sposa; fa i figli tardi se li fa;
   si separa con più facilità ...

6 Con un po' di fantasia

Formate delle frasi usando almeno una delle congiunzioni in neretto.

> **Nonostante** i nonni **abbiano** meno nipoti, non sono più così disponibili.
>
> **Sebbene siano** figure centrali nello sviluppo del bambino, i nonni non hanno più molto tempo per i nipotini.

Benché / Malgrado / Nonostante / Sebbene la struttura della famiglia sia cambiata, per molti la famiglia rimane ancora il valore più importante.

E 6·7

_____

_____

_____

_____

_____

_____

7 Riflettiamo

Rileggete il dialogo e cercate le espressioni usate per

Non puoi negare che...

Secondo me è proprio il contrario.

Indubbiamente.

Anzi!

Che dice?

informarsi sul contenuto di un articolo di giornale _____

sottolineare la differenza con quanto espresso prima _____

chiedere conferma dell'esattezza della propria opinione _____

argomentare contro qualcosa _____

esprimere accordo _____

Discussione

Scegliete un ruolo e fate poi una discussione.

A

Il figlio del Suo vicino a 34 anni vive ancora con i genitori. Ieri sera l'ha visto tornare a casa un po' «brillo». A Lei la cosa sembra incomprensibile ed è convinto che il ragazzo resti a casa dei genitori solo per comodità, così come la maggior parte dei ragazzi d'oggi. Ne parla con un Suo amico che è invece convinto del contrario.

B

Un Suo amico è convinto che i ragazzi d'oggi vivano con i genitori solo per comodità. Lei non è affatto d'accordo, per Lei ci sono motivi concreti che spiegano la lunga permanenza dei ragazzi in famiglia. Anche Lei, in fondo, è andato via di casa a 29 anni.

 ## Una statistica

Leggete la seguente statistica e discutetene in piccoli gruppi.
Anche nel vostro Paese si assiste a un fenomeno simile?
Quali ne sono, secondo voi, i motivi?

In Italia ci si sposa sempre meno e ci si separa di più

Matrimoni, separazioni e divorzi negli anni 1988 – 1998

	1988	1998
Matrimoni	338.296	276.570
Separazioni	37.224	60.737
Divorzi	30.778	33.510

Fonte Istat 2000

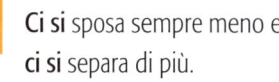

Ci si sposa sempre meno e **ci si** separa di più.

E 8·9

6

 ## A che ora torni?

Secondo voi quali sono i motivi di discussione più frequenti tra genitori e figli?
Segnateli con una crocetta e confrontate poi con un compagno.

differenti opinioni politiche ☐   questioni di soldi ☐
lavori di casa ☐   scuola / studio ☐
scelta degli amici ☐   modo di vestirsi ☐
tempo libero ☐   modo di truccarsi ☐
scelta del partner ☐   orari ☐

Il seguente testo è tratto dal romanzo «Jack Fruscianti è uscito dal gruppo» di Enrico Brizzi. Il protagonista è uno studente liceale, soprannominato «vecchio Alex». Il linguaggio usato è quindi quello dei giovani.

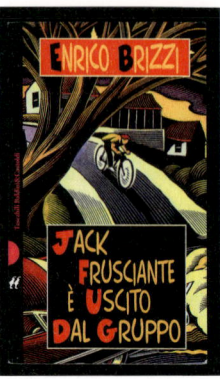

(...) «Cristo», si disse il vecchio Alex. Controllò l'orologio al polso con l'espressione più da tigre che riuscì a trovare, disse: «Adesso sono le tre e tre quarti tre e cinquanta. Facciamo alle quattro e un quarto quattro e venti davanti a Feltrinelli?»

«Alle quattro e venti, d'accordo.»

«Davanti a Feltrinelli», ripeté, per essere sicuro non vi fossero dubbi. «Sotto le due torri.»

«Alle due torri», disse la voce all'altro capo del filo. (...)

Attraversò il tinello con la sua espressione da tigre. Disse: «Io faccio un salto da Feltrinelli». (...)

«È *chiusa* la Feltrinelli», considerò il Cancelliere da dentro la poltrona.

«Non devo andare in libreria», disse lui. «C'ho solo un appuntamento *davanti.*»

«Come sarebbe?» fece la mutter, senza distogliere gli occhi dalla Bologna's Chronicles. «Sei appena rientrato e già riesci?»

«Te l'ho detto, ho un appuntamento.»

«Con chi, un appuntamento.»

«Con una mia compagna, mutter.»

«Una compagna. Sarebbe a dire?»

«Non la conosci. Cosa ti cambia se ti dico un nome? Non la conosci, comunque.»

«Come si chiama», insistette lei. «Hai studiato abbastanza, per domani?» gli disse.

Autocontrollo. Prova della volontà, prova della volontà. «Sì, ho studiato. Al massimo stasera ripasso. Si chiama *Adelaide*, va bene?»

«Adelaide. E a che ora torneresti?»

Prova della volontà, prova della volontà. «Rientro per cena, d'accordo?»

«Cancelliere, ma lo sentite? Il principino vuole rientrare per cena... Ascolta, pensi di vivere in un albergo, è così?»

«Dimmi tu, a che ora,» fece il vecchio Alex, infilando l'impermeabilizzato. «In ogni caso, no, non credo di vivere in un albergo, mutter. Ho solo un appuntamento da Feltrinelli.»

«Quale ti sembrerebbe un'ora giusta?» disse il Cancelliere, continuando a sprofondare impercettibilmente.

Prova della volontà, prova della volontà. «Va bene se torno alle sette?» (...)

(da *Jack Fruscianti è uscito dal gruppo*, di E. Brizzi, Baldini & Castoldi, 1995)

Rileggete il testo e rispondete alle domande.

Quanti sono i personaggi con cui parla il protagonista?
Chi sono questi personaggi, come vengono chiamati, quale rapporto hanno
con il protagonista e qual è il tema della loro discussione/conversazione?

chi	soprannome	rapporto	tema conversazione

E 10

11 Domande e risposte

Abbinate domande e risposte e completate con i verbi al gerundio.

> ... fece il vecchio Alex **infilando** (mentre infilava) l'impermeabilizzato.
> ... disse il Cancelliere **continuando** (mentre continuava) a sprofondare.

6

1. Hai visto Paola ultimamente?

2. Hai perso le chiavi della macchina?

3. E quando ti sei fatto male?

4. Oh, hai trovato finalmente la foto!

5. Ha detto veramente che vuole andare via?

a. Sì, l'ho trovata per caso (sfogliare)
   _____ un libro.

b. Sì, l'ha detto stamattina (uscire)
   _____ di casa.

c. Sì, mi devono esser cadute dalla tasca (fare)
   _____ jogging.

d. Sì, l'ho incontrata ieri (tornare) _____
   a casa.

e. Eh, sabato pomeriggio, (giocare) _____
   a tennis.

E 11

12 «Va bene se torno alle sette?»

*In coppia provate a scrivere una sceneggiatura. Raccontate che cosa succede, come
prosegue la discussione tra il vecchio Alex e i genitori e come si conclude la scena.*

13 E i piatti chi li lava?

Quali delle seguenti faccende domestiche vi piace fare? Quali no?

	sì	no
lavare i piatti	☐	☐
riempire la lavastoviglie	☐	☐
apparecchiare la tavola	☐	☐
stirare	☐	☐
passare l'aspirapolvere / spazzare	☐	☐
spolverare	☐	☐
pulire i vetri	☐	☐
pulire il bagno	☐	☐
cucinare	☐	☐
fare la spesa	☐	☐
portare fuori l'immondizia	☐	☐

Confrontate, se possibile, i vostri risultati con persone di sesso opposto al vostro e provate a cercare delle analogie. Confrontate in plenum.

14 Una donna racconta

CD 15

Ascoltate l'intervista e completate la tabella.

Dati personali:
Lavoro:
Organizzazione vita familiare:
Cosa pensa del contributo che gli uomini danno in casa?
Cosa pensa delle politiche familiari dello Stato?

Secondo voi la situazione descritta dalla donna rispecchia quella del vostro Paese? Le donne di solito lavorano? Che tipo di aiuti ci sono per le coppie che hanno figli? Parlatene in piccoli gruppi e poi in plenum.

E 12·13

6

Per comunicare

Non faccio altro che ripeterlo a mio figlio!
Io non sono propenso a … (+ inf.)
La mia preoccupazione è che … (+ cong.)
Chi l'avrebbe mai detto?
Io non credo proprio che siano meno disponibili, anzi!

Sì, però non puoi negare che …
E infatti non lo nego.
Secondo me è proprio il contrario.
Come sarebbe (a dire)?
Va bene se torno alle sette?

Grammatica

Unregelmäßige Komparativ- und Superlativformen

	Komparativ	relativer Superlativ	absoluter Superlativ
buono	migliore	il miglior(e)	ottimo
cattivo	peggiore	il peggior(e)	pessimo
grande	maggiore	il maggior(e)	massimo
piccolo	minore	il minor(e)	minimo

Es gibt Adjektive, die im Komparativ und im Superlativ sowohl eine regelmäßige als auch eine unregelmäßige Form haben. (Siehe Grammatikanhang S. 194)

Adjektive auf -bile

È una cosa **fattibile**. (= che può essere fatta)
Si tratta di una storia **credibile**.
(= che può essere creduta)

*Adjektive mit der Endung -**bile** haben eine passive Bedeutung und drücken eine Möglichkeit aus.*

Fare + Infinitiv

*Folgt auf **fare** ein Infinitiv, dann bedeutet es »lassen«, »veranlassen« oder »zulassen«.*

Le nonne accompagnano i nipotini ai giardinetti per **farli giocare.** (lassen)
Hai già **fatto riparare** il computer? (veranlassen)

I genitori **fanno vedere** troppa TV ai bambini. (zulassen)
= I genitori **lasciano vedere** troppa TV ai bambini.

*In diesem letzten Beispiel kann **fare** + Infinitiv durch **lasciare** + Infinitiv ersetzt werden.*

Konzessivsätze

Nonostante i nonni **abbiano** meno nipoti, non sono più così disponibili come una volta.

*Die Konzessivsätze werden durch Konjunktionen wie **nonostante, sebbene, malgrado, benché** eingeführt. Sie bedeuten »obwohl, obgleich« und benötigen immer den Konjunktiv.*

Nonostante studi tanto la matematica, non capisce niente. = **Anche se studia …**

*Ein Konzessivsatz kann auch durch **anche se** eingeführt werden. In diesem Fall wird allerdings der Indikativ verwendet.*

Die si-Konstruktion bei den reflexiven Verben

Ci si sposa sempre meno e **ci si** separa di più.

*Bei reflexiven Verben wird die unpersönliche Form »man« durch **ci si** + Verb in der dritten Person Singular ausgedrückt.*

Das (einfache) Gerundium

Disse **infilando** l'impermeabile. = Disse **mentre infilava** l'impermeabile.

Das Gerundium kann eine konditionale Bedeutung haben (vgl. Espresso 2). Darüber hinaus kann es auch einen Temporalsatz ersetzen, wenn die Subjekte des Haupt- und des Nebensatzes identisch sind.

6

Feste e regali

 Feste

Guardate le seguenti foto. Sapete di quali feste si tratta? Si festeggiano anche nel vostro Paese? E a voi piace festeggiarle? Parlatene in plenum.

2 In Italia spesso si fa …

Ecco una serie di «usi» legati ad alcune feste. Sapete a quali delle feste indicate si riferiscono? Lavorate in coppia e poi in plenum.

Natale – Pasqua – Epifania – Capodanno – Carnevale – Festa della Donna

fare il presepio

regalare un mazzetto di mimosa

mangiare il panettone

riempire le calze dei bambini di dolci e carbone di zucchero

fare scherzi

aspettare la mezzanotte per brindare con lo spumante

giocare a tombola

mangiare un dolce a forma di colomba

regalare uova di cioccolata

addobbare l'albero

mangiare il cotechino con le lenticchie

mascherarsi

Quali di questi usi ci sono anche nel vostro Paese? Quali no? Parlatene in plenum.

E 1

3 W la tradizione?

Tra le feste di cui si parla ce n'è una che vi piace particolarmente o una che non vi piace per niente? Perché? Conoscete dei modi di festeggiarle in modo «diverso» da quello noto a tutti? Vi sembra importante rispettare le tradizioni? Perché? Parlatene in piccoli gruppi.

4 No, per carità!

In coppia provate a completare il dialogo con le seguenti espressioni.
Poi ascoltate e confrontate. Di quale festa parlano i due secondo voi? E perché?

per carità	ti sbrighi	sembra brutto	calcolando che

dai	mica	ci tengo

◆ Allora, Gianni, _____? Siamo già in ritardo!

▲ Ma se non è neanche mezzogiorno!

◆ Beh, vuoi che comincino a mangiare senza di noi?

▲ Magari cominciassero senza di noi! Così salteremmo qualche portata!

◆ Guarda che non sei _____ obbligato a mangiare tutto!

▲ No, certo!

◆ Siamo un po' ironici questa mattina, o sbaglio?

▲ No, no, _____!

◆ Che c'è che non va? Non ti va di venire?

▲ No, è solo che pensavo che per una volta avremmo festeggiato in maniera diversa!

◆ Sì? E come?

▲ Beh, mi avevi promesso che saremmo andati a sciare.

◆ Sì, ma non quest'anno! E poi, dai, lo sai che io _____ a festeggiare in famiglia!

▲ Sì, sì, va bene, va bene, ... però magari questa volta ce ne andiamo dopo pranzo, eh!

◆ Ma dai, non possiamo andarcene dopo pranzo. _____!

▲ Beh, _____ il pranzo dura almeno fino alle cinque, a me non sembra poi così brutto!

◆ Sì, però _____, poi si gioca a tombola, si mangia il panettone ...

> Non sei **mica** obbligato a mangiare tutto!

Riascoltate e controllate.

Nel dialogo compare due volte la parola magari *con due significati diversi.*
Cercate i due esempi e scriveteli accanto alla funzione corrispondente.

E 2·3
4

_____ = esprime possibilità

_____ = esprime speranza

> Mi avevi promesso che **saremmo andati a sciare!**
> (prima)   (nel futuro)

 5 Ma ...

*Cosa direste in queste situazioni? In coppia scrivete delle frasi
usando il condizionale composto come nell'esempio.*

> mi avevi / aveva detto che... / mi avevi / aveva promesso che ... / pensavo che ...
> Mi avevi promesso che quest'anno saresti venuto!

1. Un Suo amico La chiama per dirLe che non potrà venire alla Sua festa
   di compleanno (è già la seconda volta che succede).
   _____

2. Va dal tecnico, ma il Suo computer dopo una settimana non è ancora stato riparato.
   _____

3. Un Suo amico arriva per l'ennesima volta in ritardo.
   _____

4. Una Sua amica si dimentica di portarLe un libro di cui Lei ha assolutamente bisogno.
   _____

5. Il Suo migliore amico / la Sua migliore amica arriva anche questa volta da solo/-a
   all'appuntamento (è da tanto che vuole conoscere il suo partner).
   _____

6. Il negozio presso cui Lei fa di solito la spesa ha rimandato di nuovo l'apertura
   (è chiuso da un mese per lavori di ristrutturazione).
   _____

E 5·6

 6 E se invece ...

In coppia scegliete un ruolo e fate un dialogo.

A Si avvicina Natale. Finalmente il pranzo
tradizionale, i regali, i giochi in famiglia.
Non vede l'ora che arrivi il giorno in cui
festeggerà insieme a tutta la famiglia.
Suo fratello / Sua sorella invece vorrebbe
fare qualcosa di completamente diverso,
Lei però ...

B Lei è stanco / -a del solito Natale. Quest'anno
ha proprio voglia di festeggiare in maniera
originale. In famiglia, sì, ma in modo diverso. Suo fratello / Sua sorella però ...

Regali ...

Intervistate un compagno/una compagna. Chiedetegli/chiedetele

in quali occasioni fa dei regali,
se gli/le piace farli o se lo trova stressante o superfluo,
qual è il regalo più bello che abbia mai ricevuto,
qual è il più brutto o inutile.

 Se mi accorgessi che ...

Leggete velocemente i tre testi. Che tipo di informazioni vi vengono date?

a. Consigli pratici sui regali da fare per il compleanno ☐
b. Riflessioni su cosa significa «regalare» ☐
c. Consigli pratici per non fare brutte figure in caso di «riciclaggio» di regali ☐
d. Opinioni ed esperienze sul «riciclaggio dei regali» ☐

E ora leggete più attentamente.

Rispetto coloro che non amano i regali riciclati, ma mi sembra superfluo valutare l'origine del regalo in senso assoluto. Certo che se mi dessero una bottiglia di profumo usata non sarei molto felice, ma allo stesso tempo sarei anche felice, perché qualcuno ha pensato a me. Forse bisogna distinguere due tipi di regalo, quello formale e quello informale. Il primo riguarda le feste e le ricorrenze, il secondo la quotidianità. La formalità richiede delle regole particolari (in genere) come l'incarto perfetto e spesso un oggetto nuovo, anzi se fosse usato si farebbe una figuraccia. Io comunque anche se mi regalassero un oggetto riciclato sarei felice, perché non è detto che tutti amino le stesse cose, e cose che ad altri non piacciono, a me, invece, possono piacere tantissimo.

Se mi accorgessi che mi hanno regalato una cosa riciclata non so se ci rimarrei male, dipende dalla persona e dal regalo: cambia la reazione se viene da una persona che non t'interessa proprio, o se viene da una persona a cui tieni e ti accorgi che non aveva di meglio che rifilarti qualcosa che aveva in casa tanto per «farti il regalo», o se una persona cara ti regala un oggetto che aveva cui teneva molto e per dimostrarti che ci tiene a te se ne priva «regalandotelo». Se invece dovessi fare io il regalo, deciderei se riciclarne uno in base alla persona a cui lo dovrei fare. Se è un regalo cosiddetto «di circostanza», va fatto perché si deve fare, allora le cose possono cambiare. Se in casa dovessi avere qualcosa che posso riciclare è probabile che lo farei!

No, per carità non riciclate! NO vi capiterà di fare una figuraccia come è successo alla sottoscritta proprio il giorno di Natale. Il giorno prima un'amica di nonna mi aveva regalato una sciarpa arancione! Già odio il colore, comunque la apro, ringrazio sorridendo e me la porto a casa. Quante sciarpe ricevete a Natale? Io almeno due o tre. Poi arancione!!!! Comunque la metto in un cassetto e non ci penso più! Il giorno di Natale mi chiama Daniela, un'amica, dicendo che sarebbe passata dopo mezz'ora a portarmi il regalo. Io però non le avevo fatto il regalo, allora corro in camera, prendo la sciarpa e la impacchetto. Ci scambiamo i regali e... sulla sciarpa era stato cucito a mano il mio nome! Sarei voluta sprofondare!

Che pensano le tre persone dell'uso di riciclare regali?

	è decisamente contraria	ha una posizione neutra /dipende	è favorevole	perché?
1ª persona				
2ª persona				
3ª persona				

E 7·8
9

E voi? Con quale persona siete più d'accordo?
E perché? Parlatene in piccoli gruppi?

> Se ne priva «regalandotelo». =
> Si priva dell'oggetto e te lo regala.

 9 Se ...

La seconda persona dice: «Se mi accorgessi che mi hanno regalato una cosa riciclata,
non so se ci rimarrei male». Fa cioè un'ipotesi su come reagirebbe in una certa
situazione. Cercate nei testi altre frasi che esprimono secondo voi un'ipotesi, scrivetele
su un foglio e confrontate poi in plenum.

7

 10 Come ti comporteresti se ...?

Intervistate il vostro partner. Chiedetegli come reagirebbe nelle seguenti situazioni.
Usate il periodo ipotetico.

> qualcuno gli regala qualcosa che non gli piace per niente
>
> Come ti comporteresti/cosa faresti se qualcuno ti regalasse qualcosa
> che non ti piace per niente?

è l'unico/-a a essere vestito/-a elegantemente a una cena a cui è stato invitato/-a
il suo migliore amico/la sua migliore amica ha dimenticato il suo compleanno
arriva con un'ora di anticipo alla festa a cui è stato invitato/-a
al ristorante si accorge di non avere il portafoglio
si accorge che il regalo che gli/le ha fatto il suo migliore amico/la sua migliore
amica è riciclato

E 10·11
12·13

11 Cosa accadrebbe se ...?

In piccoli gruppi fate delle ipotesi. Alla fine votate le soluzioni più divertenti.

Cosa fareste se ...

1. ... una sera scopriste che non esiste più la TV.
2. ... tutti fossero obbligati a usare i mezzi pubblici.
3. ... doveste vivere per un anno in un' isola deserta.
4. ... vi poteste trasformare in un ...
5. ... poteste diventare invisibili per un giorno.

 12 Sei festaiolo?

CD 17

Ascoltate le interviste e completate. Confrontate con un compagno e poi in plenum.

Nome: _____       Nome: _____

Età: _____   Età: _____

	lei	lui
Che tipo di feste le/gli piacciono?		
Una festa di cui si ricorda		
Che rapporto ha con le feste tradizionali?		
Come festeggia il compleanno?		
Se potesse organizzare una festa che tipo di festa farebbe?		

 13 Voi e le feste

E 14

Vi piace festeggiare? Che tipo di feste preferite?
Se poteste organizzare una grande festa, cosa vi piacerebbe fare?

Per comunicare

Allora, ti sbrighi? Siamo in ritardo!
Vuoi che comincino a mangiare senza di noi?
Magari cominciassero da soli!
Guarda che non sei mica obbligato a … (+ inf.)!
Che c'è che non va? Non ti va di … (+ inf.)?

Mi avevi promesso che saremmo andati a sciare!
Io ci tengo a … (+ inf.).
Non possiamo andarcene. Sembra brutto.
Calcolando che il pranzo dura fino alle cinque …

Grammatica

(Non) … mica

Non sei **mica** obbligato a mangiare tutto!
Mica sei obbligato a mangiare tutto!

*Das Adverb (non) … mica bedeutet »doch nicht« und wird verwendet, um etwas mit Nachdruck zu verneinen. Steht dieser Negationsausdruck am Satzanfang, entfällt das **non**.*

Magari

Sei già andato in vacanza? – **Magari!** (= Schön wär's)
Magari questa volta ce ne andiamo dopo pranzo.
(Vielleicht … besser)

Magari kann »vielleicht«, »schön wär's«, oder »eher« bedeuten. Es kann also sowohl eine Möglichkeit als auch eine Hoffnung ausdrücken.

Magari cominciassero senza di noi!
(= Sarebbe bello se cominciassero …)
Magari mi **desse** una mano!
(= Sarebbe bello se lui mi desse …)

*Sätze, die einen unerfüllbaren oder noch nicht erfüllten Wunsch ausdrücken, können mit **magari** eingeführt werden. Dabei wird für die Gleichzeitigkeit ein Konjunktiv Imperfekt verwendet.*

Die Zeitenfolge (Nachzeitigkeit in der Vergangenheit)

Mi avevi promesso che **saremmo andati** a sciare.
Sapeva che **avrebbe lavorato** fino alla pensione.

*Steht im Hauptsatz ein Verb in der Vergangenheit, verwendet man im **che**-Satz den **condizionale passato**, wenn man damit Nachzeitigkeit ausdrücken will.*

Das Reflexivpronomen si kombiniert mit anderen Pronomen

Se ne priva regalandotelo. (= Si priva di un oggetto.)
Se la fece ripetere. (= Si fece ripetere la frase.)

*Wie die anderen unbetonten Pronomen (vgl. Lekt. 1) kann auch das Reflexivpronomen **si** mit **lo/la/li/le/ne** in Verbindung treten. Dabei wird **si** zu **se**.*

Die unbetonten Personalpronomen beim Gerundium

Se ne priva regalando**telo**.
(= regalando a te un oggetto).
Guardando**la** … (= mentre la guardavo …)

*So wie beim Infinitiv, Imperativ und nach **ecco** werden die unbetonten Personalpronomen auch beim Gerundium an die Verbform angehängt.*

Der potentielle Bedingungssatz
(il periodo ipotetico della possibilità)

Se mi **regalassero** qualcosa che non mi piace,
non **direi** niente.
Se si **accorgesse** che gli hanno regalato una cosa riciclata **ci rimarrebbe** male.

*Wenn der se-Satz eine Bedingung ausdrückt, deren Erfüllung als möglich aber nicht sehr wahrscheinlich angesehen wird, verwendet man den **congiuntivo imperfetto** im Bedingungssatz und den **condizionale presente** für die Folge.*

Salviamo il nostro pianeta

 Un manifesto

Osservate la foto. Che cosa vedete? A che cosa vi fa pensare? Parlatene in plenum.

In coppia scrivete un breve testo o uno slogan ispirato alla foto precedente.
Confrontate poi in plenum.

 Ipotesi sul futuro

Che cosa succederà al nostro pianeta? Segnate le cose che personalmente
vi preoccupano di più.

cambiamenti climatici	☐	elettrosmog	☐
buco dell'ozono	☐	effetto serra	☐
siccità	☐	rischi di slavine	☐
inquinamento atmosferico	☐	alluvioni	☐
deforestazione	☐	piogge frequenti	☐
inquinamento dei mari	☐	scioglimento dei ghiacciai	☐
accumulo dei rifiuti	☐	altro: _____	

Confrontate in piccoli gruppi.

> Secondo me / Per me uno dei problemi più gravi è / sono ...
> Una delle cose che mi preoccupa di più è / sono ...   l'inquinamento / le alluvioni.
> A me preoccupa / preoccupano ...
>
> Io ho paura / Temo che i ghiacciai si sciolgano / si scioglieranno ...

3 Che tempo fa?

Leggete che cosa dice l'articolo a proposito dei cambiamenti climatici.

(...) Per portare i bambini al mare, prenotare una settimana bianca, scegliere una casa confortevole non basterà rifarsi al buon senso: con le montagne senza neve, il sole estivo trasformato in lotteria, l'aria condizionata più importante del termosifone, le vecchie reazioni rischiano di farci sbagliare rotta. (...)

Prendiamo come esempio il tranquillo ménage familiare dell'ipotetico Mario Rossi, perfetto rappresentante delle abitudini italiche. I guai cominciano all'inizio dell'anno, quando i ragazzi premono per andare a sciare. Sciare sì, ma dove? E quando? Lo scenario disegnato dall'Onu, un aumento di 2 o 3 gradi di temperatura, ritarderebbe la prima nevicata e anticiperebbe lo scioglimento della neve di tre settimane. (...) Non avendo trovato stanze libere nei pochi alberghi vicini a piste dotate di neve, il signor Rossi prende per un attimo in considerazione l'ipotesi di una bella settimana di trekking. Ma, dopo aver letto le cronache dei giornali, cambia idea: l'aumento degli incidenti legati allo smottamento dei versanti alpini lo preoccupa. E non ha torto perché il permafrost, cioè il terreno permanentemente gelato, tenderà a cedere: sotto i 2.500-2.800 metri impianti e rifugi sono a rischio.

Dunque niente relax invernale: si aspetta l'estate per rifarsi al mare. Anche qui però la scelta non è facile: a governare il tempo saranno sempre più frequentemente i cosiddetti «eventi estremi», cioè alluvioni e piogge che somigliano più ai monsoni che ai vecchi temporali estivi. (...) In sostanza pioverà meno spesso e più violentemente. Probabilmente nell'arco di un anno ci cadrà in testa più o meno la stessa quantità di acqua, ma l'effetto sarà molto diverso: cambierà in maniera drammatica la violenza delle piogge e delle grandinate. Il che, in un territorio sempre più urbanizzato, significa vedere le strade trasformate in torrenti e i torrenti in una massa di fango che spazza via le case costruite sull'alveo dei fiumi. Sconfortato da tutte queste notizie, il signor Rossi si abbatte su un divano e gli capita in mano l'ultimo numero della rivista «Nature» su cui legge che nei prossimi 50-100 anni le precipitazioni invernali estreme aumenteranno di 5 volte in alcune aree dell'Europa centrale e tra il 50 e il 350 per cento in Italia. E allora comincia a preoccuparsi sul serio.

(da *la Repubblica* 31/08/2002)

Quali sono i cambiamenti del clima di cui si parla nell'articolo? E quali le conseguenze?

       Cambiamenti   Conseguenze

E 1·2

4 Completate

*Scrivete delle frasi secondo il modello. Decidete se usare il gerundio passato
(frase causale) o l'infinito passato (frase temporale). Confrontate con un compagno
e poi in plenum.*

| Dopo aver letto il giornale ha cambiato idea. |

| Non avendo trovato stanze libere ... = Poiché non ha trovato stanze libere ... |

> non trovare stanze libere – (noi) andare in campeggio
> Non avendo trovato stanze libere, siamo andati in campeggio.
>
> cercare invano una stanza in albergo – (noi) andare in campeggio
> Dopo aver cercato invano una stanza in albergo, siamo andati in campeggio.

1. non mangiare niente tutto il giorno – venirmi una fame terribile

   _____

2. vedere la cena che avere preparato mia madre – venirmi una fame terribile

   _____

3. non fare mai sport – Franco avere difficoltà a muoversi

   _____

4. usare i fogli di carta da entrambe le parti – (noi) buttarli via

   _____

5. leggere una recensione sul giornale – (io) comprare il libro

   _____

E 3·4
5·6

6. abitare sempre con i genitori – Paolo non essere abituato a fare i lavori di casa

   _____

5 «Eco-consigli»

*Pensate di rispettare l'ambiente? Quali dei seguenti consigli seguite? Confrontate in piccoli
gruppi e in base ai risultati decidete chi di voi è il più «ecologico». Riferite poi in plenum.*

☐ fare la raccolta differenziata dei rifiuti
☐ controllare sempre la provenienza dei prodotti
   che si acquistano
☐ limitare l'uso dei detersivi
☐ spegnere sempre le luci quando non necessarie
☐ acquistare oggetti prodotti con materiali
   riciclati

☐ comprare solo prodotti locali
☐ limitare l'uso di acqua
☐ acquistare prodotti biologici
☐ rinunciare alla macchina il più spesso possibile
☐ preferire il treno all'aereo (quando possibile)
☐ preferire contenitori in vetro

6 Se l'avessi saputo ...

Ascoltate il dialogo una prima volta e segnate quello che secondo voi è il problema intorno a cui ruota la conversazione. Potete segnare più di una risposta.

la difficoltà ad alzarsi presto la mattina	☐	la scomodità dei mezzi pubblici	☐
un incidente stradale	☐	il traffico	☐
l'inquinamento atmosferico	☐	la scarsità dei mezzi pubblici	☐

Riascoltate il dialogo.

■ Ah, buongiorno! Che c'è? Non hai sentito la sveglia stamattina?

▼ Guarda, lascia perdere che sono nero! È dalle sette che sto in macchina!

■ Però! E com'è che ci hai messo così tanto? C'era un incidente?

▼ No, è che il centro era chiuso, così ho dovuto fare un giro lunghissimo.

■ Eh ... capita, se si va a lavorare con la macchina!

▼ Sì, però ieri al TG non hanno detto nulla, perché insomma, se l'avessi saputo, sarei venuto in metropolitana!

■ A parte il fatto che al TG regionale l'hanno detto, non capisco perché continui a venire in macchina quando potresti benissimo prendere i mezzi pubblici!

▼ Beh, perché preferisco stare comodamente seduto piuttosto che pigiato come una sardina in metropolitana!

■ Sì, però se prendessi la metro, arriveresti innanzitutto meno stressato e poi contribuiresti a diminuire lo smog ...

▼ Mah, non sarà certo la mia macchina a far la differenza!

■ Beh, guarda, se tutti la pensassero come te, anziché chiuderlo una volta alla settimana, bisognerebbe chiuderlo tutti i giorni il centro!

7 Riflettiamo

*In coppia confrontate queste tre frasi e provate a spiegarne la differenza.
Discutetene poi in plenum.*

Se si va a lavorare con la macchina, capita di trovare traffico.
Se prendessi la metro, arriveresti meno stressato.
Se avessi saputo che il centro era chiuso, sarei venuto in metropolitana.

8   Troppo tardi!

*Cosa dite in queste situazioni? Insieme a un compagno scrivete
delle frasi usando il periodo ipotetico del 3° tipo.*

> Se l'**avessi saputo**, sarei venuto
> in metropolitana.

Invitate degli amici a cena e preparate della carne. Uno degli ospiti vi confessa
che è diventato vegetariano.

_____

Avete una riunione di lavoro. Vi sbrigate per arrivare in tempo. Quando arrivate però
il vostro collega vi dice che la riunione è stata rimandata al giorno dopo.

_____

Vi siete dimenticati di giocare al lotto i numeri che vi ha dato un amico.
Il giorno dopo vedete in TV che sono usciti proprio quei numeri.

_____

Avete comprato un cappotto molto caro. Due mesi dopo il negozio in cui l'avete
comprato chiude e svende tutto a prezzi incredibili, anche quel cappotto.

E 7·8
9

_____

La località turistica consigliatavi dalla vostra collega è una vera delusione.
La spiaggia è minuscola, ci sono troppi turisti, il posto è caro.

_____

9   Ipotesi

*In coppia fate delle frasi usando, di volta in volta, il periodo ipotetico adeguato
(a volte sono possibili più alternative). Confrontate poi in plenum.*

> Se avessi dei giorni di ferie, andrei a trovare i miei amici.
> Se avessi avuto dei giorni di ferie, sarei andato/-a a trovare i miei amici.

avere dei giorni di ferie	fare più sport
vincere al totocalcio	avere più soldi / più tempo
nevicare in estate	prenotare più tardi la vacanza
fumare meno	fare bel tempo
guardare prima su Internet	dal mondo scomparire i soldi
non esistere più il cellulare	cominciare prima a studiare l'italiano

10 Role-play

In coppia scegliete un ruolo e fate un dialogo.

A

Lei è in macchina con B. State andando al cinema, ma siete rimasti bloccati nel traffico. Oggi è l'ultimo giorno in cui danno il film che voleva vedere da tanto tempo. Aveva proposto a B di andare in autobus, ma B ha insistito per prendere la macchina. E ora mancano solo cinque minuti all'inizio dello spettacolo.

B

Lei è in macchina con A. State andando al cinema, ma siete rimasti bloccati nel traffico. Il film comincia fra cinque minuti e A è abbastanza arrabbiato/-a, perché sarebbe voluto/-a andare con i mezzi pubblici. Lei ha insistito per prendere la macchina, perché ritornare a casa in autobus di sera è veramente un'avventura. Gli autobus passano raramente e poi non si può essere così flessibili come con la macchina.

 11 Ma cosa mangiamo??

Guardate i disegni. Cosa vi viene in mente? Se li doveste usare per una campagna pubblicitaria, per quale campagna li usereste? Parlatene in coppia e poi in plenum.

E ora leggete il seguente articolo.

Anche questa settimana è arrivato il tanto atteso week-end. È sabato e come al solito mi avvio verso il mio supermercato di fiducia, quello da cui, da ormai molti anni, compro carne, verdure, frutta e ogni genere alimentare che finisce sulla mia tavola. (...) C'è un po' di fila oggi, più del solito, già all'ingresso del supermercato. Che abbia a che fare con quel banchetto giallo lì fuori, vicino alla porta? In fondo poco me ne importa, io ho fretta e sono in ritardo. Sarà la solita associazione che raccoglie firme per chissà quale nobile causa. Meglio non pensarci e tirar dritti.

I miei dubbi erano fondati: il gruppo che ostacola il mio passaggio sta ascoltando una persona con una pettorina gialla, con su scritto Greenpeace, lo stesso nome che campeggiava sul banchetto. Sembrano tutti molto presi ed interessati. La cosa comincia ad incuriosirmi. Inizio ad ascoltare cosa sta dicendo il volontario di Greenpeace:

Oggi si sente molto parlare di agricoltura transgenica, di ingegneria genetica, di organismi geneticamente manipolati (OGM). Spesso ne sentiamo parlare come un rivoluzionario ed innovativo modo di intendere l'agricoltura. Spesso ci dicono che sarà la soluzione per risolvere la fame del Mondo, e per avere sui nostri piatti cibi migliori, più belli e più economici. In realtà non è così. Il problema è che nessuno, compresi gli scienziati, sa con esattezza come funziona il meccanismo genetico e nessuno può prevedere cosa possa accadere a lungo termine manipolando le istruzioni per la vita.

Mi cominciano a venire in mente alcuni dubbi e tante domande: cosa c'entra l'ingegneria genetica con quello che trovo ogni giorno sulla mia tavola? Con tanti interrogativi irrisolti in testa seguo il gruppo, che nel frattempo si è spostato nel reparto scatolami, e colgo l'occasione di una breve pausa per porre le mie domande al volontario...

A parte il problema dell'uso di veleni chimici, gli OGM hanno il grande difetto di non essere stati sperimentati adeguatamente: solo dieci settimane di test su topi, polli e pesci gatto sono state ritenute sufficienti per dimostrare la loro validità. Un periodo ridicolo se consideriamo che l'ingegneria genetica è un campo ancora quasi del tutto sconosciuto, di cui poco si sa, soprattutto sugli effetti a lungo termine negli organismi. (...)

Il volontario di Greenpeace si sposta nel reparto surgelati e ci dice che è qui che i rischi sono massimi: pizze pronte, pasta surgelata, cibi precotti sono i prodotti che più facilmente possono contenere ingredienti manipolati geneticamente. Andiamo infine nel reparto carni. Anche qui ci sono pericoli? Pensavo che dopo il caso mucca pazza potevamo stare tranquilli. Invece vengo a sapere che quasi tutta la carne che mangiamo viene da animali che hanno mangiato prodotti OGM. Il tour giunge alla fine ed il volontario ci dà delle ultime raccomandazioni.

La diffusione di prodotti a base di OGM può essere fermata, da noi consumatori. Dobbiamo però impegnarci in prima persona e far sentire la nostra voce. Se non lo faremo il mercato alimentare rimarrà in futuro in mano a poche multinazionali, detentrici dei brevetti OGM, che sperimenteranno su di noi i loro prodotti (...)

Sono amareggiato e allo stesso tempo pieno di voglia di fare qualcosa. Guardo sconsolato nel mio carrello, quasi vuoto. Solo qualche mela e due barattoli di cibi in scatola mi guardano minacciosamente dal fondo. Torno all'ingresso e rimetto le mele al loro posto. Poi prendo in mano le due scatole e leggo gli ingredienti: la microscopica etichetta indica che contengono olio vegetale. Inorridito le lascio sullo scaffale e mi avvio all'uscita. Con il carrello vuoto ma con una nuova coscienza.

A una prima lettura il testo vi sembra

ironico	☐	a favore degli OGM	☐	neutro	☐
sarcastico	☐	contrario agli OGM	☐	divertente	☐

Segnate con una crocetta l'affermazione esatta.

a. L'uomo fa la spesa durante la settimana. ☐
b. È solito andare sempre nello stesso supermercato. ☐
c. Incontra dei volontari di un'associazione ambientalista. ☐
d. Mostra subito interesse per quello che sta succedendo nel supermercato. ☐
e. Ritorna a casa con le buste piene. ☐
f. Decide d'ora in poi di fare più attenzione a quello che compra. ☐

E 10·11
12·13

> Spesso ci **dicono** che ...

> **Che abbia a che fare** con quel banchetto giallo lì fuori?

12 E voi?

E voi come vi comportate quando andate a fare la spesa al supermercato? Controllate le etichette? Cosa pensate degli OGM? Comprate dei prodotti OGM? Parlatene in piccoli gruppi.

8

13 Una boccata d'aria pulita

L'inquinamento atmosferico è sicuramente uno dei problemi più gravi per il nostro ambiente. Fra le seguenti proposte quali vi sembrano sensate e attualizzabili e quali no? Ne aggiungereste altre? Parlatene in piccoli gruppi e confrontate poi in plenum.

chiudere il centro alle macchine ☐
aumentare il numero dei trasporti pubblici ☐
andare in giro con le mascherine ☐
aumentare il numero delle zone verdi ☐
creare delle zone dove si può andare a respirare ossigeno ☐
andare tutti in bicicletta ☐
fare dei regali a chi lascia la macchina a casa ☐
altro: _____

CD 19

E ora ascoltate cosa hanno inventato per «risolvere» il problema. La soluzione proposta è tra quelle indicate sopra?

Riascoltate l'intervista e rispondete alle seguenti domande.

Dove si trova l'Oxi Bar?

_____

Quanto costa una «seduta»?

_____

Come funziona?

_____

 Che cosa offre il bar, oltre alle sedute d'ossigeno?

E 14 _____

Per comunicare

Lascia perdere che oggi sono nero!
Com'è che ci hai messo così tanto?
È che il centro era chiuso!
Se l'avessi saputo, saresti venuto in metropolitana.
A parte il fatto che ...

Non sarà certo ... a ... (+ inf.).
Guarda, se tutti la pensassero come te, anziché ...
Spesso ci dicono ...
Che abbia a che fare con ...?

Grammatica

Das gerundio passato

Non **avendo trovato** nessuno, ritornò a casa.

*Das **gerundio passato/composto** wird aus dem **gerundio presente** von essere bzw. avere (**essendo, avendo**) + Partizip Perfekt des entsprechenden Verbs gebildet. Es ersetzt einen Kausalsatz, dessen Handlung zeitlich vor dem Hauptsatz liegt.*

Non **essendo andata** al corso, Mara la volta dopo non capì niente.

*Die Formen, die mit **essere** gebildet werden, werden dem Subjekt angeglichen.*

*Für die Stellung der unbetonten Pronomen beim **gerundio passato** gelten dieselben Regeln wie beim **gerundio presente**. (vgl. Lekt. 7).*

Dopo + Infinitiv Perfekt

Dopo **aver letto** il giornale ha cambiato idea.
Dopo **esser(e) uscito** si accorse di aver dimenticato l'ombrello.

*In einem mit **dopo** eingeführten Temporalsatz muss der Infinitiv Perfekt folgen. Der Infinitiv Perfekt wird mit dem Infinitiv von **essere** bzw. **avere** + dem Partizip Perfekt des entsprechenden Verbs gebildet. Das Endung-e des Infinitivs entfällt (besonders bei **avere**).*

Dopo **esser stati** in ufficio, siamo tornati a casa.
(= dopo che noi ... noi)

*Die Konstruktion **dopo** + Infinitiv Perfekt ist nur möglich, wenn das Subjekt des Hauptsatzes und des Infinitivs übereinstimmen.*

Der congiuntivo trapassato

Pensavo che l'**avessi** già **letto**.
Credevo che **fosse** già **partito**.

*Der **congiuntivo trapassato** wird mit dem **congiuntivo imperfetto** von essere bzw. avere + dem Partizip Perfekt des Verbs gebildet.(Formen: siehe S. 203)*

Der irreale Bedingungssatz (il periodo ipotetico dell'impossibilità)

Se avessi saputo che venivi, ti **avrei aspettato**.
Se fosse venuto, ne **saresti stata** felice.
Se (in passato) **avessi lavorato** di più, (oggi) **avrei** meno problemi.

*Wenn der **se**-Satz eine irreale Bedingung enthält, so erscheint im Nebensatz **se** + **congiuntivo trapassato** und im Hauptsatz der **condizionale presente** bzw. **passato**, je nachdem, ob sich der Hauptsatz auf die Gegenwart oder auf die Vergangenheit bezieht.*

Der congiuntivo im Hauptsatz

Che abbia a che fare con quel banchetto?
Che sia già **uscito**?

Der congiuntivo wird in Fragen verwendet, die Zweifel ausdrücken.

Die 3. Person Plural für ein unbestimmtes Subjekt

Spesso **dicono** che ... (= si dice)

»Man« kann mit einigen Verben auch durch die 3. Person Plural ausgedrückt werden.

8

Noi e gli altri

 1 **Test**

Intervistate un compagno e poi in plenum l'insegnante.
Le risposte indicate sono quelle date dalle autrici del libro.

	Luciana	Maria	il vostro compagno la vostra compagna	il vostro/la vostra insegnante
un Paese che vorrebbe visitare	la Groenlandia	l'India		
una città dove vorrebbe vivere	quella in cui abito	Roma		
un film che vorrebbe rivedere	Il miglio verde	Colazione da Tiffany		
il libro che non ha ancora avuto tempo di leggere	Guerra e pace	Don Chisciotte		
una cosa che lo/la rilassa	andare a funghi	fare il bagno		
una cosa che lo/la fa ridere	i discorsi dei politici	la trasmissione televisiva Blob		
una cosa che lo/la fa arrabbiare	la mancanza di rispetto	la maleducazione		
una cosa che lo/la innervosisce	i pettegolezzi	la gente che arriva in ritardo		
una cosa che lo/la mette di buon umore	il sole la mattina	il profumo del caffè la mattina		
un sogno nel cassetto	fare un corso di parapendio	comprare una casa a Roma		

> Mi fanno ridere i film di Benigni.
> Mi innervosisco quando devo andare dal dentista.
> Mi mette di buon umore il profumo del caffè la mattina.

2 Qualità e difetti

Quali sono le qualità che apprezzate di più? E i difetti che sopportate di meno?
Esprimete il vostro parere (dando un voto da 1 a 5) e confrontate poi con un compagno.

sincerità	___	ipocrisia	___
onestà	___	disonestà	___
disponibilità	___	egoismo	___
correttezza	___	scorrettezza	___
flessibilità	___	inflessibilità	___
ottimismo	___	pessimismo	___
pazienza	___	impazienza	___
generosità	___	avarizia	___
sensibilità	___	superficialità	___
modestia	___	superbia	___
fedeltà	___	infedeltà	___
tolleranza	___	intolleranza	___

In piccoli gruppi discutete su quali qualità sono importanti o quali difetti sono gravi in

	un rapporto di amicizia	un rapporto di lavoro	un rapporto di coppia
qualità importanti			
difetti gravi			

Confrontate i risultati in plenum.

3 Non è che io sia poi così ...

Ascoltate il dialogo e completate la tabella.

Quali cose non trova l'uomo?	Cosa ne ha fatto la donna?	Perché?

■ Senti, Lucia, hai visto «Panorama», per caso?

▼ Hmmm, sì, l'ho buttato via ...

■ Ma possibile che devi buttar via sempre tutto?

▼ Scusa, pensavo che l'avessi letto.

■ E infatti l'avevo letto. Solo che c'era un articolo che volevo conservare.

▼ Mi dispiace. Se vuoi provo a chiedere a mio padre. Credo che ogni tanto lo compri anche lui.

■ No, lascia stare, provo a cercarlo su Internet. Però, per favore, la prossima volta, prima di buttar via qualcosa, preferirei che me lo chiedessi.

▼ D'accordo!

■ Anche il vaso cinese che ci ha regalato mia zia, che fine ha fatto? L'hai buttato via immagino!

▼ No, quello no. L'ho solo portato in cantina!

■ E la maglietta della Roma, hai eliminato anche quella? Perché non la trovo più!

▼ Beh, pensavo che non ti servisse più ... era tutta scolorita ormai ...

■ Non lo so, guarda, penso che la tua sia una mania. Perché in fondo non è che io sia poi così disordinato ...

▼ Sì, lo so, è solo che volevo mettere un po' in ordine ...

■ Però scusa, una cosa è mettere in ordine e un'altra è buttar via! E poi, anche questa cosa di mettere sempre tutto a posto. Se tu metti sempre in ordine le mie cose, io poi non le trovo più!

| **Preferirei** che me lo **chiedessi**. |

---

4 Preferirei che ...

Completate le frasi e confrontate poi in coppia.

Mi piacerebbe che i miei amici _____

Preferirei che i miei vicini _____

Mi farebbe piacere se l'insegnante _____

Vorrei che gli altri _____

Mi piacerebbe se nella mia città _____

E 1   Sarei contento se per il mio compleanno _____

> **Penso** che **abbia** ancora la sua vecchia 500.
> **Credo** che non **siano** ancora **partiti**.
> **Pensavo** che non ti **servissero** più.
> **Pensavo** che l'**avessi letto**.

5 Combinate le frasi

Combinate le frasi coniugando il verbo tra parentesi al tempo opportuno del congiuntivo (presente/passato/imperfetto/trapassato).

1. Beh, visto che faceva tanto sport non immaginavo proprio che

2. No, oggi non l'ho visto ancora, credo che

3. Scusami se non ti ho aspettato, ma pensavo che tu

4. Mi sono sbrigata a tornare perché temevo che i miei

5. Ci siamo portati un sacco di maglioni perché pensavamo che

6. Non sono sicurissimo, ma a giudicare dall'accento penso che

7. Ah, meno male, temevo che il film

a. Carole (essere) _____ francese.

b. (fare) _____ molto più freddo.

c. (lui/soffrire) _____ di cuore.

d. (rimanere) _____ a casa, perché ieri non si sentiva tanto bene.

e. (mangiare) _____ già _____ qualcosa in mensa.

f. non (avere) _____ le chiavi.

g. (cominciare) _____ già _____!

9

E 2·3

6 Ma tu conservi sempre tutto!

Scegliete un ruolo e improvvisate una conversazione.

A Lei è una persona molto ordinata e non sopporta di vedere cose fuori posto. La persona con cui divide l'appartamento, invece, non solo è estremamente disordinata, ma ha anche la mania di conservare tutto: vecchi giornali, tazze rotte, bottiglie vuote, biglietti usati. Dopo aver trovato nella credenza la terza macchinetta del caffè – tra l'altro mezza rotta – decide di parlare con lui/lei.

B Il Suo coinquilino / la Sua coinquilina ha la mania dell'ordine. Vorrebbe buttar via sempre tutto! Per Lei, invece, ogni oggetto ha una piccola storia, una sua memoria, e Le sembra un peccato buttar via le cose, anche perché così si rischia di diventare consumisti. Stamattina poi **A** vuole convincerLa a buttar via la caffettiera di Sua nonna.

7 Siete ordinati?

Lavorate in coppia. Chiedete a un compagno se ricorda con esattezza dove sono questi oggetti e decidete poi chi dei due è il più ordinato.

il passaporto

i documenti della macchina

le ultime foto delle vacanze

l'ombrello

il lucido per le scarpe

i fazzoletti (di carta)

le bollette del telefono

gli occhiali da sole

il walkman

l'agenda

l'apribottiglie

la tuta da ginnastica

il cellulare

il libro di italiano

In piccoli gruppi dite qual è il vostro «sistema» per mantenere l'ordine.

 8 Luna Avogadro

Leggete il seguente testo.

1 Luna Avogadro è stata a lungo la mia migliore amica; la conoscevo da quando andavamo allo stesso liceo. Suo padre faceva l'astronomo, era per questo che l'aveva chiamata così, molto prima che la cultura alternativa desse una piccola diffusione a quel nome. Per anni è stata l'unica Luna che conoscevo. Era una tipa incredibilmente spiritosa e
5 comunicativa, tonda e con i capelli rossi e la pelle molto chiara, forse l'unica donna di cui io sia riuscito a diventare amico senza passare attraverso qualche genere di coinvolgimento sessuale o sentimentale. Non so se per lei sia stato esattamente lo stesso, perché tra tutti gli argomenti in cui ama tuffarsi con irruenza leggendaria la sua vita interiore è uno degli ultimi. (...)
10 Andava in giro con il suo motorino Zundapp che sembrava un mezzo militare leggero e guardava le facce e ascoltava le voci, si buttava nelle mischie e arrivava a distanza zero, parlava e rideva, metteva in gioco tutto quello che aveva. Non pensava neanche di poter essere invadente, perché la sua fame di contatto le faceva spargere intorno a sé segnali di amicizia e gratitudine e disponibilità con tale profusione da travolgere qua-
15 lunque resistenza. Era disposta a fare la buffona, pur di diventare amica di qualcuno; era disposta a recitare poesie e cantare canzoni in piedi su un tavolo. (...)
Ovunque andasse e in qualunque situazione si trovasse, le sembrava di incontrare per miracolo persone che senza la minima esitazione definiva «grandi» o «fantastiche» o «stupende». La sua incapacità di discriminare le impediva di cogliere tratti negativi che
20 avrebbero tenuto lontano chiunque altro, finché non le capitava di andarci a sbattere contro lei stessa. Ogni tanto cercavo di farle capire che si sbagliava, ma non c'era verso; e anzi uno dei suoi grandi dispiaceri ricorrenti era proprio il fatto che tutti i suoi amici non andassero d'accordo tra loro.

(da *I veri nomi* di A. De Carlo)

Scrivete tutte le informazioni che trovate su Luna Avogadro
e confrontate poi con un compagno.

nome	Luna Avogadro
origine del nome	
caratteristiche fisiche	
carattere	
rapporto con il narratore	

9 Un po' di lessico

Ecco alcune espressioni presenti nel testo con l'indicazione della riga in cui si trovano.
Unitele ai loro significati.

a. buttarsi nelle mischie (r. 11)   cercare di essere divertente
b. arrivare a distanza zero (r. 11)   rischiare
c. mettere in gioco (r. 12)   avvicinarsi molto a qualcuno
d. fare il buffone (r. 15)   non esserci niente da fare
e. non esserci verso (r. 21)   andare in mezzo alla gente senza paura

E 4

10 Riflettiamo

Rileggete il testo e sottolineate le sei forme al congiuntivo, scrivetele poi nella
colonna di destra della tabella. Scrivete nella colonna di sinistra l'elemento della
frase che determina l'uso di ogni congiuntivo.

il congiuntivo è determinato da ...	forme al congiuntivo

E 5·6

11 | I migliori amici sono ...

Fate una crocetta sulle affermazioni con cui siete d'accordo e confrontate poi in piccoli gruppi, motivando, dove possibile, le vostre risposte.

I migliori amici sono quelli che

□ sono disposti sempre ad ascoltarti
□ ti danno sempre ragione
□ sono sempre disponibili
□ sanno capire anche i tuoi momenti no
□ ti accettano per quello che sei
□ hanno i tuoi stessi interessi
□ sono disposti a dire una bugia per te
□ ti accompagnano a fare shopping

□ tollerano le persone a te care
□ sopportano i tuoi difetti
□ hanno un carattere simile al tuo
□ sono disposti a prestarti soldi o altre cose
□ sanno mantenere un segreto
□ hanno i tuoi stessi gusti
□ ti criticano, quando necessario
□ sono sempre solidali con te

E 7

12 | Una persona «speciale»

Descrivete – per iscritto – una persona «speciale» (un amico, un collega, un vecchio compagno di giochi, ecc.). Ispirandovi al testo di De Carlo raccontate come e dove avete conosciuto questa persona, descrivetene il carattere e l'aspetto fisico e raccontate che tipo di rapporto avete o avevate con lei.

9

CD 21

13 | Hai saputo che ...?

*Ascoltate e completate la tabella.
In quale conversazione si parla di ...*

	a.	b.	c.	d.
un litigio				
una separazione				
un'assunzione				
un nuovo incontro				
un licenziamento				
una vacanza				
un trasferimento				
un rapporto d'amicizia				

14 Gli ha detto che ...

E ora ascoltate di nuovo i primi tre dialoghi e completate con le forme mancanti.

Discorso diretto

«Dovrà cambiare sede, dovrà andare a lavorare a Latina.»

«La cosa mi stupisce molto perché io qui mi trovo bene e sinceramente pensavo che anche voi foste contenti di me.»

«Mi presti qualcosa per il matrimonio di Daniela?»

«Beh, perlomeno per il matrimonio di un'amica qualcosa te la potresti pure comprare!»

«Trovati subito un'altra casa!»

Discorso indiretto

Il capo gli ha detto che _____ _____ cambiare sede, che _____ _____ andare a lavorare a Latina.

Lucio gli ha risposto che la cosa _____ _____ molto perché _____ _____ _____ _____ bene e sinceramente _____ che anche _____ _____ contenti di _____.

Catia le ha chiesto ___ _____ _____ qualcosa per il matrimonio di Daniela.

Francesca le ha risposto che perlomeno per il matrimonio di un'amica qualcosa ___ ____ _____ pure _____ comprare.

Pare che Giulia gli abbia detto ___ _____ subito un'altra casa.

E 8·9
10·11

9

15 Hai sentito ... ?

In coppia scrivete un dialogo per una delle seguenti situazioni. Riferite poi a un terzo compagno gli scambi di battute. Raccontate cosa è successo, cosa si son dette le persone e come è andata a finire la storia.

E 12

Per comunicare

Mi fanno ridere / mi mettono di buon umore
(i film di Benigni).
Mi innervosisco quando (la gente arriva in ritardo).
Ma possibile che (devi buttar via sempre tutto)?
La prossima volta preferirei che tu me lo chiedessi.
Che fine ha fatto (il vaso della zia)?
Non è che io sia poi così disordinato!
Una cosa è (mettere in ordine) e un'altra (buttar via)!
Hai saputo / sentito che ...?
Pare / Sembra che gli abbia detto ...

Grammatica

Die Zeitenfolge im congiuntivo

Penso che **abbia** ancora la sua 500.
Penso che **sia** già **partito**.

*Der **congiuntivo presente** im che-Satz drückt eine im
Vergleich zum Hauptsatz (Verb im Präsens, Imperativ
oder Futur) gleichzeitige und der **congiuntivo passato**
eine vorzeitige Handlung aus.*

Pensavo che **avesse** ancora la sua 500.
Pensavo che **fosse** già **partito**.

*Der **congiuntivo imperfetto** im che-Satz drückt eine
im Vergleich zum Hauptsatz (Verb der Vergangenheitsgruppe) gleichzeitige und der **congiuntivo trapassato**
eine vorzeitige Handlung aus.*

Preferirei che me lo **chiedessi**.

*Stehen im Hauptsatz Verben oder Ausdrücke
der Willensäußerung sowie des Zweifelns und der
Unsicherheit im **condizionale presente** so steht im
Nebensatz zur Angabe der Gleichzeitigkeit
ein **congiuntivo imperfetto**.*

Der Gebrauch des congiuntivo

Der congiuntivo steht immer

→ *nach einigen Indefinitpronomen, darunter **qualunque, qualsiasi, chiunque, dovunque***

In **qualunque / qualsiasi** situazione **si trovasse**,
incontrava persone stupende.
Comunque vada l'esame, si è meritato questa vacanza.

→ *nach bestimmten Konjunktionen wie **prima che,
come se, sebbene, a condizione che** ...*

Gli telefono **prima che parta**.
Il padre l'aveva chiamata così, molto **prima che** la
cultura alternativa **desse** una diffusione a quel nome.

→ *in Relativsätzen, wenn der vorausgehende Hauptsatz
das Adjektiv **unico / solo** enthält.*

Era l'**unica** / la **sola** donna **di cui sia riuscito** a
diventare amico.

→ *nach dem Ausdruck **il fatto che***

Le dispiaceva **il fatto che** gli amici non **andassero**
d'accordo.

Prima che – prima di

Ti telefono **prima di partire**.   (io … io)
Ti telefono **prima che** tu **parta**.   (io … tu)

*In einem temporalen Nebensatz benutzt man **prima di** + Infinitiv, wenn Haupt- und Nebensatz dasselbe Subjekt haben (vgl. Lekt. 1). Sonst verwendet man **prima che** + congiuntivo.*

Indirekte Rede (2)

«La cosa mi **stupisce**.»
Giulia **rispose** che la cosa la **stupiva**.

«**Sei stato** bravo.»
Giulia **rispose** che **ero stato** bravo.

«**Dovrò** cambiare sede.»
Giulia **rispose** che **avrebbe dovuto** cambiare sede.

«**Potresti** comprarti qualcosa.»
Giulia **rispose** che l'amica **avrebbe potuto** comprarsi qualcosa.

«**Trovati** subito un'altra casa!»
Giulia **rispose di trovarsi** subito un'altra casa.
Giulia **rispose che si trovasse** subito un'altra casa.

«Pensavo che **foste** contenti di me.»
Giulia **rispose** che pensava che (loro) **fossero** contenti di lei.

*Steht das Verb des Hauptsatzes in einer **Zeit der Vergangenheitsgruppe**, so ergeben sich in der indirekten Rede folgende Veränderungen:*

presente (indicativo/congiuntivo)	→ imperfetto (indicativo/congiuntivo)
passato prossimo	→ trapassato prossimo
futuro semplice	→ condizionale passato
condizionale presente	→ condizionale passato
imperativo	{ di + infinito che + congiuntivo imperfetto
imperfetto (indicativo/congiuntivo)	→ imperfetto (indicativo/congiuntivo)

Beim Übergang von der direkten zur indirekten Rede ergeben sich im Satz weitere Veränderungen, wie z. B.:

bei Personalpronomen	io	→	lui/lei
bei Possessivpronomen	mio	→	suo
bei Adverbien	qui/qua	→	lì/là
	ieri	→	il giorno prima/ precedente
	oggi	→	quel giorno
	domani	→	il giorno dopo/ seguente, l'indomani
bei Demonstrativpron.	questo	→	quello
beim Adjektiv **prossimo**	prossimo	→	seguente
mit **fra** (temporal)	fra 2 giorni	→	dopo 2 giorni

Indirekte Frage

«Mi presti qualcosa?»
Catia le **ha chiesto** se le **prestava** qualcosa.

Die Zeitenfolge in der indirekten Frage entspricht der der indirekten Rede. Nur wird hier der Nebensatz durch die Konjunktion se eingeführt.

«Ti trovi bene qui?»
L'amica le chiese se **si trovava** bene lì.
L'amica le chiese se **si trovasse** bene lì.

In einem indirekten Fragesatz kann sich auch der Modus des Verbs ändern, d.h., dass der Indikativ zum congiuntivo werden kann. Es handelt sich jedoch ausschließlich um den persönlichen Sprachstil.

9

Italia da scoprire

 1 Quiz

Qui di seguito trovate alcune domande sull'Italia. Rispondete, dove potete,
o formulate la domanda appropriata.

	risposta	*domanda*
il numero delle regioni italiane	*20*	*Sai quante regioni ha l'Italia?*
le regioni non bagnate dal mare		
la regione più piccola		
la regione con Potenza		
la regione a cui appartengono Capri e Ischia		
le regioni a cui appartiene il Lago di Garda		
la città in cui ha sede il Governo		
il partito attualmente al Governo		
l'attuale Presidente della Repubblica		
i due Stati che appartengono geograficamente, ma non politicamente all'Italia		
l'anno della riunificazione dello Stato italiano		

E 1
Ponete adesso le domande a diversi compagni e completate la tabella con
le risposte che vi mancano. Confrontate poi in plenum.

2 Consigli di viaggio

Leggete il seguente testo e completate la tabella.

Chi viene da Milano raggiunge Orta, la «capitale», dopo circa 70 chilometri percorsi con l'autostrada A8 dei Laghi (uscita Arona). In alternativa, si può seguire l'autostrada Milano-Torino fino a Novara, prendendo poi la statale 229 in direzione Gozzano. Per arrivare quindi all'isola di San Giulio, si prendono i battelli della Società di navigazione lago d'Orta (0322/84.48.62), in partenza da Orta o Pella.

Nel centro di Orta non si può entrare con le auto, che vanno lasciate nei parcheggi a nord dell'abitato. Il divieto rende ancora più bello passeggiare per il paese, la cui scoperta è una vera sorpresa, soprattutto per i tanti palazzi signorili, con cortili e giardini. In piazza Motta il gioiello è il palazzo della Comunità, affrescato nel '500. La parte superiore di Orta ruota invece intorno alla Scalinata della Motta, a sua volta costeggiata da begli edifici. In cima alla scalinata scenografica c'è la chiesa di Santa Maria Assunta.

La regione del lago d'Orta è un'ideale palestra per molteplici attività sportive. Tra esse spiccano le gite in bicicletta, anche se non esistono piste apposite. Per informazioni sul noleggio delle bici: 0322/ 967415.

All'imbarcadero di piazza Motta il signor Piero noleggia barche a remi; per quelle a motore niente da fare: il lago d'Orta non le ama. Tante le opportunità per coloro che amano le passeggiate. La più frequentata è quella che porta al colle della torre di Bucciona, un torrione in pietra risalente al XII secolo che sovrasta il paese di Orta, la sua penisola e l'intero lago.

Belli e interessanti i libri antichi offerti da Scriptorius, in via Olina 20; invece da Penelope, in Piazza Motta 26, si possono trovare tessuti artigianali. Nico's è un negozio elegante con pezzi d'antiquariato e oggettistica d'epoca.

(da *Bell'Italia* n° 192, aprile 2002 di Auretta Monesi)

10

Come si raggiunge	Cosa si può vedere	Cosa si può fare	Informazioni utili

> Le auto **vanno lasciate** nei parcheggi. = devono essere lasciate

> Il divieto rende ancora più bello passeggiare per il paese, **la cui scoperta** è una vera sorpresa.

E 2·3
4

3 Dove ...?

In coppia e a turno, formulate delle domande secondo il modello.

> lasciare la macchina   nel parcheggio
>
> ■ Dove si deve lasciare la macchina?
> ▼ La macchina va lasciata nel parcheggio.

comprare i biglietti   ad Arona
pagare la multa   alla cassa automatica
depositare i bagagli   a nord dell'abitato
lasciare le macchine   in portineria
prendere l'uscita per Orta   fuori dalla zona pedonale
parcheggiare le moto   al Comando di Polizia Municipale

4 Impressioni

Formate dei gruppi di persone che hanno visitato gli stessi posti in Italia (o in un altro Paese). Confrontate gli itinerari fatti, i monumenti visitati, le impressioni, ecc.

 5 Alla scoperta di ...

CD 22

Ascoltate e segnate sulla cartina le attrazioni turistiche che vengono nominate.

(© GEOnext -
Istituto Geografico
De Agostini, 2003)

Quali informazioni vengono date sui seguenti luoghi? Riascoltate e completate la tabella.

Palazzo Reale	Duomo	Museo Egizio	Mole Antonelliana

Ascoltate ancora una volta e rispondete alle seguenti domande.

Che cos'è «il bicerìn»?
Quali manifestazioni culturali hanno luogo a Torino?

6 Sapete che cos'è ...?

Abbinate le parole alla spiegazione corrispondente.

1. Confetti	a. Carne di manzo salata ed essiccata. Specialità della Valtellina.
2. Pinzimonio	b. Bibita analcolica preparata con acqua, zucchero e aromatizzata a base di un frutto.
3. Bresaola	c. Dolce di mandorle tostate in un impasto di miele, zucchero e bianco d'uovo.
4. Stracchino	d. Piccolo dolce di zucchero cotto, di forma ovale contenente mandorle, pistacchi o nocciole.
5. Chinotto	e. Condimento di olio, pepe e sale in cui si intingono alcune verdure tipo finocchi e carote.
6. Torrone	f. Formaggio tenero prodotto con latte di vacca tipico della Lombardia.

E 5

7 L'ufficio del turismo

*A turno fate finta di lavorare per l'ufficio del turismo di una città a vostra scelta
(la vostra o un'altra che conoscete bene). Informate l'altro – il turista – su ciò
che può vedere, visitare, fare, comprare, ecc.*

8 I luoghi del cuore

Il quotidiano «la Repubblica» ha promosso un'iniziativa chiamata «I luoghi del cuore», un forum in cui si invitano i lettori a segnalare luoghi, a loro cari, minacciati dalla speculazione, dal turismo di massa o dall'incuria dello Stato. Qui di seguito trovate alcune segnalazioni. Leggetele.

Conero

Stretto di Messina

Valle alpina

CONERO (ANCONA)

Viva il Conero: ho vissuto ad Ancona per nemmeno un anno, ma è stato abbastanza per farmi innamorare. Ora vivo a Londra e quei magici colori mi mancano ogni giorno e tornano a perseguitarmi nelle tante giornate grigie e di pioggia. Dobbiamo fare di tutto affinché quel paradiso terrestre rimanga tale, a dispetto delle carrette del mare e di coloro che non hanno rispetto per la natura.
Francesca

NURRA (SASSARI)

Vorrei segnalare uno dei luoghi che più mi ha fatto vivere l'impressione del primitivo rapporto tra uomo e mare. Si tratta del villaggio Nurra, in provincia di Sassari. Luogo di bellezza struggente, isolato, ma non lontano. Si è riusciti ad evitare fino ad ora che la speculazione edilizia avesse la meglio su quel paradiso, ma quest'estate ho avuto modo di notare curiosi movimenti di mezzi, tipo ruspe e gru. Evitiamo di perdere quel poco che ci rimane.
Giovanni, Oristano

LO STRETTO DI MESSINA

Reggio Calabria (Calabria) È un luogo paesaggistico unico nel suo genere che comprende ben due regioni, due coste marine, una parte composta da laghi (Ganzirri) e una flora e fauna che meritano di essere preservate. Verrà tutto compromesso dal ponte che, stante l'esperienza del tunnel nella Manica, rischia di essere assolutamente inutile.
Clelia

LAGO DI VICO (VT)

Desidero segnalarvi il luogo a cui, in questo momento, sono più legata. Si tratta del Lago di Vico, sui Monti Cimini, tra Viterbo e Roma. Solo per 3/4 è una riserva naturale ricca di fauna tipica; il resto è un centro residenziale in continua espansione.

Annalisa

VAL JUMELA (TRENTO)

La Val Jumela è una valle alpina incontaminata (laterale della Val di Fassa – Trentino) di ricchissimo patrimonio ambientale. La Provincia Autonoma di Trento ne sta programmando la devastazione attraverso la realizzazione di impianti di risalita e nuovi comprensori sciistici. La zona è già economicamente ricca ed abbonda di strutture turistiche, quindi non necessita di ulteriori speculazioni. Salviamo la natura propria delle Dolomiti!

a.b.

PONT (VAL SAVARANCHE)

Vi segnalo la località Pont in alta Val Savaranche (AO). È un prato, dove finisce la strada, un parcheggio e un piccolo albergo. In estate il prato è un campeggio piccolo e ordinato. Vi si trova solo gente amante della montagna, silenziosa, motivata e rispettosa. In primavera gli stambecchi popolano lo spiazzo che serve da parcheggio. Le volpi vengono alla porta del camper a chiedere cibo. Di notte c'è solo il rumore del torrente. È il posto più bello del mondo.

Gianni

10

> **Si è** riusciti ad evitare la speculazione edilizia.

Completate la tabella.

luogo segnalato	regione in cui si trova	aspetti positivi segnalati	aspetti negativi/pericoli segnalati

E 6·7
8

9 Mare, monti ...

Osservate il disegno e abbinate le parole al numero corrispondente.

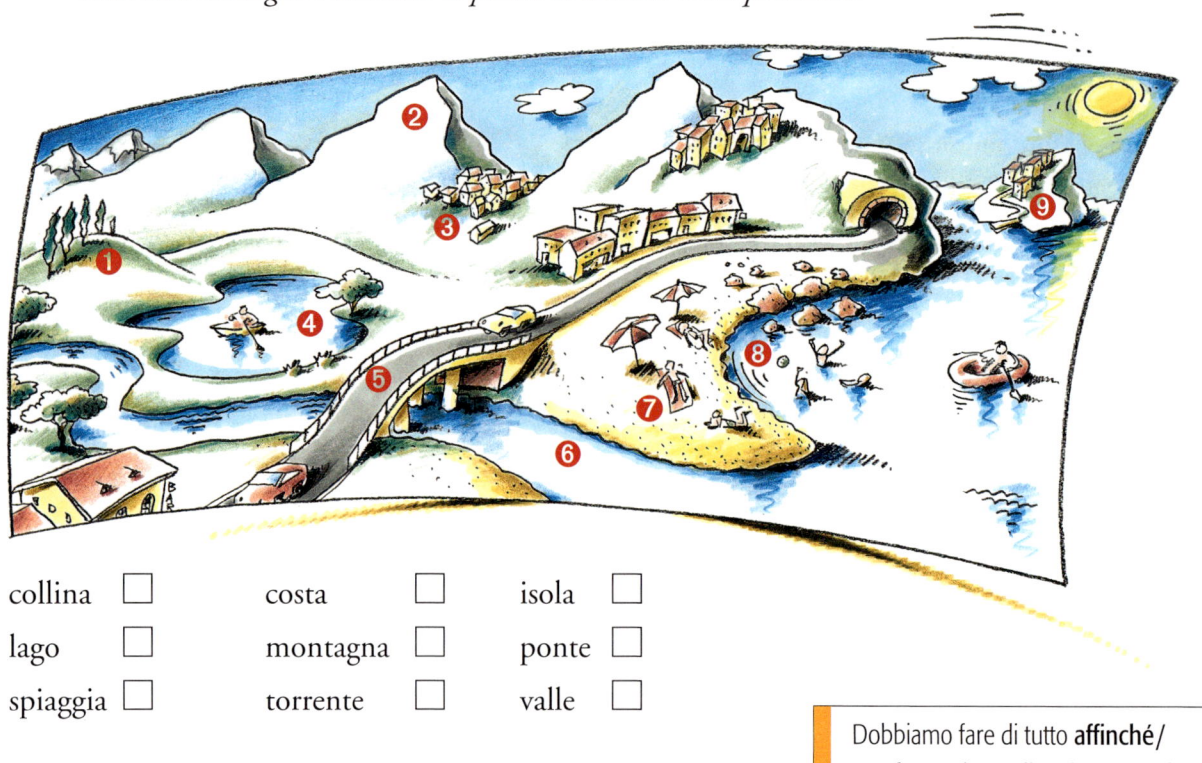

E 9

collina ☐	costa ☐	isola ☐
lago ☐	montagna ☐	ponte ☐
spiaggia ☐	torrente ☐	valle ☐

> Dobbiamo fare di tutto **affinché**/ **perché** quel paradiso **rimanga** tale.

10

10 Affinché ...

In coppia scrivete, per ogni situazione, una frase secondo il modello.

> la gente imparare ad apprezzare la propria regione ...
> Affinché la gente impari ad apprezzare la propria regione
> si possono / si potrebbero organizzare visite guidate.

la gente rispettare la natura _____

la vacanza andare bene _____

gli altri capirci _____

il lavoro non essere troppo noioso _____

E 10
11
12

la lezione essere divertente _____

una festa riuscire _____

11 Il vostro luogo del cuore

E 13

Il giornale della vostra città ha promosso un'iniziativa simile a quella del quotidiano la Repubblica. Intervenite e segnalate – per iscritto – il vostro luogo del cuore.

Per comunicare

Dove va lasciata la macchina/vanno depositati i bagagli?

Dobbiamo fare di tutto per (+ inf.)/affinché (+ cong.)

Si deve fare in modo che la speculazione non abbia la meglio su (...).

È in continua espansione.
A quel luogo sono molto legato.
Non necessita di ...
Abbonda di ...
Serve da ...
È unico nel suo genere.

Grammatica

Die Passivkonstruktion mit andare

Le auto **vanno** lasciate nei parcheggi.
(= **devono essere** lasciate)
Il problema **andrà** discusso. (= **dovrà essere** discusso)
L'errore **andava** corretto. (= **doveva essere** corretto)

*Wir haben bereits in Lektion 5 gesehen, dass das Passiv mit **essere** bzw. **venire** gebildet wird. Dazu kann aber auch das Verb **andare** + Partizip Perfekt verwendet werden. Allerdings drückt diese Angabe fast immer eine Zweckmäßigkeit oder eine Notwendigkeit aus (= dover essere). Diese Form gibt es nur in den einfachen Zeiten (mit Ausnahme des **passato remoto**).*

Il cui/la cui/i cui/le cui

Il divieto rende ancor più bello passeggiare per il paese, **la cui scoperta** è una vera sorpresa.
(la scoperta del paese)

*Das Relativpronomen **il cui/la cui/i cui/le cui** ist die italienische Wiedergabe des deutschen »dessen/deren«, wobei sich der Artikel auf das darauffolgende Substantiv bezieht.*

Perché mit finaler Bedeutung

Dobbiamo fare di tutto **perché/affinché** quel paradiso **rimanga** tale.

*Die Konjunktion **perché** hat nicht nur eine kausale, sondern auch eine finale Bedeutung (zu welchem Zweck?). In diesem Fall steht das folgende Verb immer im **congiuntivo**. Perché in dieser Bedeutung kann auch durch die Konjunktion **affinché** ersetzt werden.*

Die si-Konstruktion in zusammengesetzten Zeiten

A quella festa **si è** proprio **bevuto** molto. (**ho** bevuto)
Si è riusciti a evitare la speculazione edilizia.
(**sono** riuscito)

*Die zusammengesetzten Zeiten werden bei der **si-Konstruktion** immer mir **essere** gebildet, wobei das Partizip Perfekt unverändert bleibt, wenn das Verb in der persönlichen Konstruktion das **passato prossimo** mit **avere** bildet. Bildet das Verb in der persönlichen Konstruktion das **passato prossimo** mit **essere**, steht das Partizip Perfekt im Maskulinum Plural.*

A quella festa **si sono bevute** molte bottiglie di vino.
(**ho** bevuto + direktes Objekt)

Erscheint jedoch ein direktes Objekt, so richtet sich das Verb nach diesem Objekt.

Die si-Konstruktion mit essere

Se **si è amici,** ci si dovrebbe aiutare.
Non **si** dovrebbe essere troppo **categorici.**

*Nach der **si-Konstruktion** mit **essere** stehen Substantive oder Adjektive im Maskulinum Plural.*

10

Ieri, oggi ...

Alcuni oggetti come la macchina, il telefono, la TV, il computer, la lavatrice hanno cambiato in modo determinante la nostra vita.
Oltre a queste grandi invenzioni ce ne sono tante altre, forse più piccole, ma altrettanto importanti, che appartengono oggi al nostro quotidiano. Leggetene la descrizione e abbinatele alla foto corrispondente.

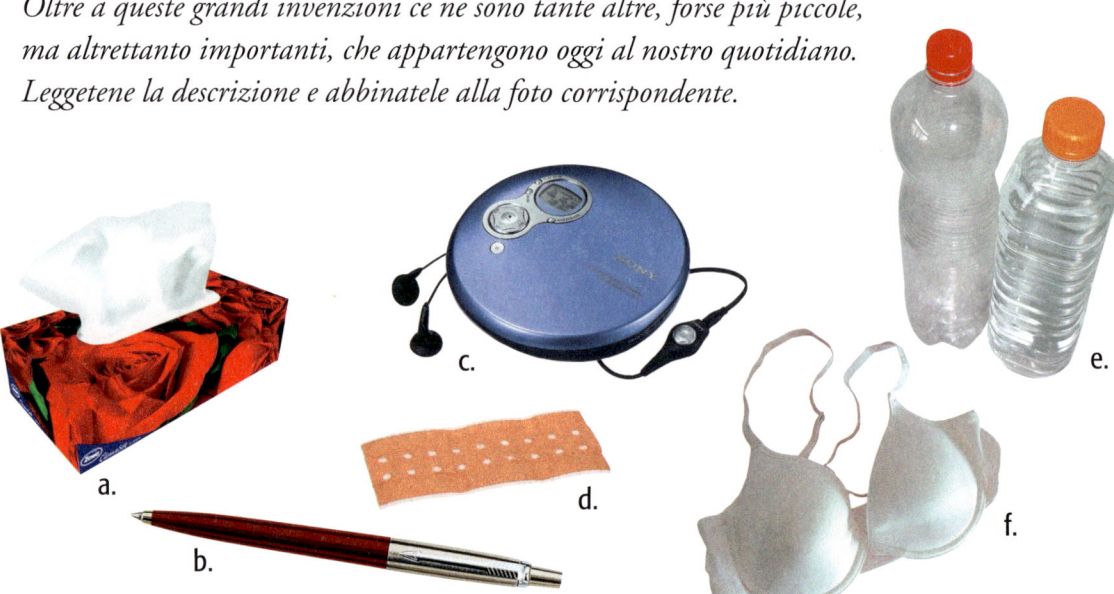

3

_____ Pare che la creazione del celebre indumento femminile si debba all'americana Mary Jacob. Nel 1913 a Parigi, alla signora, invitata a una festa elegante, non piaceva come l'abito le aderiva al seno. Così prese due fazzoletti, li unì con un nastro e li usò per sorreggere il seno.

_____ Fu il giornalista ungherese Laslo Biro a inventare, nel 1938, il meccanismo composto da un piccolo serbatoio d'inchiostro, con alla base una sfera che, ruotando, lascia tracce sulla carta.

_____ Durante la prima guerra mondiale, nelle infermerie, al posto del poco cotone si usava una carta morbida e molto assorbente prodotta dalla cartiera Kimberly-Clark. Soltanto nel 1924, però, si scoprì che questa carta era perfetta anche per soffiarsi il naso.

_____ Comparve per la prima volta sul mercato nel 1975 e divenne ben presto sinonimo di praticità. È fatta di politene, un materiale messo in commercio nel 1933 negli Stati Uniti. Oggi è sotto accusa come una fra le principali responsabili dell'inquinamento.

_____ Si deve la sua scoperta alla moglie distratta di un ricercatore della Johnson & Johnson. La signora, infatti, non faceva che tagliarsi in cucina. Così il marito, per medicarla, decise di mettere insieme garza e nastro adesivo. Era il 1920.

_____ Akio Murita, il fondatore della Sony, amava ascoltare musica e al tempo stesso giocare a golf. Due passioni inconciliabili, almeno fino a quando la sua società non inventò un piccolo apparecchio alimentato a batterie, capace di riprodurre musicassette. Il successo fu strepitoso.

Indovina cos'è?

In piccoli gruppi scrivete un testo simile a quelli letti. Descrivete uno degli oggetti rappresentati qui sotto o un altro a vostra scelta. Spiegatene la funzione, eventualmente la storia ecc. Gli altri dovranno indovinare di cosa si tratta.

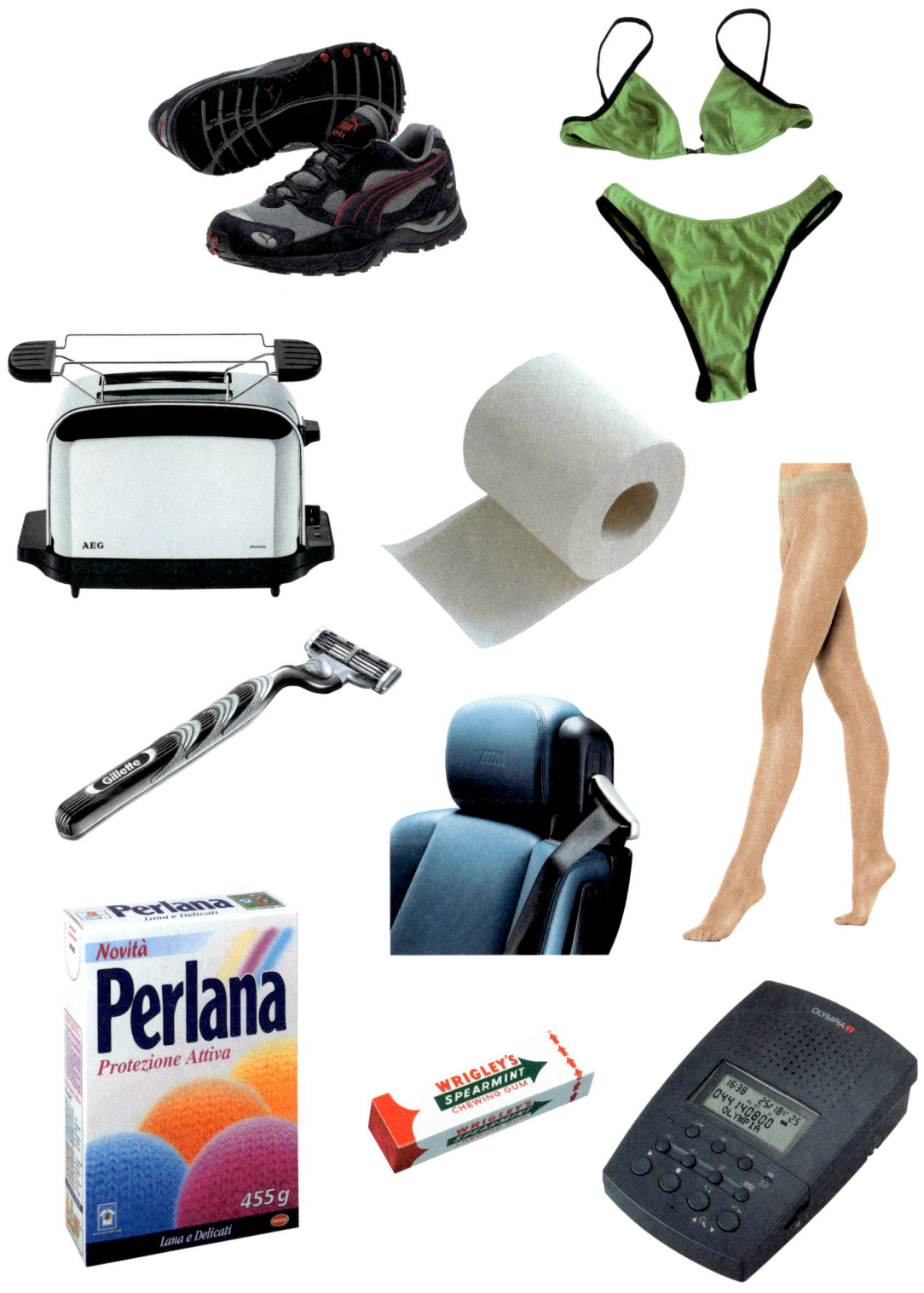

Gesti

Che cosa significano questi gesti? Abbinateli al significato corrispondente.

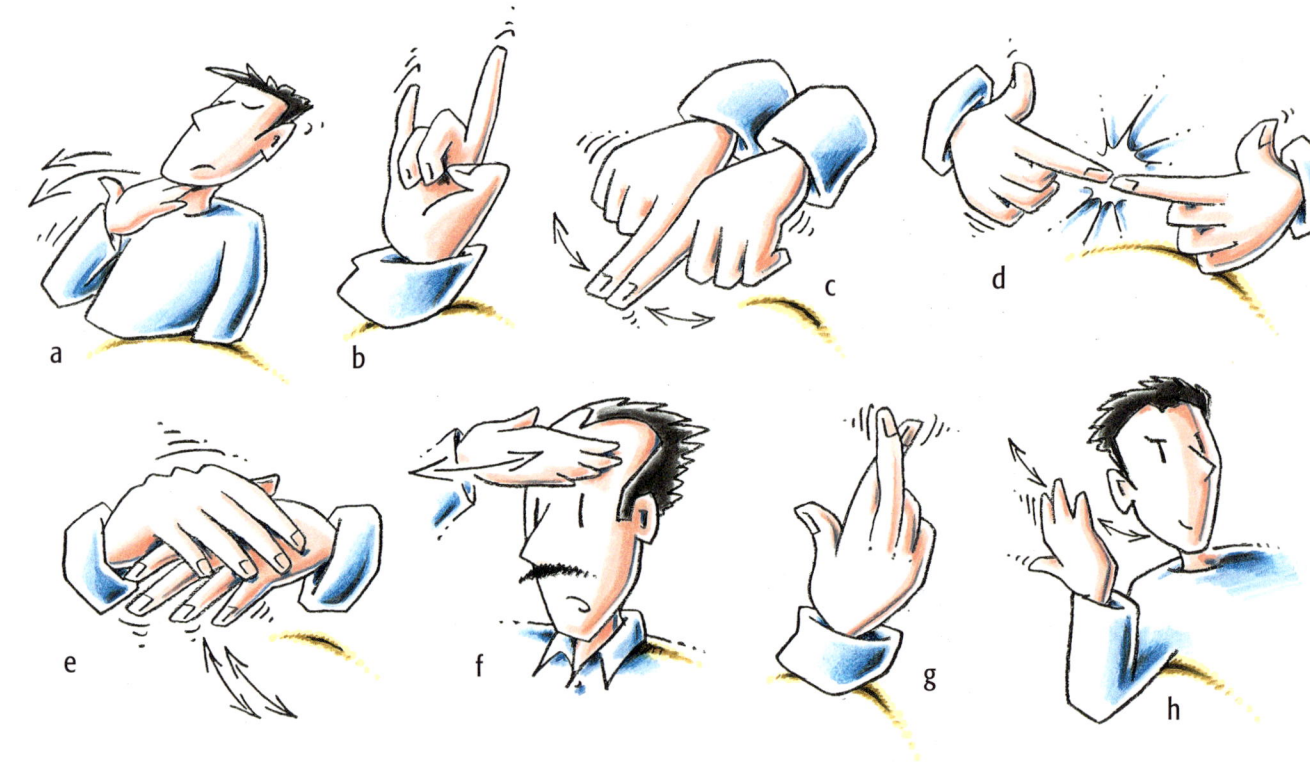

4

____ Indica minaccia. È un gesto informale e si usa spesso con i bambini per minacciare una punizione o con amici e conoscenti in tono scherzoso.

____ Indica il proprio allontanamento o quello di altre persone.

____ Indica amicizia, accordo o intesa tra due persone.

____ Indica indifferenza.

____ Indica stupidità o pazzia di altri o nega la propria.

____ Usato per augurare fortuna.

____ Usato per scongiurare qualcosa.

____ Indica inimicizia, disaccordo tra due persone.

Quali delle seguenti frasi potrebbero accompagnare i gesti che avete visto?

«Quei due se la intendono!»   «In bocca al lupo!»

«Io taglio la corda ...»   «Quei due sono come cane e gatto!»

«Chi se ne importa!»   «Tie'!»

«Ma fossi scemo?»   «Guarda che le prendi!»

*Conoscete altri gesti tipici degli italiani? Ci sono, nel vostro Paese,
dei gesti simili che hanno però un significato completamente diverso?
Parlatene in plenum.*

Stampa italiana

Avete mai letto, o leggete, giornali italiani?
Conoscete alcuni dei seguenti quotidiani o riviste?

A che tipo di stampa appartengono?

periodici di economia	
quotidiani	
riviste settimanali di carattere generale (politica, economia, cultura, società)	
riviste femminili	
riviste di tipo specialistico	

E adesso intervistate un compagno. Chiedetegli

quali giornali o riviste legge abitualmente
quali parti del giornale sono più interessanti per lui (politica interna, politica estera, cronaca, sport, commenti, lettere dei lettori, economia, pagina culturale, previsioni del tempo, oroscopo)
quali salta completamente
se ha mai sfogliato un giornale o una rivista italiani (se sì, cosa ne pensa)

Fare e ricevere regali

Rispondete a queste domande e confrontate poi in plenum.

	sì	no	dipende
Nel vostro Paese normalmente.			
si porta una bottiglia di vino quando si è invitati a pranzo/cena.	☐	☐	☐
si regalano dei dolci quando si è invitati a pranzo/cena.	☐	☐	☐
si portano dei fiori a una persona che sta in ospedale.	☐	☐	☐
il regalo che si riceve si scarta subito.	☐	☐	☐
si scrive un bigliettino di ringraziamento dopo un invito a pranzo/cena.	☐	☐	☐
si regalano fiori anche a uomini.	☐	☐	☐

E adesso leggete cosa dice il Galateo a proposito del fare o ricevere regali.

Cosa regalare o non regalare:

• non si regalano oggetti attorno a cui aleggia una superstizione negativa: pettini, fazzoletti, forbici, spille e oggetti appuntiti, piume, lampade. Le saliere invece godono fama di portafortuna;
• non si mandano bottiglie alle signore, né fiori o piante agli uomini;
• i regali molto personali (creme e prodotti di bellezza, biancheria) qualche volta imbarazzano chi li riceve, se non è molto in confidenza con il donatore; i profumi invece non sono considerati «intimi»;
• non si inviano regali a persone influenti che ci hanno fatto un piacere, meglio esprimere la nostra riconoscenza con una breve lettera di ringraziamento;
• sempre graditi sono i cestini di specialità gastronomiche, formaggi, salumi, dolci tradizionali, frutta. Se li offriamo come ringraziamento per un invito dobbiamo accompagnarli con un bigliettino.

Chi consegna un regalo di persona

• non lo dà in presenza di altri ospiti, per non imbarazzare quelli che si sono presentati a mani vuote;
• non lo commenta, né motiva la propria scelta né tanto meno accenna al prezzo o al valore dell'oggetto.

Chi riceve un regalo

• se è a quattr'occhi con il donatore, apre subito il pacco e ringrazia calorosamente;
• se invece sono presenti altri ospiti, ringrazia a bassa voce aggiungendo che aprirà il pacco non appena possibile. Più tardi troverà un momento per farlo e per rinnovare i ringraziamenti; oppure telefonerà l'indomani.

Ci sono delle differenze con le abitudini del vostro Paese? Ci sono delle «regole» che vi sembrano superate? Parlatene in plenum.

1 Metterci o mettersi?

Completate le frasi con il verbo e il tempo appropriato.

1. Filippo, quante ore _____ ieri a studiare tutti quei vocaboli a memoria?
2. Se Mario _____ a studiare un po' di più, non ha di certo difficoltà!
3. Ma _____ sempre così tanto a prepararvi?
4. L'anno scorso Linda _____ a frequentare un corso di cinese.
5. Adesso vogliamo _____ a studiare con più impegno.
6. È fondamentale che (lei) _____ a lavorare prima.

2 Prima di …

Trasformate le frasi secondo il modello.

Mi lavo le mani e poi mi metto a tavola.   `Prima di mettermi a tavola mi lavo le mani.`

1. Faccio benzina e poi parto.   _____
2. Mi lavo i denti e poi vado a letto.   _____
3. Spegne la TV e poi va a dormire.   _____
4. Abbiamo controllato bene i bagagli   _____
   e poi siamo partiti.   _____
5. Si è riposato un po' e poi ha cominciato a studiare.   _____
6. Ci informeremo sul prezzo e poi prenoteremo   _____
   il biglietto.   _____

3 Povero direttore!

Completate con il trapassato prossimo.

Il dottor Fantozzi, prima di partire per un congresso all'estero, ha lasciato alla sua

segretaria una lista di cose da fare. Quando è tornato ha scoperto che la signorina Rossi

non (aprire) _____ la posta, (dimenticarsi) _____

di contattare il dottor Fronza, non (leggere) _____ le mail, (trascorrere)

_____ il tempo facendo solo parole incrociate, non (andare)

_____ in banca e (usare) _____ l'ufficio per fare dei festini.

4 Cos'era successo prima?

Completate le frasi con i seguenti verbi al trapassato prossimo, *come nell'esempio.*

arrangiarsi – essere – ~~fare~~ – leggere – mangiare – prendere – uscire – vedere

1. Quando Mary è arrivata qui, parlava bene l'italiano perché `aveva` già `fatto` dei corsi all'università.

2. Non era la prima volta che andavano all'estero. _____ già _____ in Brasile l'anno prima.

3. Aveva gli occhi tutti rossi, perché _____ _____ tutto il giorno.

4. Prima di andare dal medico, _____ già _____ diverse medicine, ma inutilmente.

5. Oggi ho incontrato Giuseppe, ma l' _____ già _____ lunedì scorso.

6. Non l'ho trovata in casa. _____ già _____ alle 8.

7. Guido non ha voluto neanche un panino. _____ già _____ a casa sua.

8. Non c'è stato bisogno di aiutarli. _____ già _____ da soli.

 5 Leggete testi in cui …

Sostituite cui *con* il/la quale, i/le quali, *come nell'esempio.*

Leggete testi (in cui) `nei quali` la lingua sia usata in maniera naturale.

1. Trascrivete le frasi (di cui) _____ non capite esattamente il significato e chiedete poi all'insegnante.

2. Vi siete mai trovati in situazioni (in cui) _____ non siete riusciti a dire nemmeno una parola in italiano?

3. Quello è il ragazzo (di cui) _____ ti ho parlato ieri.

4. La discoteca è un luogo (in cui) _____ è semplice fare nuove conoscenze.

5. La famiglia (per cui) _____ ha lavorato per anni si è trasferita in Francia.

6. Ti presento gli amici (con cui) _____ sono stata in Giappone.

7. Secondo te è un posto di lavoro (per cui) _____ è necessaria la laurea?

8. Porsi degli obiettivi chiari e realistici, seguire il proprio ritmo è uno dei metodi (con cui) _____ si possono fare dei progressi nell'apprendimento delle lingue straniere.

1

6 Il quale / i quali

Completate con quale / quali. *Aggiungete anche l'articolo e la preposizione adatta, come nell'esempio.*

1. Quella è una zona `nella quale` si vive davvero bene.
2. Conosco quell' uomo, _____ però non ricordo più il nome.
3. Sono persone socievoli, _____ però non mi trovo molto bene.
4. Sai che la ragazza, _____ mi hai parlato ieri, si è trasferita a Milano?
5. È un libro molto interessante, _____ si parla di arte moderna.
6. Il mio fidanzato è una persona _____ mi fido in modo assoluto.
7. Ho letto diversi articoli _____ si parlava di musica italiana.

7 Almeno credo ...

Trasformate le frasi secondo il modello.

Forse la grammatica è nel primo scaffale.   `La grammatica` *dovrebbe essere* `nel primo scaffale.`

1. Forse domani c'è il sole.   _____
2. Forse il prossimo anno mi laureo.   _____
3. Forse in estate partiamo per le Maldive.   _____
4. Forse al corso si iscrivono 30 persone.   _____
5. Forse arrivano verso le 8.   _____
6. Forse oggi finisco questi esercizi.   _____

8 Pronomi combinati

Completate la tabella.

	+ lo	+ la	+ li	+ le	+ ne
mi	me lo				
ti		te la			
gli/le/Le			glieli		
ci				ce le	
vi					ve ne
gli	glielo				

1

9 Completate le frasi con i seguenti pronomi.

glieli – glielo – gliene – me l' – me li – te ne – ve lo

1. Questi tappeti _____ ha portati Rebecca dalla Turchia.
2. Questo quadro _____ hanno regalato al mio matrimonio.
3. Vorrebbe vedere i miei francobolli, ma _____ mostrerò quando avrò più tempo.
4. Vuole che gli restituisca il libro, ma io sono sicuro che _____ ho già ridato!
5. Ragazzi, venite, il caffè _____ offro io!
6. Ai miei genitori piace la birra e così, quando sono andata in Germania, _____ ho comprate due casse.
7. Dici di non saperne niente, ma io _____ ho già parlato!

10 Pronomi in coppia

Completate le domande con i pronomi combinati.

1. Ma a Gianni _____ avete detto che stasera io non ho tempo?
2. Scusi, quelle scarpe nere in vetrina non _____ potrebbe far vedere?
3. Paolo, il libro _____ sei dimenticato di nuovo?
4. Scusi, del dolce _____ potrebbe portare un altro pezzo?
5. Ma sentite, del mio problema non _____ avevo già parlato?
6. Professore, non abbiamo capito bene i pronomi combinati.

   Non _____ può spiegare di nuovo?

Infobox

Agli stranieri piace sempre più …

Sempre più stranieri scelgono l'italiano come materia di studio all'estero. Così, anche se è appena la 19esima più parlata al mondo (da circa 120 milioni di persone), ben il 52% di questi «italofoni» sono stranieri. Il che significa che, tra le lingue più studiate dagli stranieri, l'italiano risulta al 4° posto a livello mondiale (dopo inglese, francese e spagnolo). Tanto che – dal '95 ad oggi – gli studenti che l'hanno scelta sono il 40% in più, i corsi organizzati dagli Istituti Italiani di Cultura sono ormai 4.000, le sedi all'estero della Società Dante Alighieri più di 500. Quali le ragioni di questo boom? La grande tradizione culturale del nostro Paese, la sua storia, il suo patrimonio artistico. E poi l'affermazione del made in Italy nella moda, nella musica, nella gastronomia. E, infine, la grande capacità di attrazione turistica della Penisola.

11 Ad ogni domanda la sua risposta

Abbinate domande e risposte e completate queste ultime con i pronomi combinati.

1. Hai già spedito la lettera a tua sorella?
2. Lo dici tu ai tuoi che andremo insieme in vacanza?
3. Mara ti ha già accennato al* problema?
4. Dove mi hai lasciato la macchina?
5. Quando ci spedirete il libro?
6. Quando vi riporta i temi di matematica il professore?
7. Hai visto ieri quel film in TV?
8. Ma quante rose le hai regalato?
9. Scusi, dove sono i libri d'arte?

a. Sì, _____ ha parlato stamattina.

b. Un attimo, _____ faccio vedere subito.

c. _____ invieremo lunedì.

d. Sì, non _____ parlare! Bruttissimo!

e. _____ ha già riportati oggi!

f. No, _____ spedirò domani.

g. _____ ho parcheggiata** davanti a casa.

h. Chiaro, _____ parlerò io!

i. _____ ho regalate dodici.

* accennare a = parlare brevemente di qualcosa
** parcheggiare = fermare la macchina in un posto

12 Ancora pronomi

Completate le frasi con i pronomi combinati.

1. ■ Mi presti quel CD?

   ▼ Ah, ti piace? Se vuoi _____ regalo.

2. ■ Hai chiesto ai tuoi di lasciarti uscire la sera?

   ▼ Certo, _____ ho domandato mille volte, ma loro mi rispondono sempre che sono troppo giovane.

3. ■ Ti interessi di computer?

   ▼ Sì, _____ interesso da almeno 10 anni.

4. ■ Ti ha già accennato alla situazione?

   ▼ Sì, _____ ha parlato ieri.

5. ■ Vi avevo già detto che Luigi è arrivato?

   ▼ Sì, _____ hai già detto stamattina!

6. ■ Hai portato la macchina dal meccanico?

   ▼ Sì, e per fortuna _____ ha riparata in un paio d'ore.

7. ■ Hai visto il nuovo motorino di Piero?

   ▼ Sì, _____ ha fatto vedere l'altro giorno.

13 Contrari

Questi aggettivi vi sono già noti – nella loro forma negativa – da Espresso 1 o 2:
credibile – deciso – dipendente – finito – possibile – previsto – regolare – usuale – utile
Qual è il loro contrario? Scrivetelo nella giusta colonna.

Dei seguenti, invece, conoscete solo la forma positiva, ma riuscirete a inserirli al posto giusto se prima completate la regola: il prefisso in- *diventa* im- *davanti a* ___ , ____ *e* ___ . *Diventa* ir- *davanti a* ___ .

adatto – capace – mangiabile – paziente – perfetto – popolare –
preciso – probabile – ragionevole

in-	im-	ir-

14 Ricapitoliamo

Perché state studiando l'italiano? Qual è il vostro obiettivo? Quale il metodo che preferite? Cosa trovate divertente/utile/difficile/noioso nello studio di una lingua? Studiate l'italiano da molto tempo? Conoscete altre lingue straniere? Cosa pensate dell' uso del dialetto, dei regionalismi e dei vocaboli stranieri nella vostra lingua?

Infobox

Le minoranze linguistiche in Italia

In Italia, soprattutto nelle zone di confine, per vari e complessi motivi storici, si parlano delle lingue straniere: così in Alto-Adige si parlano il tedesco e in alcune vallate il ladino, nel Friuli Venezia-Giulia lo sloveno, in Valle d'Aosta il franco-provenzale.
Ma esistono altri territori italiani, molto più limitati (a volte ad un solo paese), dove viene parlato il catalano (Sardegna), l'albanese (Sicilia, Calabria e Basilicata), il serbo-croato (Molise), il greco (Calabria e Puglia) e il sardo (Sardegna).

---

1 Come diciamo con altre parole?

Nel dialogo 4 a p. 22 appaiono le seguenti frasi. Collegate ogni parola in corsivo con l'equivalente espressione della colonna di destra.

1. Mi *darebbe una mano*?   si deve (a)
2. Era così *comodo*!   invece di (b)
3. Così *mi tocca* andare a piedi.   non ci sono (c)
4. *Bisogna* far la gimcana.   pratico (d)
5. *Anziché* costruire una banca …   devo (e)
6. In effetti gli asili *mancano*!   aiuterebbe (f)

2 Mi tocca!

Sostituite il verbo dovere *con il verbo* toccare, *o viceversa, come nell'esempio.*

Devo andare a piedi.   `Mi tocca andare a piedi.`

1. Oggi Sandro deve studiare tutto il giorno.   _____

2. È vero che ti è toccato stare a casa   _____
   tutta la sera?   _____

3. Domani dobbiamo partire anche se   _____
   non ne abbiamo voglia.   _____

4. Ieri a mia sorella è toccato tornare   _____
   in ufficio dopo cena.   _____

5. Spero che tu non debba ripetere l'anno!   _____

3 Cosa avreste fatto?

Completate le frasi con i verbi al condizionale passato *secondo l'esempio.*

guidare – ~~mangiare~~ – mettere – piacere – potere – preferire

1. La cena era stupenda. Al suo posto (io) `avrei mangiato` di più.

2. Italo ha avuto un incidente. Al suo posto (io) _____ più lentamente.

3. La minestra era troppo insipida. Io ci _____ più sale.

4. Davide ed Elisa sono andati in Groenlandia. Noi _____ un Paese del Sud.

5. Giuliana è andata a teatro. A Luciana _____ di più andare al cinema.

6. Dovevo studiare di più. Peccato! _____ diplomarmi con 100/100.

4 Ma purtroppo …

Ricostruite le frasi e completatele con i verbi al condizionale passato *come nell'esempio.*

~~andare~~   piacere   volere   dovere

accompagnare   prendere in affitto

1. Io __sarei andato__ volentieri a teatro, ——→ ma purtroppo la mia macchina si è rotta! (a)

2. Carlo _____ pagare la bolletta del telefono, → ma purtroppo non c'erano più biglietti. (b)

3. A mia madre _____ andare in vacanza, e invece hanno trovato solo due singole. (c)

4. Noi _____ quella casa al mare, purtroppo però se ne era dimenticato. (d)

5. Ugo e Ada _____ una matrimoniale purtroppo mio padre aveva troppo da fare. (e)

6. Signora, io L' _____ volentieri, ma era troppo cara. (f)

2

Infobox

Così in Italia si combatte lo smog

Per cercare di risolvere il problema smog nelle (grandi) città, in Italia si stanno attuando vari provvedimenti: il blocco totale della circolazione in determinate giornate (di solito domenica); il sistema delle «targhe alterne»: in un certo giorno hanno la possibilità di circolare solo le macchine con la targa pari, il giorno seguente quelle con la targa dispari; il blocco dei veicoli non catalizzati; il «car sharing» (il sistema dell'«auto in comune, collettiva», di automobili prese in affitto che eliminerebbero dalla circolazione da 5 a 10 macchine private). Perché tutto ciò? Perché secondo recenti studi l'80% dell'inquinamento dipende dal traffico. Se si pensa che le giornate di superamento dei limiti di smog (50 microgrammi al metro cubo) nell'inverno 2002–03 sono state 52 nella sola Milano, si può capire perché la Lombardia intenda mettere fuori legge le auto non catalizzate, che inquinano 25–30 volte di più di quelle catalitiche e dare nuovi incentivi per l'acquisto di macchine ecologiche.

5 Riecco i nostri vecchietti

Completate il seguente testo, che è un riassunto del brano di p. 23,
e decidete quale parola manca.

Due vecchietti avevano deciso ___1___ attraversare una strada, per raggiungere un giardino pubblico
con un ___2___ laghetto. Ma c'era molto ___3___, perché era l'ora di punta, e i due non ___4___ ad
attraversare. ___5___ cercarono un semaforo, ma c'erano macchine anche sulle strisce pedonali e Aldo
e Alberto (questi i ___6___ nomi), anche se molto magri, non riuscivano proprio a passare.
Pensarono, dunque, di riprovare ___7___ tutti erano fermi, ma non ce la fecero ___8___ questa volta.
Così ad Aldo venne l'idea di sdraiarsi in mezzo ___9___ strada facendo finta di essere morto per permettere almeno all'amico di attraversare. Ma prima passò una macchina che lo mandò ___10___ e poi
una moto che lo riportò al punto di partenza.

1. (a) a   (b) ---   (c) di
2. (a) bell'   (b) bel   (c) bello
3. (a) traffico   (b) auto   (c) flusso
4. (a) riuscivano   (b) potevano   (c) tentavano
5. (a) Mentre   (b) Allora   (c) Quando
6. (a) suoi   (b) suo   (c) loro
7. (a) quando   (b) quindi   (c) se
8. (a) nemmeno   (b) anche   (c) mai
9. (a) alla   (b) della   (c) per
10. (a) d'altra parte (b) dall'altra parte (c) da quella parte

---

Infobox

Il ticket parte tra le proteste

Dal 25 marzo 2002 è stata creata a Venezia una zona a traffico limitato per i bus turistici
(ZTL Bus). Per entrare nella città, dunque, gli autisti dovranno pagare un ticket giornalie-
ro. Il modello è analogo a quello introdotto a Firenze già nel 1999, ma ha causato molte
polemiche. Ma questa non è una novità solo italiana. Basti pensare alla zona di Londra
o a Oslo, dove il pedaggio per le auto esiste dal 1989, o a Singapore, dove il city pass
c'è già da 25 anni.

6 Passato remoto

Qui appaiono alcune forme (in parte a voi sconosciute!) al passato remoto.
Inseritele nella colonna corrispondente e completate poi la tabella.

ebbi   vedeste

venne   diede   prendemmo

chiedesti   vinse

dicemmo   scrisse

fece   fu

ottenne

vissero

	io	tu	lui, lei, Lei	noi	voi	loro
avere						
chiedere						
dare						
dire						
essere						
fare						
ottenere						
prendere						
scrivere						
vedere						
venire						
vincere						
vivere						

Completate ora la regola:

Le forme della (prima? seconda? terza?) _____ persona singolare e della _____ e _____ persona plurale sono sempre regolari.

Tutti i verbi irregolari hanno l'accento sulla (ultima? penultima? terzultima?) _____ sillaba. Solo la _____ persona _____ ha l'accento sulla terzultima sillaba.

Trascrivete ora la coniugazione di un verbo irregolare e segnate con un puntino la vocale su cui cade l'accento: rispondere: rispọsi, _____ , _____ , _____ ,

_____ , _____

Personaggi famosi

Completate con il passato remoto *e scoprite di quali personaggi stiamo parlando.*

1. Donna famosa per la sua bellezza, (fare) _____ innamorare di sé molti uomini fra cui Cesare da cui (avere) _____ un figlio e Antonio a cui ne (dare) _____ tre. (Vivere) _____ in Egitto prima di Cristo.

2. Questo personaggio, nato nel 1928, (iniziare) _____ nel 1953 a prendere parte a trasmissioni radiofoniche dove (presentare) _____ proprie canzoni in dialetto siciliano. (Vincere) _____ due volte il Festival di Sanremo (nel 1958 con «Nel blu, dipinto di blu» – più nota con il titolo «Volare» – e nel 1959 con «Piove»). (Partecipare) _____ a vari film e più tardi (diventare) _____ presentatore televisivo.

3. Questa grandissima cantante lirica (essere) _____ molto famosa, ma non (avere) _____ una vita felice. (Sposare) _____ un italiano, ma (innamorarsi) _____ del greco Aristotele Onassis. Nel 1964 (lasciare) _____ il teatro. (Morire) _____ a Parigi 13 anni dopo.

4. Questo famoso scienziato* italiano (studiare) _____ il fenomeno dell'elettromagnetismo. Prima (trasferirsi) _____ in Inghilterra e poi (andare) _____ negli Stati Uniti dove (vivere) _____ a lungo. (Inventare) _____ la radio e per questo nel 1909 (ottenere) _____ il Nobel per la fisica.

* lo scienziato = lo studioso

2

Leggete il seguente brano di Malerba.

Cesarino aveva una gran paura del passato remoto. Quando sentiva qualcuno che diceva «andai» oppure «caddi» o semplicemente «dissi», si tappava[1] le orecchie e chiudeva gli occhi. Il passato remoto secondo lui poteva andare bene sì e no quando si parlava di Nabucodonosor, di Alessandro Magno o di Federico Barbarossa, ma se lo sentiva in bocca ai suoi compagni li vedeva già morti e imbalsamati[2]. Per piacere non dire «arrivai», li pregava a metà discorso, ma nessuno gli dava retta[3]. Il passato remoto creava fra lui e i suoi amici, fra lui e il mondo, delle lontananze che lo spaventavano[4] come il buio della notte o la pioggia nella giungla[5]. (…) Era sicuro che si può vivere benissimo anche senza il passato remoto.

A scuola aveva tentato[6] in tutti i modi di rifiutarlo, ogni volta che ne trovava uno nei libri di testo lo sostituiva con un passato prossimo o un imperfetto. (…) Quando finalmente Cesarino, finita l'università, aveva incominciato a lavorare come ingegnere idraulico, il passato remoto era ormai scomparso definitivamente[7] dalla sua vita. Non lo usava mai né a voce né per scritto dimostrando che aveva ragione lui, che si può vivere benissimo senza il passato remoto, che si può ugualmente avere successo nella professione, che senza passato remoto si possono avere anche dei figli e vivere felici e contenti.

(Il passato remoto da *Storiette e Storiette tascabili* di Luigi Malerba)

1 tapparsi (le orecchie) = chiudersi
2 imbalsamati = simili a mummie
3 dar retta a qualcuno = ascoltare
4 spaventare qu. = mettere paura a qu.
5 la giungla = bosco, foresta tropicale
6 tentare di (fare) = provare a (fare), cercare di (fare)
7 definitivamente = per sempre

Sostituite – come fa Cesarino – il passato remoto *con un* passato prossimo.

passato remoto	passato prossimo
andai	
dissi	
arrivai	
chiedemmo	
deste	
ebbero	
dicemmo	
diedero	

9 Aggettivi e pronomi possessivi

a. Sottolineate i possessivi e dite se in queste frasi si tratta di aggettivi o di pronomi.

	agg.	pron.
1. Dov'è il mio ombrello?	☐	☐
2. I miei mi hanno detto che stasera non posso uscire.	☐	☐
3. Conosci l'espressione «Natale con i tuoi; Pasqua con chi vuoi»?	☐	☐
4. Mio padre mi parlava spesso della sua giovinezza.	☐	☐
5. Chi può prestarmi una penna? Non ho portato la mia.	☐	☐
6. Qui c'è solo il tuo cappotto. Il mio dov'è?	☐	☐

b. Rispondete ora. Vero o falso?

	v	f
1. Gli aggettivi possessivi (che accompagnano un nome) hanno le stesse forme dei pronomi possessivi (che sostituiscono un nome).	☐	☐
2. Gli aggettivi possessivi sono sempre preceduti dall'articolo.	☐	☐
3. Alla domanda «Di chi è / Di chi sono?» si risponde «È mio / nostro ecc.» (senza articolo).	☐	☐
4. In tutti gli altri casi i pronomi possessivi sono sempre preceduti dall'articolo (o dalla preposizione articolata).	☐	☐

2

10 Di chi è?

Inserite l'articolo dove è necessario.

1. ■ Signora, scusi, è ____ Sua macchina questa?

   ▼ No, ____ mia è quella grigia piccola.

2. ■ Eva, non dirmi che questo computer è ____ tuo!

   ▼ Sì, l'ho comprato due giorni fa. E con ____ miei soldi. È proprio tutto ____ mio!

3. ■ Guardi, signora, credo che siano ____ Suoi questi occhiali.

   ▼ Oh, grazie, ____ miei occhiali! Stavo per dimenticarli.

4. ■ Senti, sono ____ tue queste forbici?

   ▼ Sì, sono ____ mie. Perché, ti servono?

5. ■ Sono ____ vostri bicchieri questi?

   ▼ No, ____ mio l'ho già portato in cucina e Paolo sta ancora bevendo.

6. ■ Non dirmi che questa foto è ____ tua!?

   ▼ Sì, sì, sono io da piccola. Anzi, è ____ mia foto preferita …

11 Perché non si fa gli affari Suoi?

*Completate con un possessivo ed eventualmente l'articolo
(o la preposizione articolata), come nell'esempio.*

■ Perché non si fa gli affari Suoi?　　▼ (mio) Ai miei ci penserò io.

■ Di chi è questo cappotto?　　▼ (mio) È mio.

1. ■ Prendiamo (tuo) _____ macchina?

   ▼ No, con (mio) _____ ci metteremmo troppo.

2. ■ Di chi sono questi occhiali?

   ▼ (Mio) _____ .

   ■ (Tuo) _____ ? E (mio) _____ allora dove sono?

3. ■ Allora, che ne dici (nostro) _____ appartamento?

   ▼ Splendido! È molto più grande (mio) _____ !

4. ■ Di chi è questa chiave?

   ▼ Credo che sia di Paolo.

   ● No, no ragazzi, non è (suo) _____ , è (mio) _____!

5. ■ Scusi, ha già finito (mio) _____ pantaloni?

   ▼ No, signora, mi dispiace, ho avuto il tempo di finire solo quelli di

   (Suo) _____ marito.

6. ■ È (tuo) _____ questa sciarpa?

   ▼ No, (mio) _____ è a righe.

7. ■ Signora, ho perso la chiave del portone …

   ▼ Non c'è problema. Le presto (mio) _____ .

8. ■ Sai che cambieremo casa?

   ▼ Davvero? Ma allora potremmo trasferirci noi (vostro)

   _____ appartamento!

2

12 Vita in campagna

Dall'articolo di p. 27 sono stati eliminati ora gli indicatori di tempo.
Senza rileggere la lettera provate a inserirli al posto giusto.

appena   finché   mentre

nel 1963   dal 1985   dopo 18 anni   fino a 22 anni

dello scorso anno

da quando   quando

nel novembre   tutto il santo giorno

un anno sì e tre no

Sono nata a Milano _____ e qui ho vissuto _____, quando ho

conosciuto e sposato un uomo di Caselle Landi, un paese di circa 1.700 abitanti del Sud

Lodigiano, forse il più «basso» della Lombardia. Vivo lì _____ e, _____

da residente, ho un solo desiderio: quello di tornare a Milano. Abito in una bella villa

con 1000 metri di giardino, ma non so cosa darei per vivere in un appartamento a

Milano. La vita di campagna è la cosa più noiosa che ti possa capitare. Non c'è niente

oltre la natura, che tra l'altro qui non è poi così bella. È tutto piatto e a pochi passi da

casa mia il Po rischia di esondare _____, tanto che Caselle è stato

uno di quei comuni che _____ _____ è stato evacua-

to. Non puoi andare al cinema, a teatro, a una mostra, a un concerto o anche solo a com-

prarti un bell'abito, salvo fare almeno 20 km per raggiungere la città più vicina: sapete

che gioia in inverno _____ c'è una nebbia che si taglia col coltello? I milanesi si

lamentano del traffico, ma quando io vivevo là, giravo tutta la città in metrò,

_____ _____ sono qui ho in mano la macchina _____

_____, anche solo per andare a fare la spesa o accompagnare i miei figli

a praticare uno sport o a suonare la chitarra. Già, i figli … _____ sono piccoli,

va anche bene. Qui, almeno, smog non ce n'è. Ma _____ oltrepassano la terza

media, cominciano le noti dolenti.

13 Dove abitano queste persone?

Senza guardare la cartina, individuate le seguenti regioni.

1. Abito nell'unica regione del Centro che non tocca il mare.   _____

2. La mia regione è molto piccola e confina con la Francia.   _____

3. Sono nata in una regione che è anche un'isola molto vicina alla Calabria.   _____

4. Da una delle mie finestre posso vedere il Vesuvio e
    da un'altra la costa e il mare.   _____

5. Abito nella regione chiamata il «tacco dello Stivale».   _____

6. Vivo in Italia, ma fuori Italia, in uno Stato che è … e non è in Italia.   _____

 14 Ricapitoliamo

*Quali città/regioni italiane conoscete? Cosa sapreste raccontare di ognuna di esse?
Abitate in città? Quali sono i vantaggi e quali gli svantaggi? Cosa avreste/non avreste
fatto al posto dei vostri amministratori*? Preferireste vivere in campagna? Se sì/se no,
perché? Dove abitate ci sono molti divieti? Quali? Li trovate giusti o li abolireste?
Ne introdurreste degli altri?*

* l'amministratore (pubblico) = persona che occupa una funzione pubblica

---

Infobox

Vado forte, sono bravo!

Da una ricerca condotta dalla facoltà di Sociologia dell'Università La Sapienza di Roma sui giovani fra i 14 e i 25 anni emerge che il modello culturale predominante è quello della «guida veloce» nel 40,7% dei casi, seguito da quello della «guida da padrone della strada» e della «guida spericolata». Le donne sono coinvolte in incidenti 7 volte meno degli uomini e cercano nella macchina comodità e praticità, a differenza dei maschi che la considerano ancora uno «status symbol» e ne richiedono potenza e prestazioni. I coniugati fanno meno incidenti dei single, il che viene spiegato con il fatto che i giovani ricorrono all' auto nelle ore notturne per recarsi in un luogo di ritrovo, mentre i coniugati fanno una vita più domestica. I giovanissimi sono portati a una guida pericolosa anche sulle due ruote: fra i 14 e i 18 anni ci si riunisce in gruppi, uniformando negativamente i propri comportamenti anche sulla strada.

1 Parole incrociate

Completate lo schema. Se le risposte sono esatte le caselle in celeste
daranno un'altra parola per compere.

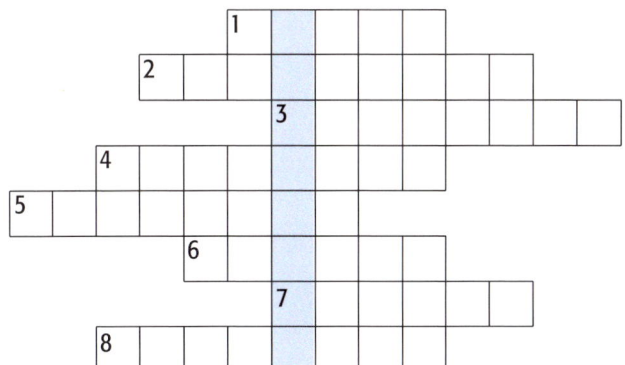

1. Di solito è impermeabile e comunque deve essere resistente. In genere ha varie tasche e chiusure lampo. È praticamente indispensabile per andare in montagna.
2. Possono essere d'oro o di perle e sono un elegante accessorio femminile.
3. È di carta, con le pagine a righe o a quadretti. È indispensabile a lezione per prendere appunti e a casa per fare gli esercizi.
4. Lo usiamo per spedire una e-mail o per navigare in Internet.
5. È di lino, di cotone o anche di plastica. La usiamo quando apparecchiamo* la tavola.
6. Può essere elettrico. Lo usano gli uomini per farsi la barba.
7. Serve per mangiare. Può essere quadrato, rotondo o rettangolare e di solito è in cucina.
8. Hanno forme, materiali e prezzi molto diversi. Possono essere da sole o da vista.

*apparecchiare (la tavola) = preparare la tavola per un pasto

---

Infobox

Settanta spot in due ore di programma, il più alto numero d'Europa

I bambini italiani sono bombardati dagli spot. Ogni anno le TV private italiane guadagnano dalla pubblicità televisiva 90 milioni di euro, mentre la TV di Stato ne incassa 18. Secondo un'indagine dell'Università La Sapienza di Roma, 40 genitori italiani su 100 «cedono alle richieste che arrivano dai figli». Per questo un deputato italiano ha chiesto l'abolizione della pubblicità durante le trasmissioni dedicate ai più piccoli, chiedendo di prendere a modello la legge australiana che proibisce gli spot nei programmi per i bambini in età prescolare e per quelli più grandi (fino a 14 anni) permette 5 minuti di pubblicità ogni 30 minuti di trasmissione. I nostri bambini detengono un primato: ogni anno si trasmettono spot nei programmi per l'infanzia pari a 250 ore.

2 Supposizioni

Completate le frasi dove possibile con il congiuntivo.

1. ■ Ha comprato la macchina due anni fa?

   ▼ Sì, non so esattamente se sono due anni, ma comunque credo che l'_____ _____ non molto tempo fa.

2. ■ Quella Ferrari gli è costata un patrimonio?

   ▼ Eh sì, temo proprio che gli _____ _____ tantissimo.

3. ■ Si sono già trasferiti?

   ▼ No, non penso che _____ già _____ casa!

4. ■ Chi le ha dato i soldi? I suoi?

   ▼ Sì, secondo me glieli _____ _____ loro.

5. ■ È già uscito dall'ufficio?

   ▼ Sì, credo che _____ _____ verso le 5.

6. ■ Ha già comprato la casa?

   ▼ Mah, può darsi che l' _____ _____ , ma non ne sono sicuro.

3 Congiuntivo. Presente o passato?

Eliminate il tempo sbagliato.

1. Penso che per l'acquisto dei beni alimentari molta gente (sia disposta – ~~sia stata disposta~~) a spendere molto. L'importante è, infatti, che si (abbia – abbia avuto) la garanzia di consumare prodotti di qualità.

2. Credo che ormai il computer (sia – sia stato) un bene di consumo assolutamente necessario. Certo, può darsi che (ci siano – ci siano state) persone contrarie al suo uso, ma sono dell'opinione che certe categorie – come giornalisti, studenti, insegnanti, ecc. – non ne (possano – abbiano potuto) fare a meno* per il proprio lavoro.

3. Ho paura che mio figlio (abbia – abbia avuto) un incidente. Infatti è già due ore che l'aspetto! Oppure può darsi semplicemente che – come al solito – (rimanga – sia rimasto) senza benzina.

4. È proprio indispensabile che tutti (abbiano – abbiano avuto) un cellulare? Mi pare che questa del telefonino in Italia, negli ultimi anni, (diventi – sia diventata) una vera mania**.

5. Penso che (sia – sia stato) giusto spendere per abbigliamento e cosmetici. In fondo ognuno di noi deve curare il proprio aspetto fisico. Anche se trovo esagerato che ieri mia figlia (spenda – abbia speso) un patrimonio per dei jeans.

6. Credo che Anna, per le sue vacanze, la scorsa estate (paghi – abbia pagato) moltissimo.

7. Ma sei sicuro che ieri (acquisti – abbia acquistato) dei nuovi elettrodomestici?

* non poter fare
a meno di una
cosa = non po[..]
far senza di un[..]
cosa, che si rit[..]
indispensabile

** la mania =
idea fissa

4 Famiglie di parole

Prima cercate le 5 parole generali che includono le altre (es. animali: gatto, cane, uccello), come nell'esempio. Inserite poi le altre parole nel gruppo adatto. Le iniziali di quelle rimaste, lette nell'ordine, daranno una parola nuova.

capi di abbigliamento – cornice – abito – autobus – calcio – orecchini – carta di credito – nipote – cellulare – ~~pomata~~ – sci – ~~cosmetici~~ – sentimento – crema – uso – documenti – matita – telefono – impermeabile – inizio – lettera – macchina – metrò – mezzi di trasporto – mezzi di comunicazione – passaporto – pelliccia – profumo – sciarpa – spesa – metallo – scooter – oro – sport

1. cosmetici: pomata, _____

2. _____ : _____

3. _____ : _____

4. _____ : _____

5. _____ : _____

6. _____ : _____

Soluzione: La parola __ __ __ __ __ __ __ __ __ significa «tendenza a spendere».

3

---

5 Come ci lavori?

Scrivete i diversi significati di ci, *come nell'esempio.*

Quando torni a Roma? – **Ci** vado la prossima settimana. (= a Roma)

1. Ci hanno telefonato per dirci che ritarderanno. (= _____)

2. Oddio, il computer si è rotto! Non ci posso più lavorare. (= _____)

3. Perché esci sempre con Carlo? – Mah, ci gioco volentieri a pallone. (= _____)

4. Sei già andato dai tuoi? – No, ma penso di andarci dopodomani. (= _____)

5. Mio padre è così testardo. Non ci posso discutere! (= _____)

6. Hai finalmente comprato il cellulare? – Eh sì, avevi ragione.
   Ci telefono davvero benissimo! (= _____)

7. Perché resti sempre a casa la domenica? – Perché ci sto molto volentieri. (= _____)

8. Ripensi con piacere alla tua infanzia? – Ci penso poco, ma quando ci penso, lo faccio
   con piacere. (= _____)

9. E che hai fatto con i miei soldi? – Ci ho comprato un paio di occhiali nuovi.
   (= _____)

6 Di nuovo …

*Leggete le seguenti frasi che contengono tutte un verbo (a voi già noto) che inizia con
la sillaba* ri-. *Sottolineate solo i verbi con il significato di* di nuovo, ancora una volta.

1. Quando penso di non aver capito abbastanza rileggo i brani o riascolto le cassette.
2. Vuoi rimanere qui ancora un po'?
3. È stato splendido in Tunisia! Ripartirei volentieri anche domani!
4. Non capisco perché rifiuta sempre i miei inviti.
5. Dopo pranzo mi piace riposarmi un po'.
6. Stasera in TV danno «Colazione da Tiffany». Che dici, ce lo rivediamo?
7. I miei ricordi risalgono ai sette anni.
8. Cosa ritieni più probabile? Che si faccia sentire o no?
9. Ordinando un menù si può risparmiare.
10. Ha telefonato Mario e ha detto che ti richiama dopo cena.

7 Futuro, futuro

Trasformate le frasi secondo l'esempio.

Prima di uscire devo finire i compiti.   `Quando avrò finito i compiti uscirò.`
Dopo la partenza dei miei resterò solo.   `Quando i miei saranno partiti, resterò`
                                                  `solo.`

1. Prima di andare all'estero, devo laurearmi.

   Quando _____

2. Dopo l'arrivo del treno, telefoneremo a Sandra.

   Appena _____

3. Dopo la lettura dell'articolo, farete una discussione?

   Dopo che _____

4. Prima di partire Francesco deve finire di fare i bagagli.

   Quando _____

5. Dopo il ritorno dei nostri amici festeggeremo insieme.

   Appena _____

8 Futuro semplice o futuro anteriore?

Completate le frasi.

1. Franca mi ha detto che, solo dopo che (laurearsi) _____,

   (organizzare) _____ una grande festa.

2. Che fatica! (Volerci) _____ molta pazienza per finire questo lavoro.

   Ma dopo che (io) l' (finire) _____, (partire) _____
   per le ferie.

3. Dopo che il meccanico mi (riparare) _____ la macchina,

   prometto che (venire) _____ a trovarti.

4. Il prossimo anno molte ditte (mettere) _____ di sicuro in

   commercio dei nuovi modelli di PC.

5. Ho deciso che prima o poi (andare) _____ a vivere da sola.

6. Se un giorno io (avere) _____ bisogno di un amico ti prometto che

   (chiamare) _____ te!

7. (Lei – mettersi) _____ a studiare una nuova lingua straniera,

   quando (finire) _____ di studiare l'italiano?

9 Futuro semplice, futuro anteriore o condizionale composto?

Sottolineate nel dialogo il tempo/modo opportuno.

■ Giovanni, dove hai detto che vai stasera?

▼ Mah, non (andrò – sarò andato) da nessuna parte, temo. (Andrei – Sarei andato) volentieri a teatro, purtroppo però non c'erano più biglietti. Fra l'altro i miei (usciranno – uscirebbero) e quindi è probabile che debba rimanere a casa io.

■ Ma, scusa, per caso (sarebbe venuta – sarà venuta) anche Rita con te? Mi ha detto che stasera era occupata con un amico … Eri tu?

▼ No, no. Purtroppo no … Sai, Rita mi piace.(Uscirò – Sarei uscito) volentieri con lei …

■ Invitala un'altra volta, no?

▼ Sì, certo, hai ragione. Penso che lo (avrò fatto – farò) uno dei prossimi giorni.

10 Test

Segnate la vostra risposta.

1. Devi comprare un prodotto alimentare.
   a. Vai in un supermercato. ☐
   b. Preferisci andare in un negozio di alimentari. ☐
   c. Vai in un negozio di prodotti biologici. ☐
2. Hai bisogno di un elettrodomestico.
   a. Ti fai consigliare da un'amica / da un amico. ☐
   b. Segui i consigli dati in TV o sui giornali. ☐
   c. Acquisti il prodotto in un negozio specializzato. ☐
3. Vuoi andare a teatro.
   a. Scegli di andare in autobus perché rispetta l'ambiente. ☐
   b. Prendi la macchina perché è più pratica e ti senti più libero. ☐
   c. Chiami un tassì, perché è il mezzo più comodo. ☐
4. Stai guardando un film alla TV. Viene interrotto dalla pubblicità.
   a. Reagisci con estremo fastidio. ☐
   b. Capisci che gli spot sono indispensabili. ☐
   c. Pensi: «Beh, non importa. Ne approfitto per andare in bagno …» ☐

Calcolate ora i punti ottenuti.

Punti:			
	1 a = 0	1 b = 3	1 c = 6
	2 a = 3	2 b = 0	2 c = 6
	3 a = 6	3 b = 3	3 c = 0
	4 a = 6	4 b = 0	4 c = 3

fino a **9** punti:	Non dai grande importanza alla salute. Pensi solo alla praticità. La pubblicità ti ha già stregato!
da **10** a **18** punti:	Sei una via di mezzo. I consigli degli amici sono più importanti di quelli della TV. Pensi ai soldi, ma non in modo eccessivo. La pubblicità non ti fa né caldo né freddo.
da **19** a **24** punti:	Salute e qualità sono molto importanti per te. Per quanto riguarda la pubblicità sei una persona libera, perché essa non ti influenza minimamente.

11 In un negozio

Riordinate il dialogo, come nell'esempio.

( ) Se lo dice Lei … beh … può darsi, ma in ogni caso ho la garanzia!

(1) Per fortuna siete ancora aperti! Senta, io avrei un problema. La settimana scorsa ho comprato qui da voi un cellulare, ma … non funziona più.

( ) Allora voglio parlare con il proprietario. Guardi che sono una buona cliente io!

( ) Certo che torno, non si preoccupi!!

( ) Guardi qua. Mi avevate assicurato che era di ottima qualità …

( ) Come sarebbe a dire? Acqua? No, non direi … Non mi pare …

( ) *Mi dispiace, ma al momento non c'è. Non può ripassare più tardi?*

( ) *Eh, signora, sono spiacente, ma purtroppo questo non è un difetto dell'apparecchio. In questo caso la garanzia non copre la sostituzione.*

( ) *Eppure Le garantisco … perché vede, i contatti con la batteria sono ossidati*!*

( ) *In effetti lo è. Adesso diamo un'occhiata. Dunque, vediamo… Ma questo telefonino ha preso acqua!*

( ) *Strano, è la prima volta che succede una cosa del genere. Me lo fa vedere?*

* ossidati = rovinati dall'acqua

12 Ricapitoliamo

Che tipo di prodotti comprate volentieri? Per quali beni di consumo sareste disposti a spendere molto? Per quali meno? Avete già acquistato qualcosa via Internet? Se sì, è stata un'esperienza positiva? Se no, vi interesserebbe farlo? Vi interessano «le occasioni» o preferite comprare oggetti non usati? Cosa pensate della pubblicità? Vi piace? Vi infastidisce? O vi è indifferente? Vi è già successo di fare un reclamo? Per cosa e perché?

Infobox

Italiani, più formiche che cicale

Uno studio sostiene che, a differenza di quanto si pensa, gli italiani sono abbastanza saggi. I risparmiatori del nostro Paese non investono tanto in borsa, ma – un po' per tradizione, un po' per salvarsi dai nostri lunghi periodi inflazionistici – puntano soprattutto sul «mattone», sulla casa cioè, vista come solido investimento.

1 In altre parole

Riscrivete le frasi sostituendo le parole in corsivo con una delle seguenti.
(Attenzione a declinare gli eventuali aggettivi e a coniugare i verbi!)

| bastare | crescere | in modo perfetto |

| circolare | grandissimo | ogni giorno | sviluppo |

1. *Sarà sufficiente* pronunciare il messaggio   _____
   e tutto sarà chiaro.   _____

2. Internet ha conosciuto ultimamente   _____
   un'*enorme* diffusione.   _____

3. Ogni giorno *girano* nel mondo moltissime mail.   _____

4. Molti avevano previsto questa *crescita*   _____
   di Internet.   _____

5. Tutto ha funzionato *a meraviglia*.   _____

6. E questo numero è destinato ad *aumentare*.   _____

7. Molte persone usano *quotidianamente* il PC.   _____

Infobox

Con Internet ormai non ci sono confini

Con il quotidiano italiano Il Corriere della Sera (www.corriere.it) è in rete l'agenda del mondo, un vero «diario web» internazionale che elenca giorno per giorno tutti gli avvenimenti più importanti da seguire nel campo della politica, dello sport e anche delle curiosità.

---

2 Congiuntivo imperfetto

a. Completate la tabella.

	stare			
facessi				
	stessi			
		fosse		
			vedessimo	
				partissero

b. Ora osservate le seguenti forme di due verbi irregolari per voi nuovi.
Completate le forme mancanti degli altri verbi.

Infinito	Indicativo presente	Indicativo imperfetto	Congiuntivo imperfetto
capire	(io) capisco	capivo	capissi
dire	(io) dico	dicevo	_____
bere	(io) bevo	_____	_____
fare	(io) _____	_____	_____

c. Ora riflettete e completate la regola.

La (prima e seconda? prima e terza?) _____ persona (singolare? plurale?) _____
del congiuntivo imperfetto sono uguali. Il congiuntivo imperfetto, anche dei verbi
irregolari, si forma normalmente dall'indicativo (presente? imperfetto?) _____ .

3   Non lo sapevo!

Completate le seguenti frasi come nell'esempio.

Anche gli adulti scrivono gli SMS? Non sapevo proprio che anche gli adulti
(amare) `amassero` gli SMS!

1. Ma i tuoi vicini hanno un negozio? Non immaginavo che (lavorare) _____ in proprio.

2. Ma come, viene gente anche stasera? Non pensavo proprio che oggi (noi – avere)
   _____ degli ospiti!

3. Capiscono anche il giapponese? Non sapevo che (parlare) _____ anche una lingua
   orientale.

4. Guardate la partita? Non pensavo davvero che (passare) _____ di nuovo la serata
   davanti alla TV.

5. Stai male? Mi dispiace, non sapevo che (avere) _____ problemi di salute.

6. Avete comprato una nuova macchina? Non immaginavo proprio che (guadagnare)
   _____ così tanto …

7. Per fortuna sei arrivata. Temevo già che tu non (riuscire) _____ a prendere il treno!

8. Davvero? Tua moglie ama i gialli? Ed io che pensavo che (essere) _____ un'appassionata di romanzi d'amore …

4   Avevo paura che …

Trasformate le seguenti frasi come nell'esempio.

Ho paura che lui non arrivi in tempo.
Avevo paura che lui non arrivasse in tempo.

1. Temo che tu non mi capisca.

    _____ .

2. Non sopporto che i miei mi chiamino «piccola».

    _____ .

3. Mi dà fastidio che si fumi in casa.

    _____ .

4. Ha paura che non facciamo in tempo ad arrivare.

    _____ .

5. Immagino che siano soddisfatti del risultato.

    _____ .

6. L'insegnante teme che non studiamo abbastanza.

    _____ .

7. Non vedono l'ora che tu venga.

    _____ .

I n f o b o x

Quale università? Basta guardare in rete
Il Web dà una mano agli studenti italiani ancora indecisi sulla facoltà universitaria da scegliere. Il Ministero dell'Istruzione e dell'Università ha pubblicato on-line una banca dati con l'offerta formativa nazionale, una specie di grande «guida dello studente» che fornisce informazioni relative ai 2.959 corsi di laurea attivati presso le 77 università italiane, presenta corsi, piani-orario delle varie lezioni, dati statistici relativi a iscrizioni e frequenze, notizie sugli sbocchi occupazionali. Interessante che dal 15 aprile al 15 maggio gli studenti dell'ultimo anno delle superiori potranno fare le preiscrizioni via Web.

5 Come se …

Completate le frasi con i seguenti verbi al congiuntivo imperfetto.

avere   capire   mangiare   vedere

andare   esserci   essere   stare

1. Parla l'italiano come se _____ un principiante.
2. Alessio si comporta come se non _____ una donna da anni.
3. Ma sai che parli come se io non _____ niente?!
4. Carla ne è gelosa come se non _____ altri uomini al mondo.
5. Ma scusa, hai ordinato un'altra pizza?? Come se tu non _____ da giorni …
6. I miei genitori mi trattano come se _____ 10 anni!
7. Scusate, ma state bevendo come se _____ per morire di sete!
8. Questo diesel funziona come se _____ a benzina.

6 Cosa dite in queste situazioni?

Abbinate le espressioni della colonna di destra ai corrispondenti atti comunicativi.
Per ogni atto comunicativo vanno bene due frasi.

1. presentarsi
2. chiedere di una persona
3. chiedere chi telefona
4. rispondere che la persona cercata è occupata
5. offrire di riferire alla persona che non c'è
6. segnalare un errore

☐ Mi spiace, sta parlando sull'altra linea. **(a)**
☐ Scusi, ma Lei chi è? **(b)**
☐ Potrei parlare con Giuseppe? **(c)**
☐ C'è Anna per favore? **(d)**
☐ Chi lo desidera, scusi? **(e)**
☐ Buongiorno, senta, sono il professor Carli. **(f)**
☐ Pronto? Mi chiamo Bertinotti. **(g)**
☐ Devo dirgli qualcosa? **(h)**
☐ Spiacente, ma qui non c'è nessun Ferrari. **(i)**
☐ Vuole lasciare un messaggio? **(l)**
☐ Al momento è occupato. **(m)**
☐ Guardi che ha sbagliato numero … **(n)**

Leggete le seguenti frasi. Chi le dice o le pensa? Completate con il numero della persona.

N°

☐ «Fabio, sto facendo la fila per comprare i biglietti. Ti richiamerò più tardi.»

☐ «Prima dell'inizio dello spettacolo ho il tempo di farmi una dormitina.»

☐ «Senti, io e Paola andremo a giocare a tennis. Se vuoi venire con noi assieme a Luca, devi chiamarci prima delle nove.»

☐ «Mi dispiace, ma purtroppo non ho tempo perché devo finire un lavoro.»

☐ «Non mi sento bene se non mangio qualcosa.»

☐ «Scusi, guardi che stiamo aspettando tutti! E poi il bambino in braccio mi pesa!»

Trasformate ora le frasi da discorso diretto a indiretto.

1. Il ragazzo dice all'amico Fabio che _____ _____ la fila per comprare i biglietti e che _____ _____ più tardi.

2. Il vecchietto pensa che, prima dell'inizio dello spettacolo, _____ il tempo di _____ una dormitina.

3. Il ragazzo dice che _____ e Paola _____ a giocare a tennis. Se Sandra _____ _____ con _____ assieme a Luca, _____ _____ prima delle nove. Sandra risponde che purtroppo non _____ tempo perché _____ finire un lavoro.

4. La signora pensa che non _____ _____ bene se non _____ qualcosa.

5. La signora dice al giovanotto davanti che tutti _____ _____. E aggiunge che il bambino in braccio _____ _____ .

8 Cosa hanno detto?

Trasformate il discorso indiretto in discorso diretto.

1. Sandra ha detto che, siccome non ha molto tempo, domenica non potrà venire a sciare con noi.
2. Gianni ha detto che gli dispiace, il suo PC si è rotto e quindi non può finire la traduzione.
3. I miei genitori hanno detto che se voglio stasera posso uscire con la mia ragazza.
4. I miei amici mi hanno detto che capiscono perché non ho più voglia di studiare.
5. Il dottore mi ha detto che devo andare da lui alle cinque e che, se non faccio in tempo, devo telefonargli.
6. Il meccanico ci ha detto che la nostra macchina sarà pronta fra sette giorni, ma che se abbiamo davvero fretta, può cercare di ripararla un po' prima.

1. Sandra: _____.

2. Gianni: _____.

3. I miei: _____.

4. I miei amici: _____.

5. Il dottore: _____.

6. Il meccanico: _____.

_____.

4

 9 Il computer

Ricomponete questo brano di De Crescenzo (ingegnere, scrittore e regista nato a Napoli nel 1928).

☐ Oddio, proprio tutta no, diciamo mezza. Lui stava lì, silenzioso, immobile[1], e occupava un intero salone. Era di colore azzurrino. Si chiamava IBM 1401. (…) Si rompeva

☐ davanti alla televisione. Sotto sotto[2] ne era anche gelosa, in particolare quando me ne sentiva parlare: «Ieri ha fatto questo, oggi ha fatto quest'altro».

☐ La prima volta che c'incontrammo fu nel settembre del '61. (…) Mi ero sposato da pochissimo, da un mese o poco più, e tutto potevo immaginare tranne che[3] quell'incontro avrebbe finito per condizionare[4] tutta la mia vita.

☐ Lei, poverina, avvertiva[5] la presenza di un terzo incomodo[6], non proprio un'amante ma qualcosa del genere. La prima cosa che capii dei computer è che non perdonano. (…) Oserei[7] dire che non hanno pietà.

☐ di continuo: in media una volta al giorno. (…) Ovviamente mia moglie l'odiava: erano più le sere che non tornavo a casa per la cena che quelle in cui riuscivamo a stare mano nella mano

(da *Ordine & Disordine* di Luciano De Crescenzo)

[1] immobile = fermo
[2] sotto sotto = in fondo
[3] tranne che = ma non che
[4] condizionare = influenzare
[5] avvertire = sentire, accorgersi di
[6] il terzo incomodo = persona che si intromette fra altre due in modo inopportuno
[7] oserei = vorrei

Leggete la lettera che Michela scrive all'amica Francesca.

Carissima, ti scrivo solo poche righe per dirti che sono
felicissima. Il tempo è brutto, l'albergo dove sono costa
un sacco di soldi, la proprietaria è piuttosto antipatica,
ma io mi sento benissimo. Dormo molto, quindi sono riposata
e di conseguenza sempre di buon umore. Guglielmo mi insegna
a nuotare e andiamo sempre al mare quando il tempo lo permette. Francesca, ti rivelo un segreto: sono innamorata di
lui!! E penso di sposarmi presto o comunque di andare presto
a vivere con lui.

                              Un bacione
                              Tua Michela

*Chiaramente Francesca non sa mantenere il segreto. Ecco cosa racconta
il giorno stesso alle amiche invitate per il tè.*

4

«Sapete l'ultima? Michela mi ha appena scritto una lettera e dice che è felicissima. Che il

tempo _____, che l'albergo _____,

che la proprietaria _____ , ma che _____ .

Che _____, che quindi _____

_____ . Che Guglielmo _____

e che _____ .

E mi ha anche rivelato un segreto: che _____ e che

_____

_____. Allora, non trovate che sia una bomba!??»

11 Connettivi

Completate le seguenti frasi con i connettivi adatti.

anzi così però quando se

che ne so

comunque per quindi però

1. Mi sembrava una faccia conosciuta, _____ non riuscivo a ricordare dove l'avevo visto.

2. Per sabato d'accordo, ti chiamo _____ stiamo per arrivare. Ti abbraccio Marina

3. Sempre più ragazzi scelgono Internet _____ fare confidenze.

4. Avresti potuto comprare qualcosa tu, _____ del pane e del formaggio …

5. Io odio lasciare messaggi sulla segreteria. Lo faccio solo _____ strettamente necessario!

6. Non era in casa. _____ gli ho lasciato un messaggio sulla segreteria.

7. D'accordo che è stata una cosa improvvisa, _____ potevi almeno avvisare!

8. Ha detto che non si sente bene e che _____ stasera non viene da noi.

9. Ho un sacco di cose da fare, _____ farò tutto il possibile per raggiungervi.

10. Capisce davvero poco. _____, non capisce proprio niente!

12 Ricapitoliamo

Quali mezzi di comunicazione usate? Con quale frequenza? Fate uso degli SMS? Pensate che il cellulare sia una moda o una necessità? Come vi comportate quando, chiamando qualcuno al telefono, vi risponde la segreteria telefonica? Lasciate un messaggio o riattaccate? Avete un computer? Vi serve solo per lavoro? Qual è il vostro rapporto con Internet? Ne siete schiavi? Pensate che un uso esagerato di Internet possa avere degli effetti sul linguaggio? Avete sostituito il telefono con le e-mail? Se sì, quali potrebbero essere gli effetti? Solo positivi?

Infobox

Chi clicca di più

Fra i navigatori italiani, il 67% è rappresentato da uomini, il 33% da donne. Interessante la suddivisione per età: il 29% ha meno di 25 anni, mentre solo l'8% ne ha più di 55. Più della metà sono compresi nella fascia fra i 25 e i 50 anni. Negli ultimi tempi è comunque calata in Italia la vendita dei computer, delle stampanti e dei monitor tradizionali (col tubo catodico), mentre è stabile il mercato degli scanner ed in aumento l'interesse per i monitor a cristalli liquidi.

1 Curiosità italiane

In quale regione si trova Enna, il capoluogo più alto d'Italia (m. 948)?
Trovate le parole corrispondenti a queste definizioni. Se le risposte saranno
esatte la soluzione apparirà nelle caselle evidenziate.

1. Personaggio principale di un'opera
   letteraria o di un film.
2. Forma femminile di «scrittore».
3. Lo è un thriller il cui protagonista è un
   poliziotto: romanzo ...
4. Critica, sotto forma di articolo,
   di un'opera letteraria.
5. Sinonimo di quotidiano.
6. Questo libro contiene la descrizione delle
   strade e delle caratteristiche di città e regioni.
7. È più lungo del racconto.

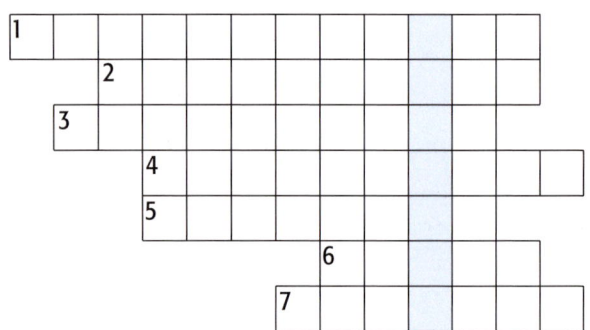

2 A patto che ...

Trasformate le frasi usando purché / a condizione che / a patto che, *come nell'esempio.*

Prenoto il tavolo solo se mi garantisci di venire con me.
Prenoto il tavolo `a patto che tu mi garantisca` di venire con me.

1. Lo aiuto volentieri, ma solo se mi promette di studiare di più.

   _____

2. Ci va anche lei, ma solo se l'accompagna qualcun altro.

   _____

3. Lo leggerete volentieri, se amate i gialli.

   _____

4. Esco con loro, ma solo se mi promettono di non andare in discoteca.

   _____

5. Ti divertirai se ami la montagna!

   _____

6. Sarà divertente se vi piacciono le escursioni.

   _____

7. Lo prendo solo se Lei mi fa uno sconto.

   _____

3 Di chi si tratta?

*Leggete le frasi 1 – 9. Completate poi le frasi a – i, che hanno un significato simile,
con il nome della persona corrispondente, come nell'esempio.*

1. Valentina si comporta sempre in modo impeccabile.
2. Il romanzo è così avvincente che quasi quasi Miriam lo regala a suo padre.
3. Sandra ha acquistato un libro di fantascienza ed un romanzo d'avventura.
4. Linda è scivolata con il motorino.
5. A Grazia serviranno molti soldi per acquistare quell'enciclopedia.
6. Rebecca ha visto Michele e subito è scoccata la scintilla.
7. Simona è rimasta in attesa di suo padre.
8. Tocca a Francesco cercare di trovare una soluzione al problema.
9. Vittorio passa il suo tempo a studiare.

a. Sandra ha comprato dei libri.

b. _____ ha avuto un incidente per la strada.

c. _____ avrà bisogno di molto denaro per comprare quello che le interessa.

d. _____ è indecisa se comprare il libro o meno.

e. _____ si è innamorata all'improvviso.

f. _____ trascorre le sue giornate in biblioteca.

g. _____ ha aspettato una persona.

h. _____ dovrà tentare di risolvere la situazione.

i. _____ è sempre perfetta.

5

Infobox

I giovani e i libri

Secondo un'inchiesta DOXA, i giovani lettori di libri non scolastici in Italia sono in calo: se nel 1998 erano il 71,4%, nel 1999 il 69,7%, nel 2000 il 67,6%, nel 2001 il 60%, nel 2002 erano solo il 58,6%. Dopo il boom degli anni '80, si assiste ora – negli anni 2000 – ad un'inversione di tendenza. Questo riflusso, secondo gli esperti, è dovuto al fatto che i libri sono ora considerati talmente importanti che si «devono» leggere e l'obbligo implica un rifiuto da parte dei giovani. Inoltre, nell'età dell'adolescenza, i giovani iniziano a modellarsi sul mondo adulto e, dato che l'adulto non legge o legge poco, essi tendono ad uniformarsi a questo comportamento.

4 È il più difficile che …

Completate secondo il modello. Attenzione a concordare anche gli aggettivi.

testo / difficile / lui-tradurre　　　　　　　　　　È il testo più difficile che abbia mai
　　　　　　　　　　　　　　　　　　　　　　　tradotto.

1. città / bello / io-vedere　　　　　　_____

2. libro / avvincente / io-leggere　　　_____

3. giornata / bello / loro-trascorrere　_____

4. vacanza / stressante / voi-fare?　　_____

5. cibo / salato / tu-mangiare?　　　　_____

6. birra / forte / noi-bere　　　　　　_____

7. programma / interessante / lei-ascoltare　_____

 5 È il libro più avvincente che …

Rispondete alle domande come nell'esempio. Attenzione a concordare anche gli aggettivi.

■ Conosci *Il nome della rosa*? (libro – avvincente – leggere)
▼ Sì, è il libro più avvincente che abbia mai letto.

1. ■ Sei mai stato a Venezia? (città – bello – visitare)

   ▼ Sì, _____.

2. ■ Che ne dici di Carlo e Giuseppe? (persone – generoso – conoscere)

   ▼ Oh, _____.

3. ■ Avete già provato la pizza al peperoncino? (cibo – piccante – provare)

   ▼ Sì, _____.

4. ■ Eva conosce *Il grande fratello*? (trasmissione – stupido – vedere)

   ▼ Sì, _____.

5. ■ Sono già saliti sul monte Bianco? (monte – alto – essere)

   ▼ Sì, _____.

6 Per una biblioteca globale

Il brano che segue è un riassunto della lettura «Per una biblioteca globale».
Senza rileggerla, provate a completare il testo con l'elemento giusto.

_____ Judy Andrews trovò, all'aeroporto di Los Angeles,
un libro di Grisham, pensò di aver avuto fortuna. Ma non si trattava
né di fortuna né di un caso e _____, guardando meglio,
Judy si accorse che sulla copertina c'era una scritta che invitava a
partecipare ad un esperimento organizzato dal sito Internet
bookCrossing.com, il cui obiettivo è _____ di trasformare il
mondo in una grandissima biblioteca. Su questo sito si chiede ai
lettori di registrare i loro libri on-line e cominciare poi a distribuirli
nei bar, sulle sedie dei cinema, sui tavoli dei ristoranti. _____
dappertutto. Una nota spiega pure il funzionamento dell'iniziativa e
chiede a _____ ritrova il libro di indicare dove l'ha trovato
e di quale volume si tratti.

_____ il nuovo proprietario può leggerlo e poi
rimetterlo in circolo, _____ quello originario può sempre sapere
se finisce in buone mani.

Da un anno _____ il numero degli interessati è salito a
24.000 unità in 50 Paesi del mondo, per un traffico di oltre 45.000
libri. «Il trucco per far funzionare il sistema – spiega il responsabile –
è associare il volume giusto al posto giusto. _____ *Sulla strada*
di Kerouac è stato lasciato in una stazione di benzina vicino a New York
ed è arrivato in Messico.»

Chiaramente non tutti i libri arrivano a destinazione. _____
solo un 15% circa dei libri «liberati» viene trovato da un persona
che si aggiunge alla catena. I proprietari, _____ , sperano che i libri
vengano comunque rimessi in libertà dopo essere stati letti.

Quando / Mentre

infatti / dunque

questo / quello

In effetti / Insomma

chi / il quale

Siccome / In questo modo
mentre / durante

a questa parte / d'altra
parte

Per esempio / Veramente

Insomma / Al momento

però / ma

5

7 Conoscete l'Italia e gli italiani?

Completate le frasi con la forma passiva. Rispondete poi alle domande.

1. _____ fondata all'inizio del settimo secolo d. C. Per più di mille anni _____
    governata dai dogi. Da sempre questa affascinante città piena di ponti _____
    considerata una delle più belle d'Italia.
    Firenze ☐   Venezia ☐   Roma ☐

2. È il fiume più lungo d'Italia, ma _____ ritenuto anche il più inquinato.
    il Po ☐   il Tevere ☐   l'Adige ☐

3. Questa regione del Nord era austriaca e _____ unita all'Italia solo nel 1918.
    la Lombardia ☐   il Trentino-Alto Adige ☐   il Piemonte ☐

4. È un regista italiano molto famoso. È nato a Rimini nel 1920. Fra i suoi film più
    conosciuti ci sono «La strada», «Le notti di Cabiria», «Otto e mezzo», e «Amarcord».
    Per questi quattro film gli _____ _____ conferiti quattro Oscar, rispettivamente
    nel 1954, 1957, 1963 e 1973.
    Roberto Rossellini ☐   Roberto Benigni ☐   Federico Fellini ☐

5. Questa grande attrice italiana è nata vicino a Napoli, ma si è trasferita con la famiglia
    (suo marito è un famoso produttore) negli Stati Uniti. Per la sua bravura _____
    _____ scelta in molti film da diversi grandi registi.
    Gina Lollobrigida ☐   Sofia Loren ☐   Anna Magnani ☐

Infobox

Il PassaLibro: terzi al mondo

Il fenomeno che in America prende il nome di Bookcrossing, da noi – molto più prosaicamente – è chiamato PassaLibro. Promotrice in Italia di questa iniziativa è stata la trasmissione radiofonica Fahrenheit durante l'ultima edizione del Festivaletteratura di Mantova ed il successo è stato tale che ora, dopo pochi mesi, il nostro Paese è già al terzo posto nel mondo! Ecco il testo che accompagna i libri lasciati in un luogo pubblico: «Questo non è un libro abbandonato, ma un libro che cerca lettori. Chi lo trova, lo legga e lo faccia circolare e ne dia notizia a Fahrenheit, Rai Radio3, tel. 06/3244958 oppure fahre@rai.it»

8 Passivo

Trasformate le seguenti frasi dalla forma attiva a quella passiva. Se esiste più di una possibilità scrivetele tutte e due, come nell'esempio.

Migliaia di persone abbandonano ogni anno dei libri in tutto il mondo.
Ogni anno dei libri `sono/vengono abbandonati` in tutto il mondo da migliaia di persone.

1. Un signore abbandonò un libro di John Grisham all'aeroporto di Los Angeles.
   _____ .

2. Il signore non aveva perduto il volume, l'aveva lasciato lì di proposito.
   _____ .

3. Un sito Internet ha organizzato questo esperimento sociologico globale.
   _____ .

4. Il *bookCrossing* assegna a ogni libro un numero di identificazione e un'etichetta.
   _____ .

5. Il responsabile può stampare e attaccare sul volume l'etichetta.
   _____ .

6. Il nuovo proprietario può leggere il libro trovato.
   _____ .

7. I proprietari sperano che i lettori rimettano in circolazione i libri.
   _____ .

5

 9 Fra un po' si parte …

Francesca sta per partire con Luciano per Malta. Aiutatela a completare la lista che sta preparando, usando la forma passiva come nell'esempio.

√ comprare i biglietti
√ prenotare l'albergo
  preparare la valigia (penultimo giorno)
  innaffiare i fiori (ultimo giorno)
  controllare i documenti
  staccare il frigo e la luce (ultimo giorno)
√ leggere la guida
  portare il gatto alla vicina (ultimo giorno)
√ finire il lavoro in ufficio

```
i biglietti sono già stati comprati

la valigia deve ancora essere preparata
```

10 Un famoso scrittore italiano

Date le definizioni con parole formate da alcune delle sillabe seguenti. Le sillabe che rimarranno – lette nell'ordine – daranno nome e cognome di uno scrittore italiano (nato nel 1826 a Firenze e morto nel 1890), autore di un racconto famoso in tutto il mondo e traduttore delle Fiabe di Charles Perrault.

fa – gi – guer – car – ma – lo – to – na – col – ser – ra – lo – re – tri – gna – ta – di – re – vi

1. È il contrario di «pace».
2. È la seconda moglie subentrata per i figli alla madre morta.
3. Donna bellissima, dotata di poteri magici. Tipico personaggio delle fiabe.
4. Ha sposato un re.
5. Cameriere, domestico, persona che presta servizio in una casa privata.

Soluzione: Lo scrittore è _ _ _ _ _   _ _ _ _ _ _ _ (vero cognome Lorenzini), autore di Pinocchio.

11 Un piacere perduto

Senza rileggere il testo a p. 60 del manuale, provate a completare il brano con le seguenti parole.

circonvallazione – distinto – fortuna – giornale – occhiali – pagina – paio – periodo – piacere – segno zodiacale – stazioni – vergine

Un bus-navetta sta percorrendo a Bologna la _____ . Due signori, vestiti in modo molto _____ , sono seduti uno accanto all'altro. Il primo ha in mano un _____, di quelli che offrono gratuitamente nelle _____ , e il secondo gli chiede cosa stia leggendo. Il signore risponde che a lui interessa solo l'oroscopo, ma che al momento non può leggerlo perché ha dimenticato a casa gli _____ . L'altro vecchietto si offre gentilmente di leggergli lui la _____ interessata, si infila lentamente un _____ di lenti da vista e chiede al primo signore di quale _____ sia. Questo risponde di essere della _____ . Allora l'uomo gli legge l'oroscopo del giorno che pare molto positivo. Pare infatti che in questo _____ l'uomo-vergine abbia particolare _____ e che possa riassaporare un _____ che pareva perduto.

12 Un verbo, tanti sostantivi

Abbinate ai verbi della lista tutti i sostantivi possibili.

le parole – gli occhiali – un piacere – una polo – un medico – una cintura – i pantaloni –
l'oroscopo – le scarpe – un cibo – una giacca – un orario – un catalogo – il tempo

infilarsi   _____

allacciarsi   _____

consultare   _____

indossare   _____

scandire   _____

abbassar(si)   _____

assaporare   _____

13 Che io sappia …

Collegate le frasi e completate usando che + *il verbo* sapere *al congiuntivo presente
(nella forma opportuna), come nell'esempio.*

1. Ragazzi, circa la partita di stasera

2. Paola, _____ Sandro

3. Olga, senti,

4. Hai visto Michele?

5. Signorina, _____

6. C'è da fidarsi di lui?

Mah, _____ non è ancora arrivato. (a)

_____ ci sono ancora biglietti per il Rugantino? (b)

ha ancora la macchina o l'ha già venduta? (c)

Ma cosa vuoi _____ ? (d)

è già arrivato il tecnico per il computer? (e)

che voi sappiate _____ è alle 8 o alle 9? (f)

14 Ricapitoliamo

*Amate leggere? Quando lo fate in genere? E dove? Che tipo di lettura vi piace? Come
la scegliete? Avete un autore/un'autrice preferito/-a? Regalate o ricevete spesso in regalo
dei libri? Andate spesso in biblioteca? Preferite andare in biblioteca o acquistare i libri
e tenerveli a casa? Siete abbonati ad un quotidiano o ad una rivista? Quale tipo di
articolo vi interessa maggiormente? Avete già letto o almeno sfogliato qualche giornale
o rivista italiani?*

1 Sinonimi e contrari

Cercate i sinonimi (=) e i contrari (≠) delle parole scritte sotto, come nell'esempio.

~~itinerario~~ – convincere – crescita – distrattamente – ultrasessantenne – giovane – pulire –
insipido – moderno – loquace – metropoli – nascita – stanza – privato

		S.	C.
percorso	itinerario	☒	☐
over 60	_____	☐	☐
salato	_____	☐	☐
camera	_____	☐	☐
silenzioso	_____	☐	☐
decremento	_____	☐	☐
dissuadere	_____	☐	☐
grande città	_____	☐	☐
sporcare	_____	☐	☐
tradizionale	_____	☐	☐
pubblico	_____	☐	☐
anziano	_____	☐	☐
con attenzione	_____	☐	☐
morte	_____	☐	☐

*La sinonimia perfetta è molto rara. Dite se in queste frasi le parole che sopra avete
indicato come sinonimi (o come contrari) lo sono ancora.*

	sì	no
1. Gli over 60 nei prossimi anni saranno cinque volte di più.	☐	☐
2. Quel conto era molto salato.	☐	☐
3. Il padre rimase in attesa vicino alla camera operatoria.	☐	☐
4. Quel posto mi piaceva perché era silenzioso.	☐	☐
5. Il fenomeno ebbe un ruolo decisivo nel decremento delle nascite.	☐	☐
6. L'ho dissuaso con molta facilità.	☐	☐
7. Vive in una grande città.	☐	☐
8. Non fa altro che sporcare.	☐	☐

2 Comparativi e superlativi

Completate con le forme irregolari del comparativo o del superlativo di buono, cattivo, piccolo, bene, poco, molto.

1. ■ La cosa _____ che si possa fare è partire per un viaggio e

   dimenticare gli occhiali!

   ▼ Eh sì, hai ragione.

2. ■ Buona questa pizza!

   ▼ Sì, ma quella che abbiamo mangiato la volta scorsa era _____ .

   ■ Beh, guarda, io penso che _____ di tutte siano quelle che fanno

   al «Roma». Sono davvero _____ !

3. ■ Hai dormito bene?

   ▼ Veramente con un cuscino più duro avrei dormito _____.

4. ■ Siete riusciti a fare molto?

   ▼ A dire il vero non tanto, ieri abbiamo lavorato molto di _____.

5. ■ Mm, cattivo questo caffè, no?

   ▼ Non cattivo, è addirittura _____ !

6. ■ Carlo è il tuo fratello maggiore?

   ▼ No, è _____ .

7. ■ Scusa se te lo dico, ma sei ingrassato.

   ▼ Eh, lo so, dovrei mangiare di _____ !

6

Infobox

Un test su 8.000 ragazzi italiani
Un test su 8.000 ragazzi italiani, la cui unica domanda era «Quale professione vorresti fare?» ha dato questi risultati.
Per i ragazzi: 1° fare il manager, 2° pilotare un aereo, 3° fare l'elettricista, 4° lavorare alla cassa di un bar/negozio, 5° dirigere un giornale, 6° insegnare all'università, 7° fare politica, 8° condurre autobus

o treno, 9° e 10° (ambedue 0,6%) assistere gli anziani, insegnare alla scuola materna.
Per le ragazze: 1° insegnare alla scuola materna, 2° fare il manager, 3° lavorare alla cassa di un bar/negozio, 4° insegnare all'università, 5° dirigere un giornale, 6° pilotare un aereo, 7° fare politica, 8° assistere gli anziani, 9° fare l'elettricista, 10° condurre autobus o treno.

3 Aggettivi in -bile

Sostituite l'espressione in blu con l'aggettivo adatto, come nell'esempio.

1. Il tuo è un progetto che può essere realizzato.   realizzabile
2. Si tratta di una storia che può essere creduta.   _____
3. Quello è stato un viaggio che non può essere dimenticato.   _____
4. Il suo era un comportamento che non poteva essere compreso.   _____
5. Questa pizza non è eccezionale, ma si può mangiare.   _____
6. Questo materiale si può riciclare.   _____
7. Gli esercizi sono difficili, ma si possono fare.   _____

Leggete ora questa piccola curiosità. Il contabile *non è una persona* che può essere contata. *Anzi! È sinonimo di* ragioniere, *cioè di* una persona che tiene i conti di un'azienda. *Ma in fondo la parola non contraddice la regola, perché è estranea alla tradizione della nostra lingua. Si tratta, infatti, di un francesismo, di un termine entrato nell'italiano durante il periodo dell'occupazione napoleonica.*

 4 Ti faccio vedere una cosa

In quali frasi il verbo fare *potrebbe essere sostituito da* lasciare? *Trascrivetele come nell'esempio.*

1. Sai che mi ha fatto usare il suo computer?   Sai che mi ha lasciato usare il suo computer
2. Hai già fatto riparare la macchina?   _____
3. Fammi entrare! Fa freddo fuori …   _____
4. Mi fai provare i tuoi pantaloni?   _____
5. Mi fate sempre perdere un sacco di tempo!   _____
6. Fammi capire cosa ti passa per la testa!   _____
7. Fatemi passare, per cortesia!   _____
8. I miei mi fanno sempre fare quello che non voglio.   _____
9. I miei mi fanno sempre fare quello che voglio.   _____
10. Quel libro mi ha fatto proprio ridere.   _____
11. Fammi pensare un momento!   _____

5 Mille cose da fare

Fare è forse il verbo più usato in italiano. Al vostro livello, però, siete in grado di sostituirlo con altre forme più eleganti (e a voi già note). Trasformate le frasi con il verbo appropriato, come nell'esempio.

costruire – c̶r̶e̶a̶r̶e̶ – cucinare – percorrere – porre – praticare – presentare – prestare – produrre – seguire

1. Dio fece il mondo dal nulla.   `Dio creò il mondo dal nulla.`
2. Perché non fate mai attenzione a quello che dico?   _____
3. Faccia la domanda entro il 10 febbraio!   _____
4. Ieri con la macchina ho fatto 100 chilometri.   _____
5. Com'è dimagrita. Avrà fatto una dieta?   _____
6. In quella ditta si fanno bellissimi mobili.   _____
7. Mia madre mi fa sempre dei piatti magnifici.   _____
8. In città hanno fatto un nuovo impianto sportivo.   _____
9. Mi faceva sempre un sacco di domande.   _____
10. È vero che fa moltissimi sport?   _____

6

6 Anche se …

Trasformate le frasi secondo il modello.

Esco anche se piove.   Esco sebbene piova.
Ho deciso di uscire anche se pioveva.   Ho deciso di uscire sebbene piovesse.

1. Anche se non ne ho voglia devo studiare.   _____
2. Anche se sei stanco finisci il lavoro!   _____
3. Anche se erano stranieri, parlavano   _____
   benissimo l'italiano.   _____
4. Anche se si alzavano presto, arrivavano   _____
   sempre in ritardo.   _____
5. Anche se perdete, continuate a battervi.   _____
6. Anche se continuano a sbagliare,   _____
   non si perdono d'animo.   _____
7. Anche se era grasso non si metteva mai a dieta.   _____

7 Nonostante il tempo …

Sottolineate tutte le frasi concessive e trasformate poi le forme con anche se *nelle corrispondenti forme con* nonostante/sebbene/benché/malgrado *e viceversa, come nell'esempio.*

Avevo deciso che sarei andata a sciare a tutti i costi. E così, <u>anche se il tempo non era particolarmente bello,</u> mi sono alzata presto e mi sono messa in macchina. Nonostante il traffico sono arrivata a Pampeago abbastanza presto. C'erano già diversi bus parcheggiati nel piazzale e moltissime auto di turisti. La mia amica Albina mi aveva promesso che sarebbe venuta con me, ma non so perché non si è fatta vedere. Ma è stato divertente anche se ero da sola. Sebbene ci fosse molta gente ho potuto sciare senza problemi (sono brava, anche se mio marito – che è maestro di sci – dice il contrario!). A pranzo mi sono fermata per mangiare un panino al formaggio e poi via di nuovo sulle piste. Insomma, malgrado ci fosse un freddo terribile, non mi sono più fermata fino alle cinque. È stata una giornata bellissima nonostante tutto!

(1) Nonostante/Sebbene/Benché/Malgrado il tempo non fosse particolarmente bello …

(2) _____

(3) _____

(4) _____

(5) _____

 8 Ci si

Abbinate le frasi.

1. Dopo un giornata faticosa		separa sempre di più. (a)
2. Se si frequenta la scuola		alza verso le sette. (b)
3. Alle comodità		azzuffa coi compagni. (c)
4. Se non si ha quella calda	ci si	abitua facilmente. (d)
5. Dopo una bella doccia		riposa volentieri. (e)
6. In Italia		sente proprio bene. (f)
7. A volte ai giardinetti		lava con l'acqua fredda. (g)

6

9 Ci si abitua facilmente …

Sostituite nelle seguenti frasi uno/qualcuno/la gente/tutti/le persone *con* ci si, *secondo il modello. Attenzione ai tempi verbali.*

Uno/Qualcuno/La gente si abitua. – Tutti/Le persone si abituano facilmente.
`Ci si` abitua facilmente.

1. Ultimamente tutti si sono abituati alle comodità.

   Ultimamente _____ _____ _____ abituati alle comodità.

2. Se qualcuno si impunta e traduce «topo» per «mouse», nessuno capisce.

   Se _____ _____ _____ e si traduce «topo» per «mouse»,

   nessuno capisce.

3. Le persone si lamentano spesso di molte cose.

   _____ _____ _____ spesso di molte cose.

4. Pensando troppo alla grammatica, spesso uno si blocca.

   Pensando troppo alla grammatica, spesso _____ _____ _____ .

5. Se uno si arrende subito, non ottiene niente.

   Se _____ _____ _____ subito, non _____ ottiene niente.

6. Quando la gente si trasferisce all'estero, dovrebbe imparare la lingua del

   Paese ospitante.

   Quando _____ _____ _____ all'estero, _____ dovrebbe imparare

   la lingua del Paese ospitante.

7. Se le persone non si fidano nemmeno degli amici, allora …

   Se non _____ _____ _____ nemmeno degli amici, allora …

---

10 In altre parole ...

Quale espressione di destra corrisponde alla frase di sinistra?

1. Facciamo alle 4?
   - a. Ci vediamo alle 4?
   - b. Comincia alle 4?

2. Io esco in ogni caso.
   - a. Io esco a qualsiasi ora.
   - b. Io esco comunque.

3. Come sarebbe a dire?
   - a. Scusa, e questo cosa significa?
   - b. Lo diresti sempre?

4. D'accordo, fa il figlio.
   - a. D'accordo, dice il figlio.
   - b. Il figlio si mette d'accordo.

5. Vuoi fare un salto da me?
   - a. Mi fai una visitina?
   - b. Facciamo ginnastica insieme?

6. Si infilò gli occhiali.
   - a. Si tolse gli occhiali.
   - b. Si mise gli occhiali.

7. Distolse gli occhi dal giornale.
   - a. Iniziò a leggere il giornale.
   - b. Abbandonò per un attimo il giornale.

8. Con lui non ho rapporti.
   - a. Non lo frequento.
   - b. Con lui non c'è confronto.

11 Vedendo quel film ...

Completate con il verbo adatto al gerundio.

andare – ascoltare – fare – ripetere – sbagliare – tradurre – uscire – vedere

1. _____ quel film, mi sono messa a piangere.
2. È noto che _____ si impara.
3. _____ di casa abbiamo incontrato i nostri amici.
4. _____ ad alta voce i vocaboli, mi sembra di migliorare la mia pronuncia.
5. _____ gli esercizi d'italiano, mi concentro molto.
6. _____ in centro, ho incontrato Eva.
7. Studio sempre _____ la radio.
8. _____ ho sempre bisogno di un vocabolario.

12 Famiglie di parole

Ricordate questi vocaboli? Completate la tabella.

verbo	sostantivo	aggettivo	avverbio
---	_____	attento	_____
aumentare	_____	---	---
cambiare	_____	---	---
_____	il controllo	---	---
_____	il contenuto	_____	---
crescere	_____	_____	---
decidere / decidersi	_____	_____	decisamente
---	_____	disponibile	---
---	_____	_____	elegantemente
_____	la nascita	_____	---
preoccuparsi	_____	_____	---
---	_____	severo	_____
---	_____	sicuro	_____
---	_____	_____	sinceramente
---	_____	_____	tradizionalmente
_____	_____	vivente	---

Rispondete ora a questa domanda: di che genere sono i sostantivi in -sione e in -zione?
Maschili o femminili?

13 Ricapitoliamo

Quali parole associate all'idea di famiglia? Quali sono i cambiamenti avvenuti all'
interno della famiglia italiana? Quale ne è la causa? Cambiamenti analoghi si sono
avuti anche nel vostro Paese? Da noi si assiste ad un calo demografico. Anche da voi?
Qual è il motivo? Che ruolo hanno i nonni in una società in cui tante donne lavorano?
Che ne pensate delle coppie che si sposano molto presto? È un vantaggio o uno
svantaggio? Potrebbe essere questa la causa di tanti divorzi e separazioni? Quali sono
secondo voi i motivi di maggior conflitto fra genitori e figli? All'interno della coppia
ritenete giusto che vi sia una suddivisione delle faccende domestiche? Oppure pensate
che queste ultime siano di esclusiva competenza femminile?

6

Feste e ricorrenze

Cancellate dallo schema le parole relative alle definizioni (scritte consecutivamente).
Le lettere rimaste vi daranno un famoso proverbio italiano.

1. La festa del _____ è il giorno di San Giuseppe.

2. Si dice che a _____ ogni scherzo vale.

3. Una tipica ricetta di un particolare giorno di festa è il cotechino con le _____.

4. A Natale in alcuni Paesi si fa l'albero, in altri il _____ .

5. Il primo di _____ si festeggia il giorno di Ognissanti.

6. _____ è l'ultimo giorno dell'anno, che si chiude con il «cenone».

P̶	A̶	N	A	P̶	A̶'	C	A	T	R
N	A	L	E	V	A	E	L	E	L
E	C	O	N	T	I	C	N	C	H
I	I	T	U	E	P	O	R	E	I
S	E	P	E	I	O	P	A	S	N
O	Q	V	U	E	A	C	O	M	B
N	R	E	C	H	I	S	S	V	I
L	U	V	E	O	S	T	R	I	O

Soluzione: __ __ __ __ __ __ __ __

__ __ __ __ __ __ __ __ __ __ __ __ __

__ __ __ __ __ __ __ __ __ __!

 Non sei mica obbligato!

Completate le frasi con le seguenti espressioni.

calcolando che – dai – è solo che – magari – magari – mica – per carità

1. Ti piacerebbe riposare una settimana? _____ potessi!

2. Ma scusa, non ci tieni a uscire un po'? Mah, _____ odio che ci sia tanto traffico.

3. Ho ancora tempo? Certo, non ti ho _____ detto che devi finire per domani!

4. A che ora pensi di arrivare? Mah, alle 6 o _____ anche alle 5.30, se finisco presto.

5. _____, non ti va proprio di venire? Mah, ho paura di annoiarmi …

6. Avete voglia di uscire? _____! Con questo freddo?

7. _____ il corso dura fino all'una, non potrò essere da te prima delle due. Beh, non c'è problema!

3 Magari!

Abbinate le frasi e coniugate i verbi al congiuntivo imperfetto.

1. Vuoi che partano senza di noi?
2. Davide è già arrivato?
3. Il treno è già partito?
4. Ti dà fastidio se stasera invito degli amici?
5. Ti ha regalato qualcosa?

a. Macché! Magari (essere) _____ puntuale una volta!
b. Al contrario! Magari (venire) _____ gente più spesso!
c. Figurati! Magari mi (portare) _____ qualcosa ogni tanto!
d. Beh, io ne sarei contenta. Magari (potere) _____ star tranquilli a casa!
e. Eh, purtroppo sì. Magari (avere) _____ ritardo ogni tanto!

4 Ti va di …?

Ricostruite il dialogo.

☐ Beh, così importante no, ma … insomma devo mettere in ordine l'appartamento.
☐ Sì, va bene, mi sembra un buon orario.
☐ Beh, ripensandoci potrei cercare di sbrigarmi in fretta, calcolando poi che forse Sara verrà a darmi una mano …
☐ Magari!
☐ Peccato! Allora niente da fare?
☐ Perché magari? Hai un impegno così importante?
☐ Purtroppo no, perché la mattina ho un sacco di cose da fare e io ci tengo al lavoro …
☐1☐ Pronto, Alessandra, sei libera oggi?
☐ Vedi?! Passo da te allora, così, verso le quattro?
☐ Benissimo allora. Ciao, a più tardi.
☐ Ma dai! Non lo puoi fare domani?

> **Infobox**
>
> **La cavalcata di Oswald von Wolkenstein**
> Moltissime sono le feste in Italia. Per chi ama i cavalli è da ricordare la Cavalcata di Oswald von Wolkenstein (in provincia di Bolzano), fra le più importanti manifestazioni equestri di tutta Europa. La cavalcata, che ha luogo annualmente agli inizi di giugno, dura un'intera giornata durante la quale le 36 squadre partecipanti – formate da 4 persone – devono raggiungere le 4 mete prestabilite e svolgere i giochi loro assegnati (prova del carosello, labirinto, corsa al galoppo ad ostacoli, corsa intorno alla torre, slalom sui campi ecc.).
> La cavalcata parte al mattino presto da Castel Forte dei Signori di Wolkenstein.

5 Promesse …

Collegate le frasi di sinistra con quelle di destra e coniugate i verbi come nell'esempio.

1. Quel meccanico non è affidabile.
   Mi aveva promesso che

2. Mi avevi promesso che quest'inverno

3. Sempre all'ultimo momento!
   Mi avevate giurato che

4. Clara, ma Luigi non ti aveva assicurato che

5. Giulio aveva promesso alla moglie che a Pasqua

6. La segretaria aveva promesso al direttore che

7. I miei mi avevano detto che

(spedire) _____ le mail il più presto possibile. **(a)**

non (arrivare)_____ più _____ in ritardo! **(b)**

mi (riparare) `avrebbe riparato` la macchina per domani. **(c)**

mi (portare) _____ a sciare! **(d)**

la sera (uscire) _____ . **(e)**

(festeggiare) _____ con te? **(f)**

l' (portare) _____ alle Maldive. **(g)**

6 Promesse non mantenute

Completate la lettera con il tempo e modo opportuno.

Carissimo Giulio,

perdona questa lettera, ma adesso sono veramente arrabbiata! A Natale mi avevi promesso che mi (portare) _____ a sciare. E niente! Poi che (andare) _____ insieme a Firenze per una settimana. E improvvisamente è saltato fuori quel tuo impegno! Mi avevi pure detto che alla fine di gennaio mi (accompagnare) _____ a Bologna per i saldi e che nell'occasione noi (visitare) _____ la città. Io aspetto ancora i saldi! Adesso è il giorno di S. Valentino. L'anno scorso avevi giurato che il 14 febbraio ci (sposare) _____ . E poi hai tirato fuori la scusa del tuo trasferimento. E pazienza. Però due settimane fa mi avevi promesso anche che oggi mi (regalare) _____ uno splendido mazzo di rose. E almeno questa volta io pensavo davvero che tu non te ne (dimenticarsi) _____ . Ma non sono arrivati né i fiori né gli auguri. Sai che ti dico? Se non sei capace di mantenere le promesse che fai, è meglio che tu smetta di farne!!

Tua Francesca

P.S.: Mi avevi pure detto che tu (cambiare) _____ , che (diventare) _____ più attento e sensibile … Sono stata forse così stupida da risponderti che un giorno o l'altro ti (credere) _____ ?

7 Un intruso per frase

Eliminate l'espressione estranea alle altre due. Se la soluzione sarà esatta, le lettere delle frasi rimaste, lette nell'ordine, daranno un proverbio italiano che riguarda i regali.

1. Ci tengo molto ai miei amici.
   Per me sono molto importanti. (ACA)
   Mi stanno molto a cuore. (VAL)
   Li conosco da molto tempo. (SEM)

2. Il regalo non mi piaceva affatto, comunque ho ringraziato.
   Ad ogni modo ho ringraziato. (DON)
   E quindi ho ringraziato. (BRA)
   In ogni caso ho ringraziato. (ATO)

3. Mi sono accorto che si trattava di un regalo riciclato.
   Sapevo che ... (CHE)
   Ho notato che ... (NON)
   Ho capito subito ... (SIG)

4. Ha fatto una figuraccia.
   Ha dato una cattiva impressione di sé. (UAR)
   Non era in forma. (SOP)
   Ha fatto una brutta figura. (DAI)

5. Avrei voluto sprofondare!
   Sarei voluta scomparire! (NBO)
   Mi sarei voluta nascondere! (CCA)
   Mi sarei voluto abbassare! (NTO)

Soluzione: _ _ _ _ _ _   _ _ _ _ _ _   _ _ _   _ _   _ _ _ _ _ _   _ _   _ _ _ _ _ .

Significa che un regalo va accettato così com'è.

Infobox

Regata storica

Ogni anno, la prima domenica di settembre, ha luogo a Venezia la Regata Storica, per ricordare le antiche regate che si disputavano nelle acque della laguna veneta fin dal 13. secolo con imbarcazioni che avevano fino a 20 rematori. La manifestazione inizia con il Corteo storico che sfila con i costumi del 16. secolo e che vuole ricordare il memorabile arrivo a Venezia della regina di Cipro, Caterina Cornaro. Segue poi il corteo delle ricche gondole da parata e delle imbarcazioni a più remi delle varie società. Infine iniziano le gare vere e proprie, quelle dei giovanissimi, delle donne e dei «gondolini» a due remi. Finite le gare, tutti i canali si riempiono di barche e iniziano spettacoli d'arte varia nei campi e nei campielli.

8 Vedendola correre in quel modo …

Completate le seguenti frasi con il gerundio *e il pronome adatto come nell'esempio.*

Ho incontrato Viola e, (vedere) `vedendola` correre in quel modo, ho capito che era in ritardo.

1. Stamattina ho incontrato Jole che, (vedere) _____ dopo tanto tempo, mi ha salutato calorosamente.

2. Ieri pomeriggio Sandro stava cercando di risolvere un problema, ma (fare) _____ ha capito che la matematica non era proprio la sua materia.

3. (Ascoltare) _____ ho capito perché si è diplomato con la votazione di 100/100.

4. (Rivedere) _____ ho capito d'essere ancora innamorato di lei …

5. Ieri riguardavo i miei vecchi quaderni e (riprendere) _____ in mano mi è venuta una nostalgia!

6. (Rileggere) _____ mi sono accorto che la mia e-mail era piena di errori.

7. (Ripensare) _____, il problema non era poi così difficile!

8. (Richiamare) _____ ho voluto semplicemente farti capire che non ce l'avevo con te.

 9 Qual è la reazione appropriata?

Segnate con una crocetta la reazione appropriata a queste frasi. Se le risposte saranno esatte, le lettere dei riquadri, lette nell'ordine, daranno il nome della regione dove si trova Fano, sede di uno dei carnevali più antichi d'Italia.

1. Allora ti sbrighi?
C Magari più tardi!
M Perché? Siamo forse in ritardo?
O Quando? Più tardi?

2. Non ti va di venire?
A Mah, onestamente non ci tengo tanto.
R No, non posso.
M Sì, ci vado domani.

3. Che c'è che non va?
S Non voglio andarci.
B Non è ancora mezzogiorno!
R È che sono proprio stressato.

4. Non sarebbe meglio saltare una portata?
Z E dove?
C Hai ragione, si mangia sempre troppo.
B Non ne ho voglia!

5. Perché cerca di rifilarmi sempre qualcosa?
D Perché gli piace fare regali.
H Beh, vuole solo privarsi di un suo oggetto per te.
F Mah, farà una figuraccia!

6. Ci sei rimasto male?
A No, non mi è rimasto proprio niente.
E Beh, poteva anche comportarsi meglio!
O Sì, là non mi piaceva.

10 Se …

Trasformate le frasi come nell'esempio.

Arriva sempre tardi e così perde il treno.
Se arrivasse prima (se non arrivasse sempre tardi), non perderebbe il treno.

1. La stanza è molto buia e quindi non è molto accogliente.

   _____.

2. Quelle scarpe sono troppo care e così non le compro.

   _____.

3. È sempre distratto e così ha sempre un sacco di difficoltà.

   _____.

4. C'è troppo traffico e quindi non prendo la macchina.

   _____.

5. Hanno sempre poco tempo e così fanno tutto di fretta.

   _____.

6. Eva è una persona troppo chiusa e così non la sposo.

   _____.

7. Non mi danno mai una mano e così devo fare tutto da solo.

   _____.

8. Franco è pessimista e avaro e per questo non lo trovo simpatico.

   _____.

7

Infobox

Festa del Redentore
La Festa del Redentore è una delle più caratteristiche di Venezia ed una delle più amate dai Veneziani. Risale al 1576, anno in cui il Senato della Repubblica – in seguito ad una terribile pestilenza che aveva colpito la città – promise di costruire una chiesa in onore di Cristo Redentore e di organizzarvi una processione ogni anno, la terza domenica di luglio. Si tratta di una festa di suoni e di luci: vi partecipano centinaia di imbarcazioni ornate di palloncini colorati che, dopo il grande spettacolo dei fuochi d'artificio sull'acqua, fra canti e suoni girano per i canali della città fino ad arrivare al Lido, dove aspettano insieme il levar del sole.

11 Barzellette

Abbinate le barzellette al testo adatto.

a.
b.
c.
d.
e.

1. Se si sposasse farebbe felice una persona: me.
2. Le dispiacerebbe scrivermelo su un foglietto? Le mie amiche non mi crederebbero mai se raccontassi che ho guidato a questa velocità …
3. Sarei contento se ne aveste uno più educato.
4. Stefano, se tu non avessi impegni importanti, stasera potremmo andare in discoteca.
5. Arturo, ti dispiacerebbe se andassi un paio di giorni da mia madre?

12 Periodo ipotetico

Completate le frasi con i seguenti verbi.

alzarsi	dovere	essere	stare
avere	rispondere	fare	funzionare

1. Se non _____ il cellulare, non saprei come raggiungere i miei figli!
2. Se il mio vecchio PC _____ ancora, non sarei costretta a comprarne uno nuovo.
3. Se _____ un po' prima, non dovresti fare tutto così in fretta.
4. Se _____ a casa più spesso, la vostra segreteria telefonica non sarebbe in funzione tutto il giorno!
5. Se mi _____ la segreteria telefonica, non lascerei alcun messaggio.
6. Se _____ più intelligenti, si comprerebbero un computer.
7. Se _____ fare tardi, vi chiameremmo.
8. Se qualcuno mi _____ un regalo riciclato, ci rimarrei molto male.

13 Sogni

Da tempo Luciana sogna una macchina sportiva ed un giorno le capita fra le mani
un catalogo con la foto di una Barchetta Fiat. Cosa sogna?

Se (potere) _____ comprarmi questa macchina, ne (essere) _____ felicissima! Prima
di tutto (partire) _____ per un lungo viaggio in autostrada e (potere) _____
divertirmi ad andare a tutto gas. Poi (girare) _____ un po' dappertutto. In estate (essere)
_____ bellissimo. (Tirare) _____ giù la capote* e (avere) _____
il vento fra i capelli. Sì, già, ma se (fare) _____ freddo? Beh, allora (mettersi)
_____ un bel maglione e comunque non (lasciare) _____ certo la Barchetta
in garage! Che macchina meravigliosa! Ripensandoci, però, il bagagliaio** è un po' piccolo…
Se (avere) _____ tante valigie come (fare) _____? Quello dei bagagli forse
(essere) _____ un problema?
Mah, forse (fare) _____ meglio a pensare a qualcosa di più pratico. Forse (dovere)
_____ risparmiare i soldi? Già, i soldi. A proposito, mica li ho per comprarmi la
Barchetta. D'altra parte se ogni tanto non si (sognare) _____ …

* la capote = la parte superiore della macchina, il «tetto» **il bagagliaio = il posto della macchina dove si mettono i bagagli

14 Ricapitoliamo

Quali sono le festività/tradizioni italiane che conoscete? Esistono anche nel vostro
Paese e anche da voi vengono festeggiate nel medesimo modo? Fra quelle citate ce
n'è una che vi piace particolarmente/non vi piace per niente? Perché?
Secondo voi è importante rispettare le tradizioni? Che ne pensate dei regali?
In che occasioni li fate/ricevete? Che ne pensate dell'uso di riciclare i regali?
Come reagireste se ne riceveste uno?

1 Le malattie della Terra

Individuate le parole (scritte di seguito) che hanno a che fare con fenomeni/problemi atmosferici. Le lettere rimaste, lette nell'ordine, daranno il nome di un preoccupante fenomeno di cui si parla molto.

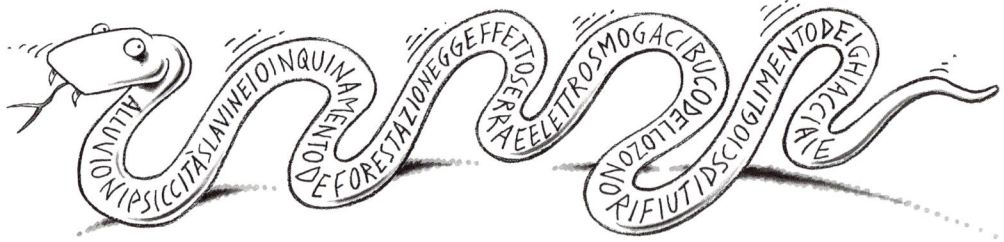

Soluzione: Uno dei più gravi problemi attuali sono le _ _ _ _ _ _ _ _ _ _ _ .

 2 Colori

Completate le frasi con i seguenti vocaboli/modi di dire.

mangiare in bianco in neretto essere al verde

leggere gialli principe azzurro una settimana bianca

1. Ma perché spendi così tanti soldi? Ti piace proprio _____ ?
2. Patrizia non ha ancora trovato il suo _____ .
3. Quest'inverno ho deciso di fare _____ in Canada.
4. Sai che Luigi non fa che _____ ?
5. Visto che non mi sento molto bene, il medico mi ha consigliato di _____ per qualche giorno.
6. Dovete concentrarvi soprattutto sulle parole scritte _____ .

Infobox

Un'indagine dell'Oms sulle 15 aree industriali più pericolose

Secondo l'ultima «Mappatura del rischio industriale in Italia» sono 1.136 gli impianti a rischio in Italia. Oltre il 22 per cento sono concentrati in Lombardia, in particolare nelle province di Milano, Bergamo, Brescia e Varese. Vere e proprie bombe ecologiche responsabili non solo del degrado ambientale, ma dell'incremento di varie malattie, soprattutto tumori, come puntualmente è stato sottolineato in un rapporto dell'OMS (l'Organizzazione mondiale della sanità).

3 Non avendo trovato …

Completate le frasi con i seguenti verbi al gerundio passato, *come nell'esempio.*

arrivare   sapere

spendere

prevedere   seguire   ~~vedere~~

1. *Avendo* _____ *visto* _____ che Luisa ritardava, sono uscito da solo.
2. _____ _____ del suo trasferimento, gli ha chiesto il nuovo indirizzo.
3. _____ _____ che stava per piovere, ho preso l'ombrello.
4. _____ _____ troppo tardi, non hanno trovato posti liberi.
5. _____ _____ il tuo consiglio, ho fatto proprio un bel lavoro.
6. _____ _____ troppo il mese scorso, adesso dobbiamo risparmiare.

 4 Gerundio presente o passato?

Sostituite le frasi causali usando il gerundio presente *o* passato, *come nell'esempio.*

Visto che ha studiato molto, adesso ha solo voglia di riposarsi.
Avendo studiato molto, adesso ha solo voglia di riposarsi.

Visto che era molto stanco, ha deciso di restare a casa.
Essendo molto stanco, ha deciso di restare a casa.

1. Visto che si è diplomata con una votazione molto alta, ha trovato subito un posto.

   _____ .

2. Siccome non ero bravo in matematica, dovevo concentrarmi più degli altri.

   _____ .

3. Siccome non aveva mai avuto il coraggio di mettersi in proprio, ha continuato
   a lavorare come dipendente.

   _____ .

4. Poiché ieri ho lavorato troppo, oggi sono stressato.

   _____ .

5. Siccome conosce molto bene l'inglese, non avrà difficoltà a trovare un lavoro.

   _____ .

6. Visto che aveva deciso di passare una settimana in montagna, si comprò un paio di sci.

   _____ .

5 Dopo aver letto il giornale…

Formate delle frasi.

	andata dal medico,	tornò nel suo Paese.
	seguito i tuoi consigli,	mi accorsi che era riciclato.
	telefonato ad Arianna,	ne discusse con gli amici.
Dopo aver	letto la notizia,	uscì.
Dopo esser	visitato Venezia,	mi sono messa a dieta.
	stati al cinema,	sono migliorato molto.
	ricevuto il regalo,	chiamò Sara.
	ringraziato dell'invito,	sono andati a bere qualcosa insieme.

6 Prima… e poi…

Trasformate le frasi secondo il modello.

Sono stata al cinema e poi sono andata in discoteca.

Dopo esser stata al cinema, sono andata in discoteca.

1. Ho bevuto qualcosa al bar e poi sono andato al lavoro.

2. Hanno controllato bene le valigie e poi sono partite.

3. Mi informerò sul prezzo del biglietto e solo dopo prenoterò.

4. Si sono comprati un nuovo paio di sci e poi sono partiti per la settimana bianca.

5. Ha provato a curarsi da solo, ma dopo ha chiamato il medico.

6. Abbiamo finito gli esercizi e poi siamo usciti.

7. Ci siamo riposati un po' e poi abbiamo ripreso il lavoro.

_____

_____ .

_____ .

_____ .

_____ .

_____ .

_____ .

_____ .

_____ .

8

7 Periodo ipotetico

Completate le frasi della colonna di sinistra con una delle colonne di destra.

1. Se ci fossero stati ancora posti liberi,
2. Se Simone l'avesse invitata,
3. Se le avessero dato delle indicazioni più precise,
4. Se allora avessero accettato quel posto,
5. Se avessimo imparato l'italiano da bambini,
6. Se Einstein non avesse studiato fisica,
7. Se fosse rientrato a un'ora decente,
8. Se avessi bevuto di meno,

sua madre non si sarebbe arrabbiata. (a)
non ti saresti alzata con il mal di testa. (b)
non avrebbe vinto il Nobel. (c)
di certo avremmo comprato il biglietto. (d)
avrebbero avuto una vita più facile. (e)
non avremmo avuto tutte queste difficoltà. (f)
Claudia avrebbe accettato con piacere. (g)
forse non si sarebbe persa. (h)

 8 Quel mio primo «se» …

Davide Dondio vuole scrivere una lettera di ringraziamento ad un'associazione di Milano che promuove gli scambi culturali e si è preso alcuni appunti. Aiutatelo a completare la lettera come nell'esempio della prima frase.

se ~~capitare~~ – ~~leggere~~, sapere, decidere   se prendere – essere, vivere, conoscere
se andare – imparare, venire a contatto, fare   se frequentare – innamorarsi

```
e-mail:  becasse@becasse - info@becasse.it
         school.program@becasse.it
```

Chicago, 11 dicembre 20…

Cara Sandra e Ilaria,
vi scrivo per ringraziarvi.
Se anni fa non mi fosse capitato fra le mani un opuscolo della BEC, non
avrei mai letto il vostro programma, non _____dell'esistenza
di questo tipo di associazioni e non _____ di trascorrere un
anno negli USA.
Se non _____ questa decisione, forse non _____ mai
_____ nel Kansas, non _____ lì e non
_____quella splendida famiglia di Marc e Audrey Mac Kinley che
mi hanno ospitato come un figlio.
Se non _____ in America non _____ l'inglese,
non _____ con un'altra cultura e nuovi costumi e non
_____ la maturità americana. Se non _____ la
scuola a Topeka, non _____ di Mary, la mia attuale moglie, e
oggi non sarei padre felice del mio terzo bambino.
Grazie e auguri di buon lavoro!
Davide Dondio

9 Non è mai troppo tardi!

Proseguite la catena, come nell'esempio.

da giovane Luca – studiare di più/non essere bocciato/proseguire gli studi,
prendere un diploma e poi una laurea/ottenere un posto di lavoro più interessante e
guadagnare di più/poter lavorare di meno e avere più tempo libero/poter riprendere a studiare

Se da giovane Luca avesse studiato di più, non sarebbe stato bocciato*.

Se non fosse stato bocciato _____

_____

_____

_____ .

* essere bocciati = non passare/non essere ammessi alla classe successiva, dover ripetere l'anno scolastico

10 Il caso …

*In ogni gruppo di frasi/espressioni ce ne sono due di significato simile. Le lettere
delle caselle corrispondenti, lette nell'ordine, daranno la prosecuzione del titolo.*

1. Mi avvio verso il supermercato.   M
   Vado verso il supermercato.   U
   Faccio acquisti al supermercato.   O

2. All'ingresso del negozio   C
   All'uscita del negozio   R
   All'entrata del negozio   C

3. Mi chiedo se ha a che fare con …   A
   Che abbia a che fare con …?   P
   Sarà molto occupato?   S

4. Tutti erano molto presi.   A
   Tutti erano molto interessati.   Z
   Tutti avevano comprato molto.   T

5. Questa storia è comica.   Z
   Questa storia è ridicola.   A
   Questa storia fa piangere.   E

Soluzione: (…) _ _ _ _ _   _ _ _ _ _

> **Infobox**
>
> **Sigle e loro significati**
>
> Qui di seguito le sigle dei principali marchi di tutela dei prodotti alimentari. DOP (Denominazione di Origine Protetta) indica un prodotto caratteristico di una determinata area geografica. IGP (Indicazione Geografica Protetta): prodotto tipico di una zona che lo ha reso pregiato o particolarmente famoso. STG (Specialità Tradizionale Garantita): valorizza una particolare composizione del prodotto o un metodo di produzione tradizionale.
>
> PAT (Prodotto Agroalimentare Tradizionale): prodotto il cui metodo di lavorazione, conservazione e stagionatura risulta consolidato nel tempo. De.C.O (Denominazione Comunale di Origine): prodotto di tradizione così particolare da meritare un riconoscimento protettivo. I primi 3 sistemi sono stati creati dalla Comunità Europea già nel 1992 per promuovere e tutelare i prodotti agroalimentari, eppure secondo un'inchiesta 2/3 dei consumatori non ne conoscono ancora l'esatto significato.

11 Che abbia a che fare con …?

Inserite le seguenti espressioni al posto opportuno.

Che sia …   Che stiano …   Che manchino …

Che dipenda …   Che voglia …   Che facciano …

1. Non sono ancora qui. _____ tardi come al solito?
2. Non è ancora arrivata. _____ raggiungerci al cinema?
3. Mica male quell'uomo con Giovanna. _____ il marito?
4. È sempre così stressato. _____ pochi giorni al suo esame?
5. Li ho visti uscire con due valigie. _____ per partire?
6. Mi muoiono tutte le piante. _____ dalla siccità?

Ed ora riflettiamo. Rispondete alle domande.

	sì	no
1. Il congiuntivo dipende sempre da un'altra frase?	☐	☐
2. La struttura «Che sia/faccia …?» esprime una domanda vera e propria?	☐	☐
3. Esprime un dubbio, una riflessione, una domanda quasi rivolta a se stessi?	☐	☐

12 Mi hanno fatto una multa …

Completate le frasi con la forma impersonale alla terza persona plurale,
come nell'esempio. Attenzione ai tempi/modi opportuni.

Ieri mi (fare) `hanno fatto` una multa, perché avevo parcheggiato in doppia fila.

1. Anziché costruire una banca, (potere) _____ _____ costruire
   un bel parco.

2. Sono soddisfatto del mio nuovo posto perché mi (trattare) _____ bene
   e mi (pagare) _____ profumatamente.

3. In quella zona adesso non c'è niente, ma in futuro ci (costruire) _____
   degli impianti sportivi.

4. Stamattina al TG non (dire) _____ _____ che il centro era chiuso al traffico,
   altrimenti non avrei preso la macchina!

5. Non sa ancora se ha vinto il concorso. Ma gli (rispondere) _____ –
   così gli (assicurare) _____ _____ – il più presto possibile.

6. Se non (suonare) _____ _____ alla porta, non sarebbe
   andato ad aprire.

7. Stasera all'Odeon (dare) _____ il film «Il miglio verde».

8. Se mi (regalare) _____ una cosa riciclata, è chiaro che ci rimarrei male.

9. Credo che (stare) _____ per aprire un nuovo centro commerciale.

Infobox

Un cibo davvero genuino. Anzi due.

La loro composizione è quasi uguale, uguali il valore nutritivo e l'alta digeribilità che li distingue, simile il processo di fabbricazione, identica la forma. Parliamo dell' (autentico) Parmigiano-Reggiano e del Grana Padano che spesso i consumatori confondono se non ne vedono la crosta. Ambedue hanno una storia millenaria: se il primo è già citato da Boccaccio nel Decamerone, il secondo fu creato agli inizi del secondo Millennio dai monaci cistercensi dell'Abbazia di Chiaravalle. Ma cosa li differenzia? Il diverso foraggio di cui si sono cibate le mucche e l'aria che i formaggi hanno «respirato» durante la fabbricazione e stagionatura - che dura da un minimo di 12 mesi fino a 36 - , in pratica la diversa zona di produzione (il Parmigiano è tipico solo delle province di Modena, Reggio e Parma, in parte di Bologna e Mantova. Il Grana Padano, invece, viene prodotto nella Valle Padana ma anche nelle province di Cuneo, Sondrio e Trento). Insomma, è solo una questione di sapori e profumo.

13 Cosa mangiamo?

Completate lo schema. Se le risposte sono esatte le caselle in neretto daranno una parola nuova che significa chiuso ermeticamente, senza aria.

1. Dovendo acquistare delle scatolette di tonno si cerca il reparto s……..
2. Chi non ha tempo di cucinare, usa spesso cibi pronti in pochi minuti, detti p…….
3. È un contenitore di vetro, alluminio o plastica, con il coperchio. È il b……..
4. Carne, verdura e frutta fanno parte dei generi a………
5. Greenpeace è un'a ………… che lotta per la salvaguardia del nostro pianeta.
6. Poche multinazionali sono detentrici dei b……. OGM.
7. Chi compra e utilizza dei beni e dei servizi per soddisfare i propri bisogni viene detto c………...
8. Oggi si sente parlare molto di a……… transgenica.
9. I prodotti conservati a molti gradi sotto zero vengono detti s…….
10. Se si comprano molti prodotti, al supermercato non è difficile riempire il c…….

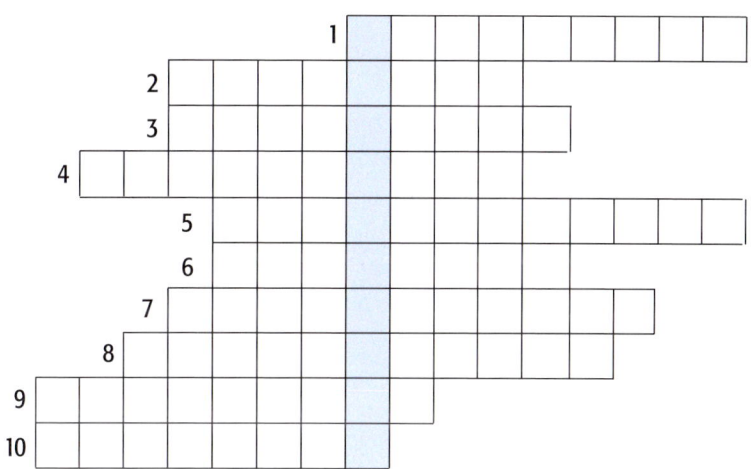

 14 Ricapitoliamo

Quali sono, secondo voi, i problemi più gravi del nostro pianeta? Quali le conseguenze dei cambiamenti climatici? Pensate di rispettare l'ambiente? Cosa fate in concreto per rispettarlo? Cosa mangiate? Prima di acquistare un prodotto ne leggete l'etichetta? Consumate solo prodotti di derivazione garantita oppure vi lasciate attrarre da altre cose (prezzo, pubblicità …)?

1 Vorrei che …

Completate l'e-mail con i seguenti verbi coniugati nel modo/tempo opportuno.

arrivare – conoscere – dare – dire – diventare – portare – potere – venire

Caro Fabio,

hai tempo sabato prossimo? Vorrei che tu _____ a
casa mia a festeggiare la mia prossima partenza. Mi farebbe
piacere se tu _____ le diapositive del nostro
ultimo viaggio in Nuova Zelanda che la mia amica Sandra
vorrebbe vedere. Lei a Pasqua andrà a Auckland e mi ha
chiesto se avevo dei dépliant. Io li ho già buttati e sarei
contenta se tu le _____ prestare i tuoi (so che
conservi sempre tutto!). E poi mi piacerebbe che tu finalmente
la _____ e _____ amici! Se non
ti dispiace, preferirei che non _____ niente a
Carlo. Sai che si offende se non lo si invita, ma sabato
siamo già in troppi. D'accordo allora?
Un bacione e a presto.
Sara
P.S.: Tutti verranno verso le 7 e si cenerà alle 8. Mi
farebbe davvero piacere se tu non _____ in ritardo,
se insomma, almeno per una volta, _____ importanza
alla qualità che più ammiro: la puntualità! Grazie

Infobox

Il mio migliore amico è …

Da un'inchiesta Eurispes è risultato a
sorpresa che per il 26% degli adolescenti
italiani il loro migliore amico è il padre.
Solo una minima parte dei ragazzi
intervistati ne ha dato un giudizio poco
lusinghiero. Ecco le risposte alla
domanda «Cosa rappresenta per te?»:

Una sicurezza	31,7%
Un amico	26,1%
Un mito	16,4%
Un maestro	10,0%
Un dittatore	5,8%
Un estraneo	2,5%
Un debole	2,2%
Una nullità	1,4%

2 Pensavo che …

Completate le frasi con il tempo opportuno del congiuntivo.

1. Ah, non l'avete ancora visto? Pensavo che l' (incontrare) _____ già _____.

2. Quando mi restituisci il libro? Pensavo che non ti (servire) _____ più.

3. Il motorino di Luna? Mah, credo che non l' (avere) _____ più, che l' (vendere) _____ proprio la settimana scorsa!

4. Ah, è una qualità che ti piace? Non pensavo che tu l' (ammirare) _____ tanto.

5. Hai eliminato il vaso della zia? Ma pensi davvero che (essere) _____ giusto buttar via tutto?

6. Ah, è già arrivata? Meno male. Temevo che (dimenticarsi) _____ dell'appuntamento!

7. Vedi le finestre chiuse da giorni? Penso che (loro-partire) _____ per le ferie.

3 Indicativo o congiuntivo?

Completate le frasi con il modo ed il tempo opportuno.

1. Secondo me Serena (stare) _____ meglio con la vecchia pettinatura!

2. Penso che il suo accento non (essere) _____ poi così male!

3. Mah, credo che i tuoi (rimanerci) _____ male perché si trattava di un oggetto riciclato …

4. Non immaginavo che queste scarpe (essere) _____ così scomode!

5. Sai, secondo me (fare) _____ tutti quegli errori perché non avevi studiato abbastanza.

6. Non sono sicuro, ma credo che ieri Luigi (andare) _____ alla festa da solo.

7. Scusatemi, ma io credevo che (già – mangiare) _____ .

8. Secondo me del film che abbiamo visto Aldo non (capire) _____ niente!

9. Ero convinto che Sandro (visitare) _____ quel paese qualche anno fa.

10. La casa dove andremo, pensa, (essere) _____ su due piani e (avere) _____ un grandissimo giardino.

4 Luna Avogadro

Senza rileggere il brano di p. 94, completatene la sintesi con i seguenti connettivi.

anzi   pur di   per questo   prima che

da quando   forse   senza   proprio

Conoscevo Luna _____ frequentavamo lo stesso liceo. Suo padre faceva

l'astronomo e _____ l'aveva chiamata così già molto _____ quel nome si

diffondesse. È stata _____ l'unica donna di cui sia diventato veramente amico

_____ avere coinvolgimenti sentimentali. Era chiacchierona, allegra e pronta a

fare la buffona _____ diventare amica di qualcuno. Trovava tutti «fantastici» e

«stupendi» e io cercavo inutilmente di farle capire che sbagliava. _____, uno

dei suoi grandi dispiaceri era _____ il fatto che i suoi amici non andassero sempre

d'accordo tra di loro.

5 Presente o imperfetto congiuntivo?

Completate le frasi con il tempo opportuno.

1. Esci prima che (finire) _____ lo spettacolo?

2. È così simpatico che, ovunque (andare) _____ e in qualunque situazione

   (trovarsi) _____, fa amicizia con tutti.

3. Il padre l'aveva chiamata Luna molto prima che la cultura alternativa (dare)

   _____ diffusione a quel nome.

4. Qualunque cosa (fare) _____, non era mai soddisfatto di sé.

5. In qualunque luogo (essere) _____ , si trovavano bene.

6. Non sapevo niente prima che la radio (trasmettere) _____ la notizia.

7. Ovunque (trovarsi) _____, sappiamo adattarci alla situazione.

8. Ovunque (andare) _____, mi trovo sempre bene.

È l'unica/la sola che …

Scegliete, fra le due alternative, il tempo opportuno.

1. Era l'unica cosa che tu (possa – potessi) fare.
2. Era il solo difetto che non (sopportiamo – sopportassimo).
3. Era l'unica preoccupazione che (abbiano – avessero).
4. È la sola che qui (sia – fosse) vestita elegantemente.
5. È la sola donna che (abbia mai amato – amassi).
6. È stata la sola persona che mi (abbia capito – capisca) veramente.
7. Era l'unica cosa di cui (avessero – abbiano) mai parlato.

 Chi trova un amico …

*Risolvete il cruciverba. Se le risposte saranno esatte, le lettere nelle caselle scure –
lette consecutivamente – daranno la seconda parte di un famoso proverbio italiano,
il cui inizio è il titolo di questo esercizio.*

Orizzontali

3. Se non ce l'hai, hai ragione.
8. Lo è chi non vuole mai spendere.
9. Non è sempre facile capire quello dei verbi.
10. È il contrario di qualità (positiva).
11. Incapace di compiere atti illegali o illeciti.
12. È il contrario di modesto.

Verticali

1. Quello di Luna era uno Zundapp.
2. Lo è chi non si comporta bene.
4. Si prende quando piove.
5. È il difetto di chi pensa solo a se stesso.
6. Non rivelare un segreto.
7. Chi le racconta non dice il vero.

Soluzione: _ _ _ _ _   _ _   _ _ _ _ _ _ .

8 Mi dice/mi ha detto che …

Trasformate le seguenti frasi in discorso indiretto.

1. «La grammatica è difficile.»
   Mi dice sempre che

   _____ .

   Mi diceva sempre che

   _____ .

2. «Carlo mi ha cercato.»
   Sandra dice che Carlo

   _____ .

   Sandra ha detto che Carlo

   _____ .

3. «Avevo già studiato l'italiano.»
   Sandra dice che Colette

   _____ .

   Sandra ha detto che Colette

   _____ .

4. «Andrò a vedere la mostra.»
   Paolo dice che

   _____ .

   Paolo ha detto che

   _____ .

5. «Mangia di meno!»
   Paolo mi dice sempre

   _____ .

   Paolo mi ha detto

   _____ .

6. «Mio figlio vorrebbe riposare.»
   Flavia dice che

   _____ .

   Flavia ha detto che

   _____ .

9 Mi ha chiesto se …

Trasformate le seguenti frasi in discorso indiretto.

1. «Verranno a pranzo due colleghi.»
   Il marito disse alla moglie _____ .

2. «Qui non ti trovi bene?»
   L'amica gli chiese _____ .

3. «Vieni anche tu a bere qualcosa con noi?»
   Lucio domandò all'amico _____ .

4. «Avevo da fare e ho preferito rimanere a casa.»
   Stefania gli ha risposto _____ .

5. «Sabato prossimo dovrei andare a Bologna. Vieni con me?»
   Silvio ha detto a Franca _____

   _____ .

10 Una telefonata misteriosa

Leggete la seguente telefonata fra il ricercato John Brusca ed un suo complice.

- ■ Pronto Al, sei solo?
- ▼ Sì, qui non c'è nessuno. Parla pure!
- ■ Hai già visto quella persona di nostra conoscenza?
- ▼ No, ma penso di incontrarla fra due giorni.
- ■ Benissimo. Allora dille di aspettarti in quel posto alle 3 e poi dalle il pacco.
- ▼ Ma non dovevo darlo a Frank?
- ■ Mah, in effetti ti avevo detto così, ma ora credo che non sia più una buona idea.
- ▼ D'accordo. Potrei telefonarti nel caso ci fossero problemi?
- ■ No, no, assolutamente. Eventualmente ti richiamerò io.
- ▼ Va bene, allora aspetto una tua telefonata. Ciao.
- ■ Ciao.

Il telefono di John è sotto controllo. Un'ora dopo un poliziotto riferisce al suo capo il dialogo fra i due. Completate il suo racconto.

Allora, un'ora fa John ha telefonato ad Al e gli ha chiesto se _____ solo. Al gli ha

risposto che ____ non _____ nessuno e gli ha detto _____ senza

problemi. Allora John gli ha chiesto _____ quella persona di

_____ conoscenza. L'amico ha risposto _____, ma che _____ di

incontrarla due giorni _____ . Allora John gli ha detto una cosa che non ho capito:

doveva _____ in un certo posto alle 3 e poi _____

un pacco. Al, sorpreso, gli ha domandato _____ a Frank

e l'altro ha risposto che in effetti _____ così, ma che ora

_____ una buona idea. Allora Al ha chiesto se

_____ nel caso _____ problemi e

l'altro ha detto _____ e che eventualmente _____ .

Così Al ha chiuso dicendo che _____ una _____ telefonata.

Lei, capo, ci ha capito qualcosa?

11 Discussioni in famiglia

Leggete il dialogo fra Cesare e Cornelia.

■ Ciao cara, finalmente sono tornato…

▼ Ma dove sei stato? Mi lasci sempre sola … sei sempre in giro!

■ Sono appena tornato dalla Gallia.

▼ Ah, ed è andato tutto bene?

■ Sì, sì …, ma adesso sono stressato e non ho voglia di parlarne. Dimmi invece, cos'hai preparato di buono per stasera?

▼ Oh, una cenetta davvero speciale. Sai, ho invitato Pompeo e Crasso. Non ti dispiace, vero?

■ A dire il vero avrei preferito mettermi in pantofole e stare qui tranquillo solo con te, però …

▼ Dai, Cesare, sai benissimo che è importante tenere vive le amicizie, no?

■ Sì, ma sai, sono davvero stanco ed anche preoccupato. Penso spesso a Bruto negli ultimi tempi. Temo che quel benedetto ragazzo prima o poi farà una brutta fine…

▼ Ma, no, dai, adesso non pensare ai problemi, sta' tranquillo e va' a farti una bella doccia calda.

Scegliete ora fra le due alternative la forma corretta.

Un giorno Cesare si presentò alla moglie dicendole di essere finalmente tornato/di tornare. La moglie gli chiese dove fu/fosse stato e si lamentò che lui la avesse lasciata/ lasciasse sempre sola e che fosse/sarebbe sempre in giro. Lui spiegò che in fondo è/era appena tornato dalla Gallia. Cornelia, allora, si tranquillizzò e domandò se tutto fosse andato/andava bene. Cesare rispose di sì, ma disse anche di essere stato/di essere stressato e di non aver/aver avuto voglia di parlare. Le chiese poi di dirgli cosa avesse preparato/ avrebbe preparato di buono per la sera/stasera. Lei spiegò che la cena era davvero speciale, perché ha invitato/aveva invitato Pompeo e Crasso, e chiese al marito se la cosa gli dispiace/dispiacesse. Lui rispose che, a dire il vero, preferirebbe/avrebbe preferito mettersi in pantofole e stare lì/qui tranquillo solo con lei, ma che però … Lei lo interruppe sostenendo che sarebbe stato/era molto importante tenere vive le amicizie. Ma Cesare disse di essere/che era stato davvero stanco ed anche preoccupato, perché negli ultimi tempi ha pensato/pensava spesso a Bruto e che temeva/temesse che quel benedetto ragazzo prima o poi farebbe/avrebbe fatto una brutta fine. Ma Cornelia lo invitò a non pensare/aver pensato ai problemi, a stare/essere stato tranquillo e ad andare a farsi/fargli una bella doccia calda.

 12 Ricapitoliamo

Quali qualità ritenete importanti e quali difetti trovate gravi nei rapporti con gli altri (di coppia, di amicizia, di lavoro, in famiglia)? Siete maniaci? Se sì, che mania vi viene rimproverata? Chi è per voi un vero amico? Cosa chiedete ad un vero amico?

9

Infobox

Rapporti difficili

Pare che i rapporti più difficili in Italia siano quelli con i condomini, dove la tolleranza è zero e praticamente ogni aspetto della vita prima o poi diventa terreno di scontro. Motivo delle frequenti liti sono soprattutto i rumori (cani che abbaiano, telefoni che squillano, bambini che piangono, lavatrici che centrifugano di notte …). Ne sanno qualcosa carabinieri, pretori e giudici di pace che in Italia non hanno un attimo di tregua e devono intervenire di continuo per eliminare vendette, dispetti e inimicizie.

1 Conoscete l'Italia?

Mettete le parole, in base alle singole istruzioni, nell'esatta successione, come nell'esempio.

Dal più piccolo al più grande:
provincia　　2　　stato　　　4　　comune　　1　　regione　　3

Da Est a Ovest:
Veneto　　☐　　Lombardia　　☐　　Piemonte　　☐　　Trentino　　☐

Da Nord a Sud:
Toscana　　☐　　Calabria　　☐　　Lazio　　☐　　Abruzzo　　☐

Dalla più grande alla più piccola:
Valle d'Aosta　　☐　　Emilia Romagna　☐　　Molise　　☐

Dal più al meno visitato:
Pantheon　　☐　　Colosseo　　☐　　Uffizi　　☐

Dalla più alla meno popolata:
Torino　　☐　　Milano　　☐　　Venezia　　☐

Dal più alto al più basso:
Monte Rosa　　☐　　Monte Bianco　　☐　　Etna　　☐

2 Passivo

Combinate le frasi di sinistra con quelle di destra.

1. Non posso aspettare tanto! La macchina
2. Ricordate. Gli esercizi
3. Non sapeva che il biglietto
4. Penso che la traduzione
5. Secondo me i vestiti
6. Credo che la Sicilia
7. Penso che Sandro
8. Ricordi che la medicina

a. vanno fatti per dopodomani.
b. andrebbero comprati durante le svendite.
c. va presa dopo i pasti.
d. vada visitato subito da un medico.
e. vada fatta per lunedì.
f. andrebbe riparata il più presto possibile.
g. vada visitata in primavera o in autunno.
h. andava timbrato prima della partenza?

I consigli vanno seguiti …

Sottolineate prima tutti i passivi. Sostituite poi la forma con essere *o*
venire *con la corrispondente forma di* andare, *come nell'esempio.*
Attenzione: la trasformazione non è possibile in tutte le frasi!

Il compito deve essere fatto per domani.   Il compito va fatto per domani.

Consigli per gli scolari:
Ricordate che bisogna porsi degli obiettivi chiari e realistici. Che più ascolterete meglio
parlerete. Che è bene leggere testi in cui la lingua viene usata in maniera naturale
(giornali, radio, TV).
Che i vocaboli devono essere studiati a piccole dosi e sempre con l'articolo. Che deve
essere seguito il proprio ritmo personale. Che non ogni singola parola deve essere capita.
Che a volte devono essere memorizzate frasi intere, almeno quelle che pensate vi
serviranno più spesso. Che gli esercizi scritti sono molto importanti e che quindi devono
essere fatti tutti quelli che vengono assegnati dal professore. Non ha dunque senso che
vengano copiati da un compagno il pomeriggio prima o durante una pausa a scuola!
Che non dovete avere paura né di fare errori né delle novità. Ricordate infine che i vostri
insegnanti hanno una lunga esperienza e che quindi i loro consigli dovrebbero essere
seguiti se non altro per questo (a parte il fatto che i voti devono essere dati e quindi …).

_____

_____

_____

_____

_____

 Il cui

Completate il testo con il/la/i/le cui.

Orta, ___ ____ bellezze l'hanno resa famosa in tutto il mondo, si può raggiungere seguendo

l'autostrada Milano - Torino. Nel centro del paese, ___ ____ parcheggi sono situati a nord dell'

abitato, si può entrare solo a piedi. Interessanti sono piazza Motta, ___ ____ gioiello è il palazzo

della Comunità, e la parte superiore del paese, ___ ____ Scalinata della Motta è costeggiata da

eleganti edifici. Insomma, vale la pena visitare questa località, ___ ____ attrattiva non è dovuta solo

alle visite che si possono fare, ma anche alle molteplici attività sportive. Il signor Piero, ad esempio,

___ ____ lavoro consiste nel noleggiare barche, vi potrà consigliare sulle varie opportunità.

5 Specialità

Completate le seguenti definizioni. Se le risposte saranno esatte, le lettere nelle caselle daranno, lette in successione, una nuova parola che significa cibi ghiotti, molto appetitosi.

1. Il pinzimonio è un condimento fatto di olio, pepe e _ _ ☐ _ .
2. Il «balsamico» è il più famoso _ _ ☐ _ _ d'Italia.
3. I confetti sono piccoli dolci di zucchero ☐ _ _ _ _ .
4. Il chinotto è una bibita _ _ _ _ ☐☐ _ _ _ _ .
5. La bresaola è una specialità a base di _ _ ☐☐ _ di manzo.
6. Il torrone è un dolce di mandorle, zucchero, bianco d'uovo e _ ☐☐ _ _ .

Soluzione: __ __ __ __ __ __ __ __ __

6 Si è ...

Completate le frasi con i seguenti sostantivi ed aggettivi.

amici   calvi   disponibili   fratelli

    brilli   colleghi   distratti   timidi

1. Se si è _____, si cammina a zig zag.
2. Se si è _____, si diventa rossi con facilità.
3. Quando si è _____, nasce spesso la competitività.
4. A volte a lezione si è _____ .
5. Quando si è _____ ci si dovrebbe aiutare.
6. Con gli amici si dovrebbe essere sempre _____.
7. Se si è _____, non si usa il pettine.
8. Se si è _____, si hanno (quasi sempre) gli stessi genitori.

7 Si è riusciti

Scegliete il verbo opportuno e completate poi il participio passato *con la forma adeguata.*

1. In quella festa si (è – sono) mangiat__ davvero troppo.

2. In Italia non si (è – sono) riuscit__ ad evitare la speculazione edilizia.

3. Al party si (è – sono) bevut__ molte bottiglie di spumante.

4. Per la partita si (è – sono) vendut__ moltissimi biglietti.

5. Ieri non si (è – sono) vist__ nessuno.

6. Oggi si (è – sono) lavorat__ troppo poco.

 8 I luoghi del cuore

Decidete quale parola manca.

Alcuni lettori hanno segnalato ad un quotidiano italiano i luoghi a loro cari, minacciati
___1___ incuria dello Stato. Così, ad esempio, si cita la Val Jumela, nel cuore delle Dolomiti,
___2___ una lettrice è particolarmente legata. Lì la speculazione edilizia, finora, non ha
avuto ___3___ su quel paradiso, ma bisogna fare ___4___ per rispettare quel luogo che non
___5___ di ulteriori speculazioni perché ___6___ già di strutture turistiche.

10

1. a. per l'   b. dall'   c. all'
2. a. a cui   b. di cui   c. su cui
3. a. migliore   b. il meglio   c. la meglio
4. a. il tutto   b. per tutto   c. di tutto
5. a. necessita   b. serve   c. bisogna
6. a. abbonda   b. manca   c. è povera

Infobox

I 10 luoghi più visitati: Roma è in testa

È noto che l'Italia è uno dei Paesi più visitati al mondo, grazie alle sue bellezze sia naturali che artistiche.
Basti pensare che vanta un patrimonio di beni culturali stimato in un valore di 500 miliardi di €. Secondo
il Ministero per i Beni e le Attività Culturali questi sono stati i luoghi più visitati lo scorso anno: Colosseo
(Roma – visitatori 2.712.938), Scavi di Pompei (2.167.470), Pantheon (Roma – 1.679.900), Parco del Castello
di Miramare (Trieste – 1.677.808), Galleria degli Uffizi e Galleria dell'Accademia (Firenze – 1.172.858) –
Giardino di Boboli (Firenze – 989.868), Reggia di Caserta (812.811), Musei di Castel Sant'Angelo (Roma –
611.515), Villa d'Este (Tivoli – 572.887)

9 Vita di un fiume

Completate le seguenti frasi. Se le risposte saranno esatte le lettere nelle caselle daranno la definizione dei luoghi da cui «nasce» e rispettivamente «muore» un fiume.

1. La Sicilia è la maggiore _☐☐ _ _ italiana.
2. Il Piemonte è la ☐_☐_ _ _ _ del Barolo e del Tartufo.
3. Un aumento della temperatura provocherebbe lo _ _ _ _ _ _ _ _☐☐_ _ dei ghiacciai.
4. Il primo _ _ _ _ _ _ _ _☐☐ della Repubblica Italiana fu Luigi Einaudi.
5. Lo stracchino è un ☐☐ _ _ _ _ _ _ _ tipico della Lombardia.
6. L'isola pedonale si trova nel ☐☐ _ _ _ _ della città.

Soluzione: Il fiume nasce da una ☐☐☐☐☐☐☐☐ e muore con la ☐☐☐☐.

10 Congiuntivo o indicativo?

Inserite nelle frasi i seguenti verbi.

possano

possa

fossero

accompagnasse   amo   è   serviva   usa

ci fosse   coprissero   faceva   mancano

1. Ho comprato un diesel perché

la benzina _____ troppo cara.

i consumi _____ minori.

2. Vado al lavoro a piedi perché

mio marito _____ usare la macchina.

la macchina la _____ mio marito.

3. Ho chiamato mia zia perché

mi _____ dal dentista.

mi _____ un'informazione.

4. L'albero è stato tagliato perché

_____ troppa ombra.

_____ più luce.

5. Lavoro duramente perché

i miei figli _____ avere un futuro migliore.

_____ due colleghe.

6. Ho messo i pantaloni perché

mi _____ le gambe storte.

_____ l'abbigliamento sportivo.

11 Perché...

Completate con il tempo adatto dell'indicativo o del congiuntivo.

1. Vi segnalo la località Pont perché (essere) _____ il posto più bello che io abbia mai visto.

2. Vorrei segnalarvi Nurra (Sassari) perché là finora si (riuscire) _____ ad evitare la speculazione edilizia e perché si (cercare) _____ di non perdere quel poco che ne rimane.

3. Il Conero? Un paradiso terrestre e bisognerebbe fare di tutto perché (venire) _____ preservato!

4. Vi scrivo della devastazione della Val Jumela perché si (potere) _____ salvare la natura propria delle Dolomiti.

5. Lo Stretto di Messina è un luogo molto interessante perché (essere) _____ ricco di una flora e una fauna uniche nel loro genere.

6. Volete vedere Roma? Perché la visita (diventare) _____ veramente interessante, vi consigliamo di prendere una guida.

Infobox

L'ANAS ci aiuta a viaggiare

L'Anas, l'Azienda Nazionale Autonoma delle Strade, dà il via libera a 5 grandi opere stradali, alcune attese da oltre 15 anni: la galleria di sicurezza del Fréjus, di dimensioni ridotte, collegata ogni 400 m al tunnel stesso per migliorare i soccorsi e le vie di fuga in caso di incidenti o incendi (costo: oltre 274,4 milioni di euro), la «Pedemontana Lombarda», lunghezza complessiva di oltre 76 km, con un collegamento Dalmine-Como-Varese, Valico del Giaggiolo, che attraverserà sei parchi della Lombardia e 63 comuni, e che sarà terminata solo nel 2012 (costo: oltre 3 miliardi di euro), i percorsi di accesso alla nuova Fiera di Milano (costo: 262,7 milioni di euro) e all' aeroporto milanese della Malpensa, l'ammodernamento dell'A3 Napoli-Pompei-Salerno, 5 km di ristrutturazione con un nuovo svincolo a Portici-Ercolano, i cui lavori si dovrebbero concludere nel 2006 (costo: 70,8 milioni di euro).

10

12 Connettivi

*Completate le frasi con i seguenti connettivi segnando con un * il posto dove mancano, come nell'esempio.*

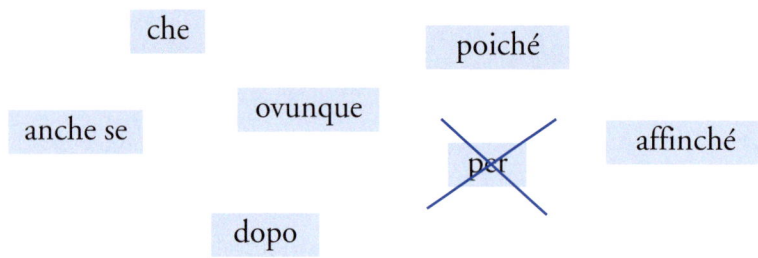

1. I battelli della Società di navigazione Lago d'Orta si possono prendere ∗   *per*

   raggiungere l'isola di San Giulio.

2. Nella zona di Orta si possono fare molte gite in bicicletta, non esistono _____

   piste apposite.

3. Si deve fare di tutto i nostri paesi non vengano minacciati dal turismo di massa. _____

4. L'Ufficio del Turismo informa i turisti su ciò possono vedere di interessante. _____

5. Aver visto l'esperienza del tunnel nella Manica, un lettore pensa che anche _____

   il luogo paesaggistico dello Stretto di Messina possa essere compromesso

   dalla costruzione di un ponte.

6. Era molto stressato, l'ipotesi di una bella settimana di vacanza lo attirava. _____

7. Si vada, in Val Savaranche si sente solo il rumore del torrente. _____

13 Ricapitoliamo

Che località conoscete dell'Italia? Come si raggiungono, cosa si può vedere o fare là? Che impressione ne avete avuto? Vi hanno luogo delle particolari manifestazioni culturali? Hanno delle specialità tipiche? Avete uno speciale «luogo del cuore» in Italia? Anche da voi esiste il problema della speculazione edilizia o del turismo di massa?

GRAMMATIK

Verzeichnis

G

Der Infinitiv
  prima di/dopo + Infinitiv
  prima di - prima che/dopo - dopo che
Fare + Infinitiv
Das Partizip Präsens
Das Passiv
Die Passivkonstruktion mit *andare*
Die indirekte Rede *(il discorso indiretto)*
Die indirekte Frage

Die Zeitenfolge im Indikativ
Das Verb *dovere* als Ausdruck der Vermutung
Transitive Verben mit indirekten
  Reflexivpronomen
Besondere Verben
  metterci
  mi tocca
  bastare

Die nachfolgende systematische Grammatik-übersicht soll Ihnen einen kompletten Überblick über die in *Espresso 3* behandelten Grammatikthemen geben. Selbstverständlich handelt es sich hier nicht um eine vollständige Grammatik des Italienischen. Sie dient Ihnen vielmehr als Nachschlagewerk bei offenen Fragen oder zur Wiederholung. Beachten Sie auch jeweils die letzte Seite der einzelnen Lektionen. Zur Vertiefung Ihrer Grammatik-kenntnisse oder zum Nachschlagen spezieller Kapitel verweisen wir auf die **Große Lerngrammatik Italienisch** (Bestellnummer: 005275), die Sie in jeder Buchhandlung erwerben können. Die Formen aller Verben können Sie in **Verbissimo** (Bestellnummer: 005303) nachschlagen.

G

Das Substantiv

Das Geschlecht

Im Italienischen sind weiblich

- die Substantive auf *-gione, -ie, -igine, -sione* und *-zione:*

la re**gione**, la ser**ie**, la spec**ie**, l'or**igine**, la pas**sione**, la condi**zione**

- die Städte- und fast alle Inselnamen:

la pittoresca Trento, **la** vecchia Palermo **la** Sicilia, **la** Sardegna

- die Automarken:

Ha **una** Fiat 600 seminuova.

Besondere Pluralformen

Singular männlich	Plural weiblich
il paio	le paia
l'uovo	le uova
il centinaio	le centinaia
il migliaio	le migliaia

Einige männliche Substantive auf *-o* bilden den Plural auf *-a* und werden dabei weiblich.

Singular	Plural
l'uomo	gli uomini

«L'uomo» weist eine ganz besondere Pluralform auf.

gli occhiali	le ferie
i rifiuti	le posate
i soldi	le stoviglie
	le nozze

Substantive, die nur im Plural vorkommen (siehe auch *Espresso 1,* S. 168).

Es gibt eine Gruppe von männlichen Substantiven mit zwei Pluralformen, einer männlichen auf *-i* und einer weiblichen auf *-a*. Sie haben unterschiedliche Bedeutung. Im Folgenden werden nur die gängigsten Formen erwähnt.

Singular (männlich)	Plural (männlich)	Plural (weiblich)
il braccio	i bracci (di un fiume)	le braccia (di una persona)
il dito	i diti (singoli)	le dita (nella loro totalità)
l'osso	gli ossi (singoli)	le ossa (nella loro totalità)
il fondamento	i fondamenti (di una scienza)	le fondamenta (di una casa)
il muro	i muri (di una casa)	le mura (di una città)
il grido	i gridi (di un animale)	le grida (di un uomo)

Das Adjektiv

Übereinstimmung der Adjektive bei mehreren Substantiven

Sie wissen bereits, dass sich die Adjektive in Geschlecht und Zahl nach der Person/Sache richten, auf die sie sich beziehen (s. *Espresso 1*, S. 171). Wenn sich ein Adjektiv auf mehrere Substantive verschiedenen Geschlechts bezieht, steht das Adjektiv im Maskulinum Plural.

Vendo un tavolo e una tovaglia **antichi.**

Lekt. 6

Die Steigerung (unregelmäßige Formen)

Wir haben bereits erklärt, wie der Komparativ und der Superlativ gebildet werden (s. *Espresso 1*, S. 173 und *Espresso 2*, S. 192). Es gibt einige Adjektive, die neben der regelmäßigen eine unregelmäßige Komparativ- und Superlativform haben.

Adjektive	Komparativ	absoluter Superlativ	relativer Superlativ
buono	migliore/più buono	ottimo/buonissimo	il migliore/il più buono
cattivo	peggiore/più cattivo	pessimo/cattivissimo	il peggiore/il più cattivo
grande	maggiore/più grande	massimo/grandissimo	il maggiore/il più grande
piccolo	minore/più piccolo	minimo/piccolissimo	il minore/il più piccolo

Bei *buono* in der Bedeutung von »gutherzig« und *cattivo* in der Bedeutung von »bösartig« werden meistens die regelmäßigen Formen verwendet.

Carla è una persona di cuore. Ma Linda è ancora **più buona**. È in assoluto **la** persona **più buona** che abbia mai conosciuto.

– Buona questa pizza. È **migliore** di quella che abbiamo mangiato la volta scorsa, no?
– Sì, ma **la migliore** di tutte è quella che fanno al «Roma». È davvero **ottima**!

Sandro è cattivo, ma Giuliano è ancora **più cattivo**. È in assoluto la persona **più cattiva** che abbia mai conosciuto.

Mamma mia, che cattivo questo caffè! È **peggiore** di quello che fai tu ... anzi direi **il peggiore** che abbia mai bevuto. Veramente **pessimo**!

Die negative Vorsilbe *in-*

Durch die Vorsilbe **in-** kann ein Adjektiv eine negative Bedeutung bekommen.

Lekt. 1

È una persona capace.	➞ **in**capace	(= non capace)
Si tratta di una storia credibile.	➞ **in**credibile	(= non credibile)
Il suo è stato proprio un lavoro utile.	➞ **in**utile	(= non utile)

Questo caffè ti sembra bevibile?	➞ **im**bevibile	vor *b*	wird *in* zu **im-**
È un discorso morale.	➞ **im**morale	vor *m*	wird *in* zu **im-**
Questa è una conclusione prevista.	➞ **im**prevista	vor *p*	wird *in* zu **im-**
È un discorso logico.	➞ **il**logico	vor *l*	wird *in* zu **il-**
La tua proposta è ragionevole.	➞ **ir**ragionevole	vor *r*	wird *in* zu **ir-**

Adjektive auf *-bile*

Adjektive mit der Endung *-bile* haben passive Bedeutung und drücken eine Möglichkeit aus.

Lekt. 6

È un'azione **realizzabile.**	(= che può essere realizzata)
Si tratta di una storia **credibile.**	(= che può essere creduta)
È un materiale **riciclabile.**	(= che può essere riciclato)

qualsiasi / qualunque

Qualsiasi/qualunque bedeutet »jede(r) Beliebige« und ist unveränderlich. Das darauf folgende Substantiv steht immer im Singular.

Lekt. 1·9

qualsiasi lingua / qualsiasi obiettivo
qualunque lingua / qualunque obiettivo

entrambi / entrambe

Entrambi/entrambe ist eine seltenere Form für *tutti e due/tutte e due* und kann als Adjektiv und als Pronomen verwendet werden. Analog zu *tutto* steht der bestimmte Artikel zwischen *entrambi* und dem Substantiv.

Lekt. 8

Uso i fogli da **entrambe le parti.**	(Adjektiv)
Sono arrivati **entrambi.**	(Pronomen)

Das Adverb

Die Steigerung (unregelmäßige Formen)

Lekt. 1·5

Analog zum Adjektiv haben auch einige Adverbien eine unregelmäßige Komparativform.

	Komparativ	absoluter Superlativ
bene	meglio	benissimo/molto bene
male	peggio	malissimo/molto male
molto	(di) più	moltissimo
poco	(di) meno	pochissimo/molto poco

L'inglese dovrei parlarlo molto **meglio** dopo tutti i corsi che ho fatto.
Ieri stavo male, ma oggi sto **peggio**.

Die Possessiva

Man unterscheidet zwischen einem adjektivischen (s. *Espresso 2*, S. 193-194) und
einem pronominalen Gebrauch des Possessivpronomens.
Das Possessivpronomen in pronominalem Gebrauch ersetzt das Substantiv.
Es wird verwendet, um die Wiederholung eines Substantivs zu vermeiden. Dabei wird
der bestimmte Artikel hinzugefügt (auch bei Verwandtschaftsbezeichnungen).

Lekt. 2

Prestami la tua bicicletta. **La mia** (bicicletta) si è rotta.
Il mio corso è molto interessante. Anche **il tuo** (corso)?
Mia sorella si è laureata. E **la tua?** (E tua sorella?)

È mio, è nostro, è vostra usw. bezeichnet einen Besitz und bedeutet
»Es gehört mir, uns, euch ...« usw.

È Sua questa Punto rossa? – Sì, è **mia**.
Di chi è quest'ombrello? – **È mio**.

Anmerkung: **I miei** bedeutet «i miei genitori, i miei familiari».

Die Possessiva stehen in der Regel vor dem Substantiv. Bei einigen
festen Wendungen oder bei Ausrufen werden sie jedoch nachgestellt.

Ma perché non si fa **gli affari Suoi**?
Domani vieni **a casa mia**?
Saluti/Congratulazioni **da parte mia**.
Vorrei lavorare **per conto mio**.

Per colpa sua ho perso l'aereo.
Era la prima volta **in vita mia** che
andavo all'estero.
Mamma mia, che bello!

Das Pronomen

Zusammengesetzte Pronomen

Lekt. 1

Treffen zwei unbetonte Pronomen aufeinander, ergeben sich die folgenden Kombinationen. Dabei steht der Dativ vor dem Akkusativ. Das *-i* der 1. und 2. Person wird zu *-e*.

	+ lo	+ la	+ li	+ le	+ ne
mi	me lo	me la	me li	me le	me ne
ti	te lo	te la	te li	te le	te ne
gli/le/Le	glielo	gliela	glieli	gliele	gliene
ci	ce lo	ce la	ce li	ce le	ce ne
vi	ve lo	ve la	ve li	ve le	ve ne
gli	glielo	gliela	glieli	gliele	gliene

- **Mi** presti **il vocabolario**?
- Chi vi ha dato **la macchina**?
- **Le** puoi prestare **i tuoi CD**?
- **Le** hai detto **del problema**?

- Certo, **te lo** do volentieri.
- **Ce l(a)'** ha prestata Giovanni.
- Sì, **glieli** presto volentieri.
- Sì, **gliene** ho parlato proprio ieri.

Auch die Reflexivpronomen können mit den unbetonten Pronomen kombiniert werden. Dabei entstehen folgende Kombinationen.

riflessivo	+ lo	+ la	+ li	+ le	+ ne
mi	me lo	me la	me li	me le	me ne
ti	te lo	te la	te li	te le	te ne
si	se lo	se la	se li	se le	se ne
ci	ce lo	ce la	ce li	ce le	ce ne
vi	ve lo	ve la	ve li	ve le	ve ne
si	se lo	se la	se li	se le	se ne

Lekt. 3

I giovani **si** scambiano **molti SMS.**
Se li scambiano quasi quotidianamente.
Se lo possono permettere (di cambiare spesso la macchina)?

Das Pronominaladverb *ci*

Das Pronominaladverb **ci** kann Ergänzungen mit *con* (*con qualcuno/con qualcosa*) ersetzen.

Lekt. 3

– Come telefoni con *il cellulare*?   – Mah, **ci** (= con il cellulare) telefono benissimo.

È una persona interessante e **ci** (= con lei) parlo sempre volentieri.

Bei bestimmten Verben kann das Pronominaladverb **ci** auch Ergänzungen mit *a* ersetzen.

abituarsi a	– Non ti sei abituata *alla segreteria telefonica*?	– No, non mi **ci** sono ancora abituata!
credere a	– Credi *all'oroscopo*?	– Ma no, non **ci** credo affatto!
pensare a	– Hai pensato *a quel problema*?	– No, ma **ci** penserò domani.
rinunciare a	– Rinunci spesso *alla macchina*?	– Beh, **ci** rinuncio il più possibile.
riuscire a	– Sei riuscito *a riparare la macchina*?	– No, non **ci** sono ancora riuscito.

Das Pronominaladverb **ci** erscheint auch bei einigen Verben, die dadurch eine besondere Bedeutung bekommen, wie z.B.: *metterci* (avere bisogno di tempo), *rimanerci male* (essere delusi), *tenerci* (ritenere importante), *volerci* (occorrere).

Lekt. 1·4

Ci steht vor den Pronomen *lo, la, li, le* (wobei **ci** zu **ce** wird):
Portiamo noi **Franca a casa!**   **Ce la** portiamo noi!

aber hinter den Pronomen *mi, ti, vi*:
Ti dovresti essere abituata **al computer!**   **Ti ci** dovresti essere abituata!

Die *si*-Konstruktion

• bei reflexiven Verben:

Bei reflexiven Verben wird die unpersönliche Form »man« durch *ci si* + Verb in der dritten Person Singular ausgedrückt.

Lekt. 6

Ci si sposa sempre meno e **ci si separa** di più.

Das Partizip steht in den zusammengesetzten Zeiten im Maskulinum Plural.
Ultimamente **ci si è abituati** all'uso delle e-mail.

• in zusammengesetzten Zeiten:

Die zusammengesetzten Zeiten werden bei der *si*-Konstruktion mit *essere* gebildet. Das Partizip Perfekt bleibt unverändert, wenn das Verb in der persönlichen

Lekt. 10

Konstruktion das *passato prossimo* mit *avere* bildet.
A quella festa **si è** proprio **bevuto** molto.   (**ho** bevuto)

Folgt jedoch ein direktes Objekt, so richtet sich das Verb nach diesem.
A quella festa **si sono bevute** molte bottiglie di vino.   (**ho** bevuto + direktes Objekt)

Bildet das Verb in der persönlichen Konstruktion das *passato prossimo* mit *essere*, steht das Partizip Perfekt im Maskulinum Plural.
Si è riusciti a evitare la speculazione edilizia.   (**sono** riuscito)

- mit *essere*:

Lekt. 10

Nach der *si*-Konstruktion mit *essere* stehen Substantive und
Adjektive im Maskulinum Plural.

Se **si è amici**, ci si dovrebbe aiutare.
Non **si dovrebbe essere** troppo **categorici.**

Die Wiedergabe von »man«

Sie wissen, dass das unpersönliche »man« durch die Partikel *si* + Verb
in der 3. Person Singular bzw. Plural ausgedrückt wird. (s. *Espresso 1*, S. 184).
Es gibt aber auch andere Möglichkeiten, diese Konstruktion wiederzugeben:

- durch das Indefinitpronomen **uno:**

Uno si abitua facilmente alle comodità.

- durch ein Passiv:

Qua **sarà/verrà costruita** una nuova scuola.

- durch die 3. Person Plural bei einigen Verben:

Lekt. 8

Spesso **dicono** che gli OGM fanno male.
Hanno aperto un nuovo centro commerciale.
Che film **danno** stasera?

Die Stellung der Pronomen

Die Stellung der zusammengesetzten Pronomen entspricht der der einfachen
Pronomen. Wie wir bereits gesehen haben (s. *Espresso 2*, S. 203), werden die
unbetonten Pronomen an den Imperativ angehängt.

Dasselbe gilt beim Infinitiv, beim Gerundium und bei *ecco*. In diesem Fall werden
sie zusammengeschrieben und verschmelzen zu einem Wort.

- Sono tuoi questi occhiali?
- Mi presteresti la tua macchina?

- Cosa ti ha detto quando ti ha dato la macchina?
- Dove sono i miei occhiali?

- Oh, sì, dam**meli**, ti prego!
- Oggi no, ma potrei prestar**tela** domani.
  (oder: **Te la** potrei prestare domani.)
- Prestando**mela** mi ha pregato di fare attenzione.
- Ecco**li** qua!

Neben den zusammengesetzten Formen mit *gli* gibt es in der 3. Person Plural
auch Formen mit dem Pronomen *loro*. In diesem Fall steht das direkte Pronomen
vor und *loro* hinter dem Verb.

Lekt. 7

- Quando spedisci la lettera ai tuoi genitori?

- **Gliela** mando domani.
- **La** mando **loro** domani.

Die Relativpronomen

il quale/la quale/i quali/le quali

Lekt. 1

Das Relativpronomen **il quale/la quale/i quali/le quali** steht für *che* bzw.
cui + Präposition. Während *che/cui* unveränderlich sind (s. *Espresso 2*, S. 196),
richtet sich **il quale** in Geschlecht und Zahl nach der Person/Sache, auf die es
sich bezieht. Es wird hauptsächlich in der Schriftsprache verwendet.

Mi hanno detto che Sandro, **il quale** (= che) aveva un lavoro dipendente, adesso
si è messo in proprio.
È una persona **per la quale** (= per cui) farei di tutto.

colui che

Lekt. 1

Das Relativpronomen **colui che** bedeutet »derjenige, der« und kann *chi* ersetzen.
Es wird in der Regel nur in der Schriftsprache verwendet und bezieht sich nur auf
Personen. Die entsprechende weibliche Form ist **colei che**. Die Pluralform **coloro
che** gilt für beide Geschlechter.

Così ho risposto, come fanno **coloro che** non sanno cosa rispondere.
(= come fa chi non sa cosa rispondere)

	Singular	Plural
männlich	colui che	coloro che
weiblich	colei che	coloro che

il cui/la cui/i cui/le cui

Lekt. 10

Das Relativpronomen **il/la/i/le cui** ist die italienische Wiedergabe des deutschen
»dessen/deren«, wobei sich der Artikel auf das darauf folgende Substantiv bezieht.

Mario, **la cui madre** è inglese, parla tre lingue.
Mario, **il cui padre** è inglese, parla tre lingue.
Mario, **le cui sorelle** vivono già da molti anni all'estero, ha deciso di trasferirsi anche lui.
Mario, **i cui fratelli** vivono già da molti anni all'estero, ha deciso di trasferirsi anche lui.

Das Verb

Das Plusquamperfekt (il trapassato prossimo)

Das Plusquamperfekt wird mit den Imperfektformen von *avere* bzw. *essere*
+ dem Partizip Perfekt des Hauptverbs gebildet.

Lekt. 1

(io)	avevo mangiato	ero andato/-a
(tu)	avevi mangiato	eri andato/-a
(lui, lei, Lei)	aveva mangiato	era andato/-a
(noi)	avevamo mangiato	eravamo andati/-e
(voi)	avevate mangiato	eravate andati/-e
(loro)	avevano mangiato	erano andati/-e

Diese Zeit drückt die Vorzeitigkeit gegenüber einem anderen vergangenen Ereignis aus.
Già wird normalerweise zwischen das Hilfsverb und das Partizip Perfekt gesetzt.

Quando sono arrivata a casa, mio marito **aveva** già **mangiato**.
Quando sono arrivata, Franco **era** già **andato** via.

Das Futur II (il futuro anteriore)

Das Futur II wird mit den Futurformen von *avere* bzw. *essere* + dem Partizip Perfekt
des Hauptverbs gebildet.

Lekt. 3

(io)	avrò mangiato	sarò andato/-a
(tu)	avrai mangiato	sarai andato/-a
(lui, lei, Lei)	avrà mangiato	sarà andato/-a
(noi)	avremo mangiato	saremo andati/-e
(voi)	avrete mangiato	sarete andati/-e
(loro)	avranno mangiato	saranno andati/-e

In einem Nebensatz bezeichnet es Vorzeitigkeit gegenüber der im Futur I
stehenden Handlung des Hauptsatzes.

Quando **avrò finito** questo lavoro *andrò* in vacanza.
Appena **sarò arrivata** a casa ti *telefonerò*.

Das Futur II wird gewöhnlich von Konjunktionen wie *appena,
(solo) dopo che, quando* eingeführt.

– Tuo marito non è ancora arrivato?
– Mah, **avrà trovato** traffico … (= probabilmente ha trovato traffico,
suppongo che abbia trovato traffico).

Das Futur II wird auch bei Vermutungen in der Vergangenheit verwendet.

Das passato remoto

Regelmäßige Verben

	abitare	credere	dormire
(io)	abitai	credei/credetti	dormii
(tu)	abitasti	credesti	dormisti
(lui, lei, Lei)	abitò	credé/credette	dormì
(noi)	abitammo	credemmo	dormimmo
(voi)	abitaste	credeste	dormiste
(loro)	abitarono	crederono/credettero	dormirono

Die regelmäßigen Verben auf *-ere* haben in der 1. und 3. Pers. Sing. und in der 3. Pers. Plur. zwei Formen.

Unregelmäßige Verben

Unregelmäßig sind hauptsächlich Verben auf *-ere*. Unregelmäßigkeiten finden sich dabei vor allem in der 1. und 3. Person Singular *(io, lui/lei)* sowie in der 3. Person Plural *(loro)*.
Die wichtigsten unregelmäßigen Verben im *passato remoto* sind:

avere	ebbi, avesti, ebbe, avemmo, aveste, ebbero
bere	bevvi, bevesti, bevve, bevemmo, beveste, bevvero
chiedere*	chiesi, chiedesti, chiese, chiedemmo, chiedeste, chiesero
conoscere	conobbi, conoscesti, conobbe, conoscemmo, conosceste, conobbero
dare	diedi/detti, desti, diede/dette, demmo, deste, diedero/dettero
dire**	dissi, dicesti, disse, dicemmo, diceste, dissero
essere	fui, fosti, fu, fummo, foste, furono
fare	feci, facesti, fece, facemmo, faceste, fecero
nascere	nacqui, nascesti, nacque, nascemmo, nasceste, nacquero
sapere	seppi, sapesti, seppe, sapemmo, sapeste, seppero
stare	stetti, stesti, stette, stemmo, steste, stettero
tenere	tenni, tenesti, tenne, tenemmo, teneste, tennero
vedere	vidi, vedesti, vide, vedemmo, vedeste, videro
venire	venni, venisti, venne, venimmo, veniste, vennero
volere	volli, volesti, volle, volemmo, voleste, vollero

* ebenso *passato remoto* auf *-si*: chiudere *(chiusi)*, correre *(corsi)*, decidere *(decisi)*, mettere *(misi)*, perdere *(persi* oder auch die regelmäßige Form *perdei/ perdetti)*, prendere *(presi)*, ridere *(risi)*, rispondere *(risposi)*, scendere *(scesi)*, spendere *(spesi)*, succedere *(successe)*

** ebenso *passato remoto* auf *-ssi*: discutere *(discussi)*, leggere *(lessi)*, scrivere *(scrissi)*, vivere *(vissi)*

Der Gebrauch des *passato remoto*

Das *passato remoto* ist eine Zeitform, die fast ausschließlich in literarischen Texten und historischen Darstellungen gebraucht wird. Es entspricht dem *passato prossimo* der gesprochenen Sprache, dient jedoch hauptsächlich der Wiedergabe einer fernen Vergangenheit. Mündlich wird es heute noch bisweilen in Mittel- und Süditalien verwendet.

Albert Einstein **nacque** nel 1879.
Mio fratello **è nato** nel 1957.

Das *passato remoto* drückt aus, dass ein Geschehen in der Vergangenheit vollkommen abgeschlossen ist und ganz der Vergangenheit angehört.
Das *passato prossimo* drückt aus, dass ein Geschehen noch irgendwelchen Bezug zur Gegenwart hat.

Die Verwendung von *passato remoto/imperfetto*

Beim Gebrauch von *passato remoto* und *imperfetto* gelten dieselben Regeln
wie zwischen *passato prossimo* (was geschah dann?) und *imperfetto* (was war?).
Dormivo da un paio d'ore, quando **squillò (è squillato)** il telefono.

Der congiuntivo

Der *congiuntivo* hat im Italienischen vier Zeiten:

presente		abiti	creda	dorma (s. *Espresso* 2)
imperfetto	(io)	abitassi	credessi	dormissi
	(tu)	abitassi	credessi	dormissi
	(lui, lei, Lei)	abitasse	credesse	dormisse
	(noi)	abitassimo	credessimo	dormissimo
	(voi)	abitaste	credeste	dormiste
	(loro)	abitassero	credessero	dormissero
passato	(io)	abbia dormito	sia andato/-a	
	(tu)	abbia dormito	sia andato/-a	
	(lui, lei, Lei)	abbia dormito	sia andato/-a	
	(noi)	abbiamo dormito	siamo andati/-e	
	(voi)	abbiate dormito	siate andati/-e	
	(loro)	abbiano dormito	siano andati/-e	
trapassato	(io)	avessi dormito	fossi andato/-a	
	(tu)	avessi dormito	fossi andato/-a	
	(lui, lei, Lei)	avesse dormito	fosse andato/-a	
	(noi)	avessimo dormito	fossimo andati/-e	
	(voi)	aveste dormito	foste andati/-e	
	(loro)	avessero dormito	fossero andati/-e	

Lekt. 4

Der *congiuntivo imperfetto*

Die ersten beiden Personen im Singular sind immer identisch *(che io parlassi, che tu parlassi)*.

Unregelmäßige Formen haben unter anderem:

bere:	bevessi, bevessi, bevesse, bevessimo, beveste, bevessero
dare:	dessi, dessi, desse, dessimo, deste, dessero
dire:	dicessi, dicessi, dicesse, dicessimo, diceste, dicessero
essere:	fossi, fossi, fosse, fossimo, foste, fossero
fare:	facessi, facessi, facesse, facessimo, faceste, facessero
porre:	ponessi, ponessi, ponesse, ponessimo, poneste, ponessero
stare:	stessi, stessi, stesse, stessimo, steste, stessero
tradurre:	traducessi, traducessi, traducesse, traducessimo, traduceste, traducessero

Lekt. 3

Der *congiuntivo passato*

Der *congiuntivo passato* wird mit dem *congiuntivo presente* von *avere* bzw. *essere* + dem Partizip Perfekt des Verbs gebildet.

Può darsi che l'**abbia venduta**.
Credo che **sia** già **arrivato** a casa.

Der *congiuntivo trapassato*

Der *congiuntivo trapassato* wird mit dem *congiuntivo imperfetto* von *avere* bzw. *essere* + dem Partizip Perfekt des Verbs gebildet.

Lekt. 9

Pensavo che quel libro tu l'**avessi** già **letto**.
Credevo che **fosse** già **partita**.

Die Zeitenfolge im congiuntivo

Lekt. 3·4
9

Wir haben bereits gesehen, dass der *congiuntivo* im Nebensatz vor allem verwendet wird, um die subjektive Einstellung des Sprechers zu bestimmten Ereignissen oder Sachverhalten wiederzugeben (s. auch *Espresso 2*, S. 206). Die Wahl der Zeit im *congiuntivo* hängt von der Zeit im Hauptsatz und vom Zeitverhältnis zwischen Haupt- und Nebensatz ab.

Steht das Verb des Hauptsatzes im Präsens, drückt der *congiuntivo presente* im *che*-Satz eine in Bezug zum Hauptsatz gleichzeitige oder nachzeitige Handlung aus, der *congiuntivo passato* dagegen eine vorzeitige Handlung.
Steht das Verb des Hauptsatzes in einer Zeit der Vergangenheit, verwendet man im *che*-Satz bei Gleichzeitigkeit den *congiuntivo imperfetto*, bei Vorzeitigkeit den *congiuntivo trapassato*.

Penso	che	lui **esca**.	(ora = contemporaneità)
Penso		lui **sia** già **uscito**.	(prima = anteriorità)
Pensavo	che	lui **uscisse**.	(allora = contemporaneità)
Pensavo		lui **fosse uscito**.	(prima = anteriorità)

Steht im Hauptsatz ein Verb oder ein Ausdruck der Willensäußerung, des Zweifelns oder der Unsicherheit im *condizionale presente* oder *passato*, so steht im Nebensatz zur Angabe der Gleich- und Nachzeitigkeit ein *congiuntivo imperfetto* und zur Angabe der Vorzeitigkeit ein *congiuntivo trapassato*.

Preferirei che tu me lo **chiedessi**.	(ora = contemporaneità)
Vorrei che **fosse** già **partito**.	(prima = anteriorità)
Avrei preferito che tu me l'**avessi chiesto**!	(allora = anteriorità)

Der Gebrauch des congiuntivo in *che*-Sätzen

Neben bestimmten Verben und unpersönlichen Ausdrücken (s. *Espresso 2*, S. 206) steht der *congiuntivo*:

- nach bestimmten Konjunktionen

sebbene/nonostante/malgrado/benché (obwohl)
Sebbene/Nonostante/Malgrado/Benché fosse tardi, siamo riusciti a trovare un ristorante aperto.

a condizione che/a patto che/purché (unter der Bedingung, dass)
È un libro interessante, **a condizione che/a patto che/purché** ti **piacciano** i gialli.

Lekt. 4·5
6·9
10

affinché/perché (damit)
Gli ho regalato dei soldi **affinché/perché** si **comprasse** un computer nuovo.

nel caso che (im Falle dass), *come se* (als ob)
Ti lascio le chiavi **nel caso che arrivi** Maria.
Mi parli **come se** io **fossi** sordo.

prima che (bevor)
Prima che tu **parta** vorrei salutarti.

senza che (ohne dass)
È partito **senza che** nessuno lo **vedesse**.

a meno che (es sei denn)
Ti presto la mia macchina, **a meno che** tu non **preferisca** prendere il treno.

- nach bestimmten Indefinita

  z.B. *chiunque, (d)ovunque, comunque, qualunque/qualsiasi*
  Der Gebrauch der Zeit hängt vom Kontext ab.

Chiunque la **conoscesse** la trovava molto simpatica.
(D)ovunque andasse si faceva tanti amici.
Comunque sia, non ho voglia di discuterne.
In **qualunque** situazione **si trovasse** non aveva difficoltà.

- nach bestimmten Ausdrücken

  il fatto che, non è che
  Le dispiaceva **il fatto che** i suoi amici non **andassero** d'accordo.
  Non è che sia cattivo, semplicemente non ci pensa.

- in Relativsätzen
  – wenn der vorausgehende Hauptsatz einen relativen Superlativ enthält:

  È **una delle più belle** storie d'amore che io **abbia** mai **letto**.

  Venezia è la città **più interessante** che io **abbia** mai **visto**.

  – wenn der vorausgehende Hauptsatz das Adjektiv *unico/solo* enthält:

  Era l'**unica**/**la sola** donna di cui **sia riuscito** a diventare amico.

  – wenn der Satz eine Bedingung oder einen Wunsch ausdrückt:

  Usate testi nei quali la lingua **sia usata** in maniera naturale.

- in einem feststehenden Ausdruck

  Che io sappia non è ancora arrivato.

  Der Gebrauch des *congiuntivo* ist heute sehr stark abhängig von der Sprachebene.
  In bestimmten Fällen wird heute auch der Indikativ gebraucht.

Der Gebrauch des congiuntivo in Hauptsätzen

Der *congiuntivo* steht auch

- in Hauptsätzen, die einen unerfüllbaren oder noch nicht erfüllten Wunsch ausdrücken.
  Sie können beispielsweise auch mit *magari* eingeführt werden. Dabei wird für die Gegenwart
  der *congiuntivo imperfetto*, für die Vergangenheit der *congiuntivo trapassato* verwendet:

Magari cominciassero a mangiare senza di noi!   (in der Gegenwart)
Magari fosse venuto a trovarmi!   (in der Vergangenheit)
Ah, non gli **avessi detto** niente!

- bei Fragen, die Zweifel ausdrücken:

Che abbia perso il treno?
Che sia partito?

Lekt. 8

Der condizionale passato

Lekt. 2

Der *condizionale passato* (oder *composto*) wird mit den Formen des *condizionale presente* von *avere* oder *essere* + dem Partizip Perfekt des Hauptverbs gebildet.

(io)	avrei mangiato	sarei andato/-a
(tu)	avresti mangiato	saresti andato/-a
(lui, lei, Lei)	avrebbe mangiato	sarebbe andato/-a
(noi)	avremmo mangiato	saremmo andati/-e
(voi)	avreste mangiato	sareste andati/-e
(loro)	avrebbero mangiato	sarebbero andati/-e

Der *condizionale passato* in einem Hauptsatz wird gebraucht, um einen in der Vergangenheit unerfüllten Wunsch oder eine Handlung/einen Vorgang auszudrücken, die/der hätte stattfinden sollen oder können, aber nicht realisiert wurde.

Avrebbero potuto aprire una clinica privata. (ma non l'hanno aperta)
Sarebbe stato meglio costruire una scuola. (ma non l'hanno costruita)

Der *condizionale passato* kann auch bei nicht bestätigten Mitteilungen, besonders in der Presse und im Fernsehen, verwendet werden.

L'uomo **sarebbe andato** in banca e **avrebbe incontrato** il complice.
(= dicono che sia andato e che abbia incontrato)

Für den *condizionale passato* in Nebensätzen siehe auch hier unten »Der Bedingungssatz« und »Die indirekte Rede« (S. 213).

Der Bedingungssatz (il periodo ipotetico)

Es gibt folgende Bedingungssätze:

- realisierbare Bedingung   → realer Bedingungssatz (s. *Espresso 2*, S. 209)
- mögliche/wahrscheinlich nicht realisierbare Bedingung   → potentieller Bedingungssatz
- nicht realisierbare Bedingung   → irrealer Bedingungssatz

Die Bedingungssätze werden im Italienischen mit **se** (wenn) eingeführt.

Lekt. 7

Der potentielle Bedingungssatz *(il periodo ipotetico della possibilità)*

Bei den potentiellen Bedingungssätzen ist die Bedingung möglich, wahrscheinlich nicht realisierbar oder es bestehen Zweifel, sie realisieren zu können. Die Realisierung bezieht sich auf die Gegenwart oder auf die Zukunft.

Die Bedingung wird mit dem *congiuntivo imperfetto*, die Folge mit dem *condizionale presente* ausgedrückt.

Se mi **regalassero** qualcosa che non mi piace, non **direi** niente.
Se avessi molti soldi, **comprerei** una casa.

Lekt. 8

Der irreale Bedingungssatz *(il periodo ipotetico dell'irrealtà, impossibilità)*

Bei den irrealen Bedingungssätzen wird die Bedingung mit dem *congiuntivo trapassato*, die Folge mit dem *condizionale passato* ausgedrückt.

Se l'**avessi saputo** prima, **sarei venuto** in metropolitana.
Se fosse venuto, ne **sarei stata** felice.

Beachten Sie, dass Bedingung und Folge nicht immer gleichzeitig sind. Die Bedingung kann sich auf die Vergangenheit und die Folge auf die Gegenwart beziehen und umgekehrt.

Se avessi mangiato di meno, non **starei** così male.
Se fosse interessata a te, ti **avrebbe** già **chiamato**.

In der Umgangssprache werden *congiuntivo trapassato* und *condizionale passato* oft durch das *imperfetto indicativo* ersetzt.

Se si fosse alzata prima non **avrebbe perso** il treno.
Se si alzava prima non **perdeva** il treno.

Lekt. 8

Das Gerundium

Im Italienischen gibt es zwei Formen des Gerundiums, das einfache und das zusammengesetzte.

Das einfache Gerundium *(gerundio presente)* wird durch Anhängen der Endsilbe **-ando** (bei Verben auf *-are*), bzw. **-endo** (bei Verben auf *-ere* und *-ire*) an den Verbstamm gebildet und ist unveränderlich (s. *Espresso 2*, S. 207).

Das zusammengesetzte Gerundium *(gerundio passato/composto)* wird aus dem einfachen Gerundium von *avere* bzw. *essere* + Partizip Perfekt des entsprechenden Verbs gebildet.

	parlare	leggere	partire
gerundio presente	parlando	leggendo	partendo
gerundio passato	avendo parlato	avendo letto	essendo partito/-a/-i/-e

Außer den in *Espresso 2* zitierten unregelmäßigen Formen seien folgende erwähnt:

condurre	conducendo
porre	ponendo
tradurre	traducendo
trarre	traendo

Der Gebrauch des einfachen Gerundiums

Lekt. 5·6
8

Das Gerundium ist eine Verbform, die im Deutschen keine Entsprechung hat. Sie dient zur Verkürzung von (verschiedenen Arten von) Nebensätzen, wenn die Handlungen von Haupt- und Nebensatz gleichzeitig sind. Das Gerundium kann mehrere Funktionen haben.

kausale Funktion:	**Conoscendo** le tue idee non ho detto niente.	(Perché? – Poiché conoscevo ...)
temporale Funktion:	L'ho incontrato **andando** a casa.	(Quando? – Mentre andavo ...)
instrumentale Funktion:	**Leggendo** si impara molto.	(Con che mezzo? – Con la lettura.)
modale Funktion:	Arrivarono **correndo**.	(In che modo? – Di corsa.)
konditionale Funktion	**Comprando** qualche mobile la casa diventerebbe più bella.	(se si comprasse ...)
koordinative Funktion:	Abbassò gli occhiali **sorridendo**.	(e contemporaneamente sorrise)

Das Subjekt der beiden Sätze ist in der Regel identisch. Bei der kausalen und der konditionalen Funktion müssen die beiden Subjekte nicht übereinstimmen.

Essendo tardi (= poiché era tardi) Carlo trovò la posta chiusa.

Der Gebrauch des zusammengesetzten Gerundiums

Lekt. 8

Das zusammengesetzte Gerundium kann nur verwendet werden, wenn die Handlung im Hauptsatz zeitlich nach der Handlung im Nebensatz liegt. Es ersetzt im Nebensatz einen Kausalsatz.

Nebensatz　　　　　　　　　　　　　*Hauptsatz*
Non **avendo trovato** *(prima)* stanze libere, il signor Rossi prende in considerazione *(poi)* l'ipotesi di una bella settimana di trekking.

Die Formen, die mit *essere* gebildet werden, werden dem Subjekt angeglichen.
Non **essendo andati/andate** al corso, la volta dopo hanno avuto grossi problemi.

Beim einfachen und zusammengesetzten Gerundium werden die unbetonten Pronomen an die Verbform angehängt. (Vgl. »Die Stellung der Pronomen« S. 199)

Der Infinitiv

Im Italienischen gibt es zwei Formen des Infinitivs: den Infinitiv Präsens und den Infinitiv Perfekt. Der Infinitiv Präsens *(infinito presente)* ist die Verbform, die man in einem Wörterbuch findet. Sie endet auf *-are, -ere, -ire (andare, vedere, sentire).*
Der Infinitiv Perfekt *(infinito composto/passato)* wird mit *avere* bzw. *essere* + Partizip Perfekt des entsprechenden Verbs gebildet.

> aver(e) visto   esser(e) andato

Lekt. 1·8

prima di/dopo + Infinitiv

In einem temporalen Nebensatz benutzt man **prima di** + Infinitiv Präsens.
In einem mit **dopo** eingeführten Temporalsatz muss der Infinitiv Perfekt folgen, wobei das Endungs *-e* des Infinitivs besonders bei *avere* entfällt.

In beiden Fällen ist diese Konstruktion nur möglich, wenn das Subjekt des Hauptsatzes und des Nebensatzes übereinstimmen.

Prima di trasferirmi a Roma avevo seguito un corso d'italiano.   (io … io)
Dopo aver letto il giornale il signor Rossi ha cambiato idea.   (lui … lui)
Dopo esser(e) uscita si è accorta di aver dimenticato l'ombrello.   (lei … lei)

prima di – prima che/dopo – dopo che

Lekt. 9

Sind die Subjekte im Haupt- und Nebensatz unterschiedlich, werden anstelle von *prima di/dopo* + Infinitiv folgende Formen verwendet:
prima che + Konjunktiv bzw. *dopo che* + Indikativ.

Ti telefono **prima di** partire.   (io … io)   Ti telefono **prima che** tu parta.   (io … tu)
Dopo aver mangiato mi riposo. (io … io)   Ti telefono **dopo che** i miei sono usciti. (io … loro)

Lekt. 6

Fare + Infinitiv

Folgt auf *fare* ein Infinitiv, dann bedeutet es «lassen», «veranlassen» oder «zulassen».

Mi **fai vedere** che cosa hai fatto? (lassen)
Hai già **fatto riparare** il computer? (veranlassen)

Non mi **fa usare** la sua bicicletta. (zulassen)
= Non mi **lascia usare** la sua bicicletta.

Im letzten Beispiel kann *fare* + Infinitiv durch *lasciare* + Infinitiv ersetzt werden.

Das Partizip Präsens

Im Italienischen gibt es zwei Formen des Partizips: das Partizip Präsens
und das Partizip Perfekt (s. *Espresso 1*, S. 185).
Das Partizip Präsens wird durch Anhängen der Endsilbe **-ante** (bei Verben
auf *-are*), bzw. **-ente** (bei Verben auf *-ere* und *-ire*) gebildet. Bei Verben auf
-ire gibt es eine (seltenere) Form auf **-iente**.

am**are**	sorrid**ere**	divert**ire**/dorm**ire**
am**ante**	sorrid**ente**	divert**ente**/dorm**iente**

Das Partizip Präsens ersetzt in der Regel einen Relativsatz und wird
normalerweise in der gehobenen Sprache verwendet.

È una questione **riguardante** (=che riguarda) la speculazione edilizia.

Das Passiv

Transitive Verben, d.h. Verben mit einem direkten Objekt, können ein Passiv bilden.

Aktiv: Carlo **ha ritrovato** il libro.
Passiv: Il libro è **stato ritrovato** da Carlo.

Das Passiv wird im Italienischen mit dem Hilfsverb *essere* + Partizip Perfekt
des Hauptverbs gebildet. In den einfachen Zeiten kann *essere* durch *venire* ersetzt
werden. Bei zusammengesetzten Zeiten kann nur *essere* verwendet werden.

presente indicativo	sono invitato	vengo invitato
imperfetto indicativo	ero invitato	venivo invitato
passato remoto	fui invitato	venni invitato
futuro semplice	sarò invitato	verrò invitato
futuro anteriore	sarò stato invitato	----
passato prossimo	sono stato invitato	----
trapassato prossimo	ero stato invitato	----
congiuntivo presente	sia invitato	venga invitato
congiuntivo passato	sia stato invitato	----
condizionale presente	sarei invitato	verrei invitato
condizionale passato	sarei stato invitato	----

Venire wird eher für einen Vorgang gebraucht, *essere* dagegen für einen Zustand.

Solo un 15% dei volumi **viene trovato** da una persona.   (Vorgang)
La biblioteca è **illuminata** da cinque grandi finestre.   (Zustand)

Das Partizip Perfekt richtet sich in Geschlecht und Zahl nach dem Substantiv, auf das es sich bezieht.

Il libro sarà **pubblicato** la prossima settimana.
I suoi romanzi verranno **letti** da migliaia di persone.

Der Urheber der Handlung (egal ob es sich um eine Person oder einen Gegenstand handelt) wird beim Passiv mit der Präposition **da** eingeführt.

Aktiv: Oggi **milioni di persone** usano la posta elettronica.
Passiv: Oggi la posta elettronica è usata **da milioni di persone.**
Aktiv: **Un sito Internet** ha organizzato l'esperimento.
Passiv: L'esperimento è stato organizzato **da un sito Internet.**

Die Passivkonstruktion mit *andare*

Lekt. 10

Das Passiv kann auch mit dem Verb *andare* + Partizip Perfekt gebildet werden. Allerdings drückt diese Form fast immer eine Zweckmäßigkeit oder eine Notwendigkeit aus *(= dover essere). Andare* + Partizip Perfekt gibt es nur in den einfachen Zeiten (mit Ausnahme des *passato remoto*).

Le auto **vanno** lasciate nei parcheggi. → Le auto **devono essere** lasciate nei parcheggi.
Il problema **andrà** discusso. → Il problema **dovrà essere** discusso.
L'errore **andava** corretto. → L'errore **doveva essere** corretto.

Andare in Verbindung mit einigen Verben wie *perdere* oder *distruggere* hat ausschließlich eine passive Bedeutung.

La lettera è andata persa. → La lettera è stata persa.
La casa è andata distrutta. → La casa è stata distrutta.

Die indirekte Rede (il discorso indiretto)

Lekt. 4·9

Die indirekte Rede wird von Verben wie *dire, affermare* usw. eingeleitet und im Allgemeinen durch die Konjunktion *che* eingeführt.
Steht das Verb des Hauptsatzes im **Präsens** oder im *passato prossimo* (wenn es sich auf die unmittelbare Vergangenheit bezieht), so bleibt die Zeitform in der indirekten Rede unverändert.

	Marco **dice/ha detto** …
«Sandra non si sente bene.»	**che** Sandra non **si sente** bene.
«Mia sorella è uscita.»	**che** sua sorella **è uscita.**
«Stasera mio padre farà tardi.»	**che** stasera suo padre **farà** tardi.

Steht das Verb des Hauptsatzes in einer **Zeit der Vergangenheitsgruppe**, so ergeben sich in der indirekten Rede folgende Veränderungen:

Disse / rispose …

«Io qui **mi trovo** bene.»
presente (indicativo)

che lì **si trovava** bene.
imperfetto (indicativo)

«Penso che **sia** una brava persona.»
presente (congiuntivo)

che pensava che **fosse** una brava persona.
imperfetto (congiuntivo)

«Sandro **è uscito**.»
passato prossimo

che Sandro **era uscito**.
trapassato prossimo

«**Dovrà** cambiare sede.»
futuro semplice

che avrebbe dovuto cambiare sede.
condizionale passato

«**Dovrei** cambiare sede.»
condizionale presente

che avrebbe dovuto cambiare sede.
condizionale passato

«**Trovati** subito un'altra casa!»

imperativo

di trovarmi subito un'altra casa.
che mi trovassi subito un'altra casa.
di + infinito
che + congiuntivo imperfetto

Bei *imperfetto, trapassato prossimo* und *condizionale passato* und bei den sogenannten infiniten Formen des Verbs (Gerundium, Infinitiv und Partizip) gibt es keine Veränderungen von der direkten zur indirekten Rede.

Disse / rispose …

«Qui **mi trovavo** bene.»
«Sandro **era uscito**.»
«**Avrei dovuto** cambiar sede.»
«**Studiando** si impara.»

che lì **si trovava** bene.
che Sandro **era uscito**.
che avrebbe dovuto cambiare sede.
che studiando si impara(va).

Bei den Bedingungssätzen gibt es in der indirekten Rede eine einzige Form: *congiuntivo trapassato* im *se*-Satz und *condizionale passato* im Hauptsatz.

Disse / rispose …

«Se tu mangi, ingrassi.»
«Se tu mangiassi, ingrasseresti.»
«Se tu avessi mangiato, saresti ingrassato.»

che, se avessi mangiato, sarei ingrassato.

Beim Übergang von der direkten zur indirekten Rede ergeben sich im Satz weitere Veränderungen, wie z. B.:

bei Personalpronomen	io	→	lui/lei
bei Possessivpronomen	mio	→	suo
bei Adverbien	qui/qua	→	lì/là
	ieri	→	il giorno prima/ il giorno precedente
	oggi	→	quel giorno
	domani	→	il giorno dopo/ il giorno seguente/ l'indomani
bei Demonstrativpronomen	questo	→	quello
beim Adjektiv *prossimo*	prossimo	→	seguente
mit *fra* (temporal)	fra 2 giorni	→	dopo 2 giorni

Lekt. 9

Die indirekte Frage

Die indirekte Frage wird von Verben wie *chiedere, domandare, voler sapere* usw. eingeleitet und durch die Konjunktion *se* eingeführt.

Direkte Frage: «Mi presti qualcosa per il matrimonio di Daniela?»

Indirekte Frage: Mi **ha chiesto se** le **prestavo** qualcosa per il matrimonio di Daniela.

Die Zeitveränderungen, die sich bei der indirekten Rede ergeben, gelten auch bei der indirekten Frage (keine Zeitveränderung, wenn das Verb des Hauptsatzes in einer Zeit der Gegenwartsgruppe steht).

«Ti trovi bene qui?»
L'amica le chiese se **si trovava** bene lì.
L'amica le chiese se **si trovasse** bene lì.

In einem indirekten Fragesatz kann sich auch der Modus des Verbs ändern, d.h., dass der Indikativ zum *congiuntivo* werden kann. Es handelt sich jedoch ausschließlich um den persönlichen Sprachstil.

Die Zeitenfolge im Indikativ

Lekt. 7

Analog zur Zeitenfolge im Konjunktiv (s. S. 204), hängt die Wahl der Zeiten in der Zeitenfolge im Indikativ sowohl von der Zeit im Hauptsatz als auch vom Zeitverhältnis zwischen Haupt- und *che*-Satz ab.

Steht das Verb des Hauptsatzes im Präsens, verwendet man im *che*-Satz bei Vorzeitigkeit das *passato prossimo,* bei Gleichzeitigkeit den *indicativo presente,* bei Nachzeitigkeit das *futuro semplice.*

Steht das Verb des Hauptsatzes in einer Zeit der Vergangenheit, verwendet man im *che*-Satz bei Vorzeitigkeit das *trapassato prossimo,* bei Gleichzeitigkeit das *imperfetto indicativo,* bei Nachzeitig das *condizionale passato.*

So che	è tornato.	(ieri)
	torna.	(oggi)
	tornerà.	(domani)
Sapevo/avevo saputo che	era tornato.	(il giorno prima)
	tornava.	(quel giorno)
	sarebbe tornato.	(il giorno dopo)

Das Verb *dovere* als Ausdruck einer Vermutung

Lekt. 1

Das Modalverb **dovere** wird häufig gebraucht, um eine Vermutung auszudrücken.

La grammatica **dovrebbe essere** lì. (Forse è lì. Credo che sia lì.)
Dovrebbe essere andato a casa. (Secondo me è andato a casa).
Deve aver preso il treno delle 8.00. (Penso che abbia preso il treno delle 8.00.)

Transitive Verben mit indirekten Reflexivpronomen

Lekt. 3

Bisweilen werden, vor allem in der gesprochenen Sprache, die Pronomen *mi, ti, si, ci, vi* gemeinsam mit transitiven Verben gebraucht.

Volevo **cambiare** la macchina.
Volevo **cambiarmi** la macchina.
Ho mangiato un piatto di pasta.
Mi sono mangiato/-a un piatto di pasta.

Durch den Gebrauch des Pronomens wird eine verstärkte innere Anteilnahme an der Handlung ausgedrückt. In zusammengesetzten Zeiten ändert sich durch das Pronomen auch das Hilfsverb.

Besondere Verben *(metterci, mi tocca, bastare)*

metterci

Lekt. 1

Wenn man ausdrücken möchte, wie lange jemand oder etwas braucht, um ein Ziel zu erreichen, verwendet man das Verb *metterci* (Zeit brauchen).

Quanto tempo **ci metti a** finire di vestirti?
Ci hai messo molto **a** imparare l'italiano?
Il treno **ci ha messo** tre ore.

Achtung: Verwechseln Sie nicht **metterci a** mit **mettersi a** (fare qualcosa).

Ci ha messo molto (tempo) **a** studiare i nuovi vocaboli. (= Ha impiegato ...)
Si è messo subito **a** studiare i nuovi vocaboli. (= Ha cominciato ...)

mi tocca

Lekt. 2

Mi/ti tocca bedeutet *devo/devi* und wird mit einem präpositionslosen Infinitiv verwendet.

Mi tocca andare a piedi. = Devo andare a piedi.

bastare

Lekt. 4

Bastare bedeutet *essere sufficiente* (genügen). Es ist ein unpersönliches Verb und kann deshalb nur in der 3. Person verwendet werden. Mit *bastare* sind zwei Konstruktionen möglich: mit einem präpositionslosen Infinitiv oder mit *che* + congiuntivo.

Basta pronunciarlo. = **Basta che** lo pronunci. (= è sufficiente pronunciarlo/che lo pronunci)

G

LEKTIONSWORTSCHATZ

*Die durch **Fettdruck** hervorgehobenen Wörter gehören zum Zertifikatswortschatz. Die mit Stern gekennzeichneten Verben haben eine unregelmäßige Form. Verben mit Stammerweiterung sind mit (-isc) gekennzeichnet. Punkte unter Buchstaben geben die Betonung an.*

LEZIONE 1

1

la soddisfazione	Vergnügen, Befriedigung
comprendere*	verstehen
comunicare	kommunizieren
sul lavoro	am Arbeitsplatz
arrangiarsi	sich zurechtfinden
la conversazione	Unterhaltung
il documento	Dokument
ufficiale *(agg.)*	offiziell, amtlich
valutare	einschätzen
il livello	*hier:* Niveau
discreto	ziemlich gut
la pronuncia	Aussprache
il parere	Meinung
esprimere* il proprio parere	seine Meinung äußern
autentico	authentisch
il testo letterario	literarischer Text
il dettato	Diktat
tradurre*	übersetzen
a memoria	auswendig
il più possibile	so oft wie möglich
l'esercizio	Übung

2

togliere* una curiosità	*hier:* etwas verraten
In quanto tempo?	Wie lange?
Da quanto tempo?	Wie lange schon?
la difficoltà	Schwierigkeit
l'apprendimento	Erlernen
metterci* a (fare qc.)	benötigen
fare* un corso	einen Kurs besuchen
prima di *(+ inf.)*	bevor
un paio di	*hier:* einige
Pazzesco!	Wahnsinn!
Sono tre anni che …	seit drei Jahren

Vabbe'	Nun ja!
il confronto	Vergleich
fare* il confronto con	vergleichen mit
altre volte	mehrmals
dopo tutto	letzten Endes
dopo	nach
la regola	Regel
entrare in testa	in den Kopf gehen
È proprio questo il punto!	Das ist genau der Punkt!
bloccarsi	sich blockieren
sbagliare	einen Fehler machen
l'errore *(m.)*	Fehler
vergognarsi (di)	sich schämen
un sacco di	viele

4

tra parentesi	in Klammern
passare	*hier:* vergehen

5

da un'altra parte	anderswo
essere contento di	zufrieden sein mit
il progresso	Fortschritt
non … **nemmeno**	nicht einmal
sognare	träumen

6

in un colpo (solo)	auf einmal
porsi* un obiettivo	sich ein Ziel setzen
chiaro	klar
realistico	realistisch
essere aperto	sich offen zeigen
nei confronti di	gegenüber
il metodo	Methode
la tecnologia	Technologie, Technik

qualsiasi *(invar.)*	jeglich
l'opportunità	Gelegenheit
gradualmente	schrittweise
ridurre*	verringern
quel(lo) che	das, was
Quel che importa	Was wichtig ist
rivedere	durchsehen
osservare	beobachten
più … meglio …	je mehr … desto besser …
nei quali	in denen
la maniera	Art
naturale	natürlich
il discorso	Gespräch
il succo del discorso	der Kern des Gesprächs
memorizzare	auswendig lernen
Non è grave.	Es ist nicht so schlimm.
l'importante è *(+ inf.)*	wichtig ist
l'opuscolo informativo	Informationsbroschüre
mostrare curiosità	Neugier, Aufge-schlossenheit zeigen
ripetere	wiederholen
di tanto in tanto	ab und zu
concentrarsi su	sich konzentrieren auf

8

circa *(+ sost.)*	bezüglich
convinto *(da* convincere)	überzeugt
essere convinto di	von etwas überzeugt sein
rispettare	befolgen
categorico	kategorisch, engstirnig
Non è che …?	*Frageform*
lo scaffale	Regal
in basso	unten
prestare	leihen
venire* un dubbio a qu.	jdm. Zweifel kommen
il regionalismo	Regionalismus
accettato	anerkannt
suonare *(intr.)* bene/male	gut/schlecht klingen
andare*	*hier:* müssen
l'uso fa la regola	der Gebrauch bildet die Regel
rigido	starr
esserci* in giro	in Umlauf sein
il direttore	Direktor
orribile	entsetzlich
Mi sa che …	Wahrscheinlich …
il complemento di stato in luogo *(gr.)*	örtliche Ergänzung

introdurre*	einführen
l'influsso	Einfluss
il dialetto	Dialekt
centromeridionale	*hier:* Mittel- und Süditaliens
il caso	Fall
analogo	entsprechend
scorretto	unkorrekt
essa	sie, diese
la funzione logica	logische Funktion
in realtà	in Wirklichkeit
il costrutto	Konstruktion
il registro colloquiale	umgangssprachliche Ebene
la ripetizione	Wiederholung
servire a	dienen
mettere* in evidenza	hervorheben
dipendere* da	abhängen von
il contesto	Kontext
informale	informell
formale	formell
la necessità	Notwendigkeit
evidenziare	hervorheben
il tema	*hier:* Gegenstand
di base	Grund...

9

chiedere* in prestito	ausleihen
dare* in prestito	verleihen
le forbici *(pl.)*	Schere
la matita	Bleistift

10

argomentare	Gründe anführen
l'accordo	Zustimmung
il disaccordo	Uneinigkeit
essere* del parere	der Meinung sein
A me non sembra proprio!	Das glaube ich überhaupt nicht!
pensarla	darüber denken
diversamente	anders
Non direi proprio!	Das würde ich überhaupt nicht sagen!
È (proprio) vero.	Das stimmt (wirklich).

11

simile a	ähnlich

12

la conferenza	Vortrag

l'elettronica	Elektronik
il topo	Maus
scannare	scannen
coloro che	diejenigen, die
il suggerimento	Anregung
personale	persönlich
il comandamento	Vorschrift, Gebot
impossibile	unmöglich
l'alternativa	Alternative
il termine	Ausdruck
in voga	in Mode
in qualche caso	in manchen Fällen
fare* parte di	Bestandteil sein
entrare a far parte	Bestandteil werden
combattere	ankämpfen gegen
fare* la figura da	den Eindruck erwecken
soddisfatto di	zufrieden(gestellt) mit
improvviso	unvorhergesehen
la saggezza	Weisheit
l'argomento	*hier:* Thema
cambiare argomento	das Thema wechseln
provare	*hier:* bekommen
lo scrupolo di coscienza	Gewissenskonflikt
raro	selten
per cominciare	zuerst einmal
esaminare	*hier:* abtasten
l'apparecchio a scansione	Abtastgerät
citare	zitieren
il dizionario	Wörterbuch
mostruoso	abscheulich
l'aggeggio	Ding
consentire	erlauben
rapido	schnell
lo spostamento	Verlagerung
il puntatore	Cursor
adeguato	angemessen
impuntarsi (su)	sich versteifen (auf)
letterale	wörtlich
lo scopo	Zweck
complesso	komplex, vielschichtig
inutile	zwecklos
battersi con	sich schlagen mit
difendersi*	sich verteidigen
passare all'offensiva	in die Offensive gehen
inattaccabile	unangreifbar
metà … metà …	halb … halb …
latino	lateinisch
mondiale	weltumfassend

per definizione	*hier:* anerkannt
eppure	dennoch
modesto	bescheiden
la rete	Netzwerk
difendersi* bene	sich gut erwehren
rivelarsi	sich abzeichnen
la battaglia	Kampf
spiazzare	ersetzen
assumere*	annehmen
specifico	spezifisch
il fornitore	Lieferant
l'accesso	Zugang
l'avversario	Gegner
spietato	erbarmungslos
ridere*	lachen
fare* ridere*	lächerlich sein
servire allo scopo	dem Zweck dienen
il passaggio	Übergang
il sito	*hier:* Homepage
la navigazione	Navigation
rendere* l'idea	die Sache ausdrücken
il popolo	Volk
mediterraneo	mediterran (Mittelmeer…)
il surf	das Surfen
il dispositivo	Vorrichtung
spostare	verschieben
lo schermo	Bildschirm
la tastiera	Tastatur
l'invenzione *(f.)*	Erfindung
assurdo	absurd
il tappetino	Mauspad
l'equivalente *(m.)*	Äquivalent, Gleichwertiges
il foglio	Blatt

13

l'origine *(f.)*	Herkunft
l'eschimese	Eskimosprache
il giapponese	Japanisch
l'indiano	Indisch
il turco	Türkisch

15

il tema	Thema
la tutela	Schutz
il mezzo di comunicazione	Kommunikationsmittel
l'istituzione *(f.)*	Institution
tutelare	wahren

il divieto	Verbot
l'unità	Einheit
realizzare	verwirklichen
sensibilizzare	sensibilisieren
attento	*hier:* sorgfältig

LEZIONE 2

1

osservare	betrachten

2

valido	gültig
maggiore (il/la)	*hier:* wichtigste, bedeutendste
politico *(agg.)*	politisch, Politik…
il capoluogo	*zentraler Verwaltungssitz einer Region/Provinz* (*hier:* Landeshauptstadt)
la capitale	Hauptstadt
l'industria	Industrie
automobilistico	Automobil…
l'isola	Insel
arabo	arabisch
normanno	normannisch
portuale	Hafen…
la città portuale	Hafenstadt
il centro economico	*wirtschaftlich starke Stadt/Region*
finanziario	Finanz…
la nebbia	Nebel
enorme	sehr groß, enorm
l'editoria	Verlagswesen

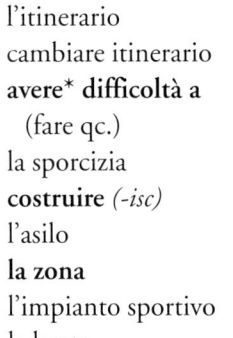

4

l'itinerario	*hier:* Strecke, Route
cambiare itinerario	Route ändern
avere* difficoltà a (fare qc.)	Schwierigkeiten haben (etwas zu tun)
la sporcizia	Schmutz
costruire *(-isc)*	bauen, errichten
l'asilo	Kindergarten
la zona	*hier:* Gebiet
l'impianto sportivo	Sportanlage
la busta	Einkaufstasche
il portone	Haustür, Haupteingang
Non c'è problema!	Kein Problem!

fare* una fermata	eine Haltestelle weit fahren
il giro	*hier:* Route
mi/ti tocca *(+ inf.)*	ich muss/du musst
il cittadino	Städter, Bewohner einer Stadt
fare* la gimcana	Hindernislauf machen
la parte	*hier:* Seite
dall'altra parte	auf der anderen Seite
per non parlare di	ganz zu schweigen von …
servire a qu.	*hier:* jdm. nützen, nützlich sein
A che mi/ti serve?	Was bringt (nützt) mir/dir das?
anziché *(+ inf.)*	anstatt
l'asilo nido	Kindergarten
parecchi/parecchie	einige

5

l'esempio	Beispiel
secondo l'esempio	dem Beispiel folgend
la linea	Linie
ingrandire *(-isc)*	vergrößern, ausbauen
mettere* a disposizione	zur Verfügung stellen
la pista ciclabile	Fahrradweg
progettare	planen
investire	investieren
la costruzione	Errichtung, Bau
il sistema	*hier:* Verfahren, Methode
la targa	Autokennzeichen
il sistema delle targhe alterne	*nach geraden und ungeraden Zahlen der Kennzeichen abwechselnde Fahrerlaubnis*
i trasporti pubblici	öffentliche Verkehrsmittel
il centro per gli anziani	Altenservicezentrum

6

la traversata	Überquerung
il vecchio *(sost.)*	alter Mann
ordinare	anordnen, in eine richtige Reihenfolge bringen
la sequenza	Abfolge
attraversare	überqueren
l'ora di punta	Hauptverkehrszeit
il flusso	*hier:* Strom
continuo	ununterbrochen
finché	solange, bis
l'ingorgo	Stau

tale (che)	solch, so
fermo	*hier:* stehend
essere fermo	still stehen
la striscia (pedonale)	Zebrastreifen
respingere* (indietro)	zurückdrängen
indietro	zurück, rückwärts
fu respinto	er ist zurückgedrängt worden
il clacson	Hupe
a suon di clacson	mit Gehupe
a male parole	mit Beschimpfungen
provare a (+ inf.)	versuchen zu
passare	*hier:* überqueren
l'acciuga	Anchovi
magro come un'acciuga	sehr dünn, dünn wie eine Bohnenstange
venire* un'idea a qu.	jdm. etw. einfallen
sdraiarsi	sich hinlegen
fare* finta di (+ inf.)	so tun, als ob
morto	tot
veloce	schnell
fallire (-isc)	scheitern, misslingen
frenare	bremsen
la botta	Schlag, Hieb
dare* una botta a qu.	*hier:* jdm. einen Schlag versetzen
Forza!	Auf geht's! Los!
gridare	schreien
passare	*hier:* vorbeifahren
rispedire	*hier:* zurückschicken
sbagliato	falsch
rimbalzare	*hier:* zurückspringen
ritrovarsi	*hier:* sich wiederfinden
acciaccato	mitgenommen
il punto di partenza	Ausgangspunkt

7

invece di (+ inf.)	(an)statt zu
cioè	nämlich
la letteratura	Literatur

8

continuare	*hier:* fortführen

9

Guardi che …	Passen Sie auf …
ricostruire (-isc)	wiederherstellen
scortese	unhöflich

farsi* gli affari propri	sich um seine eigenen An- gelegenheiten kümmern
vietato	verboten
vietare	verbieten
non … nessun(o)	kein
il segnale	Schild
il segnale di divieto	Verbotsschild
Niente ma!	Keine Widerrede!
spiegarsi	sich deutlich ausdrücken
riservato	reserviert
essere* in vena di (+ inf.)	in Stimmung sein
lasciare (+ inf.)	*hier:* lassen, erlauben
parcheggiare	parken
la pace	Frieden
in pace	in Ruhe, in Frieden
è mio/ tuo/ …	es gehört mir/dir …
è tuo/suo/ …?	gehört es dir/ihm?
il portiere	Hausmeister
lo stabile	Gebäude
l'avvocato	Rechtsanwalt

10

il luogo pubblico	öffentlicher Bereich
fotografare	fotografieren
il guinzaglio	Hundeleine
suonare il clacson	hupen

11

improvvisamente	plötzlich
insistentemente	ununterbrochen, ständig
disturbare	stören
fare* presente (qc. a qu.)	(jdm. etw.) deutlich machen
faticoso	anstrengend

12

tornare a (+ inf.)	etwas wieder machen
tornare a vivere a Milano	wieder in Mailand leben
nascere*	geboren werden
sposare	heiraten
basso	*hier:* geographisch am Südrand
da residente	als Einwohnerin
Non so cosa darei per (+ inf.)	ich weiß nicht, was ich für … geben würde
piatto	*hier:* flach
tanto per dirne una	beispielsweise
esondare	über die Ufer treten, überlaufen

un (anno) sì e tre no	immer mal wieder
tanto che	so dass
il comune	Gemeinde
evacuare	evakuieren
salvo *(+ inf.)*	außer … zu
la gioia	Spaß, Freude
Sai/sapete che gioia?!	Was für eine Freude?!
una nebbia che	*hier:* sehr dichter Nebel
si taglia col coltello	
il milanese	Mailänder
girare	*hier:* durchqueren
il metrò	U-Bahn
avere* in mano	*hier:* fahren
tutto il santo giorno	den ganzen lieben
	langen Tag
arrendersi* (a qc.)	sich ergeben
la nota dolente	leidiges Thema
appena	*hier:* sobald
oltrepassare	überschreiten
la terza media	8. Klasse
il liceo	Gymnasium
la cittadina	kleine Stadt
accontentarsi (di qc.)	sich (mit etwas)
	zufriedengeben
che sia … o …	ob es nun … oder … sei
la regione	Region
porre* una domanda	jdm. eine Frage stellen
(a qu.)	

13

sensuale	sinnlich
romantico	romantisch
montuoso	gebirgig
vivibile	lebenswert
misterioso	geheimnisvoll
pianeggiante	flach
vario	abwechslungsreich

14

all'interno	*hier:* im Landesinneren
confinare con	angrenzen

LEZIONE 3

1

la compravendita	An- und Verkauf
resistente	strapazierfähig
impermeabile	wasserundurchlässig
dotare di	versehen mit
la tasca	Tasche
la chiusura lampo	Reißverschluss
il legno	Holz
il mogano	Mahagoni
l'inizio	Anfang
restaurare	restaurieren
l'orecchino	Ohrring
l'oro	Gold
grazioso	hübsch
il paio (*pl.* le paia)	Paar
l'affare (*m.*)	Geschäft
la tovaglia	Tischdecke
il lino	Leinen
rettangolare	rechteckig
la cornice	Rahmen
l'argento	Silber
avere* valore	Wert haben
il materiale	Material
il metallo	Metall
triangolare	dreieckig
il ferro	Eisen
quadrato	quadratisch
il velluto	Samt
ingombrante	sperrig, platzraubend
il vetro	*hier:* Glas
pesante	*hier:* schwer
la ceramica	Keramik
indispensabile	unentbehrlich
ovale	oval

2

il frullatore	Mixer
il martello	Hammer
la padella	Pfanne
il trenino	Spielzeugzug
gli occhiali da sole	Sonnenbrille
le posate (*pl.*)	Besteck
la collana	Kette
il vaso	Vase
il rasoio	Rasiermesser,
	Rasierapparat

la stampella — Kleiderbügel
la moca — Espressokanne
il pallone — Ball
il pettine — Kamm
senza *(+ inf.)* — ohne ... zu
barrare — mit einem Querstrich versehen

3

fare* acquisti — Einkäufe tätigen
via — *hier:* über, mittels
interessare a qu. *(+ inf.)* — interessieren

4

avere* voglia di *(+ inf.)* — Lust haben zu
usato — gebraucht
la chiusura centralizzata — Zentralverriegelung
l'antifurto — Diebstahlsicherung
essere* convinto — überzeugt sein
del tutto — völlig
cambiare la macchina — das Auto wechseln
lasciare a piedi — *hier:* stehenbleiben
da come — so wie
seminuovo — fast/recht neu
non … **neanche** — nicht einmal
il chilometro — Kilometer
Quanti chilometri ha? — Wie viele Kilometer hat er (drauf)?

con esattezza — genau
Di che colore è? — Welche Farbe hat er?
relativamente — relativ
l'importante è *(+ cong.)* — wichtig ist
costare un patrimonio — ein Vermögen kosten
i miei — meine Eltern/Familie
anticipare — vorschießen
fare* storie — Geschichten machen
la colonna — Spalte
l'elemento — Element, Teil
la supposizione — Annahme
il sentimento — Empfindung, Gefühl
impersonale — unpersönlich

5

la benzina — Benzin
fare* benzina — tanken
stare* insieme — zusammen sein
lasciarsi — sich trennen

6

stranamente — sonderbarerweise
avvertire — verständigen
silenzioso — schweigsam
partire — starten

7

il bene di consumo — Konsumgut, Produkt
il cosmetico — Kosmetikum
il trucco — Schminke
il profumo — Parfüm
la spesa — Kosten
la graduatoria — Rangfolge

8

il tizio — Typ
i capelli rasati — rasierter Kopf
venire* incontro — entgegenkommen
presentarsi — sich vorstellen
il/la consulente — Berater/in
l'aggiornamento — *hier:* Förderung
tecnologico — technologisch
travolgere* — hinreißen, mitreißen
il garbo — Liebenswürdigkeit
l'eloquio — Beredsamkeit
firmare — unterschreiben
il contratto — Vertrag
la consulenza — Beratung
darsi* da fare — *hier:* beginnen
ottimizzare — optimieren
rimodernare — modernisieren
superato — überholt
ridicolo — lächerlich
il navigatore satellitare — Navigationssystem
brunito — getönt
l'altimetro — Höhenmesser
la sospensione — Aufhängung, Federung
antialce — gegen abruptes Lenken
la pubblicità — Werbung
volere* dire — bedeuten
essere fatti per — gemacht sein für
esibire *(-isc)* — zur Schau stellen
il funzionamento — Funktionalität
puro — rein
l'ovolone *(m.)* — Riesenei
peccato che *(+ cong.)* — schade, dass
l'indomani — am folgenden Tag
ripresentarsi — wieder erscheinen

l'ẹdera	Efeu
modificare geneticamente	gentechnisch verändern
strangolare	erwürgen
il ladro	Dieb
scuọtere* la testa	den Kopf schütteln
rimproverare	vorwerfen
il videoregistratore	Videorecorder
obiettare	einwenden
rispiegare	noch einmal erklären
la mạcchina	Gerät
il videogiocọmane	Verrückter nach Videospielen
il cinẹfilo	Filmliebhaber
il fabbro	Schmied
intanto	inzwischen
la porta blindata	gepanzerte Tür
bloccarsi	sich verklemmen
strappare di mano	aus der Hand reißen
pesare (intr.)	wiegen, schwer sein
il mattone	Ziegelstein
il collegamento infrarossi	Infrarotverbindung
il comando vocale	Sprachbefehl
mutare	verändern
collegarsi a	sich in Verbindung setzen
la partita	hier: Fußballspiel
il serpentone mangiacoda	Spiel: Snake
una serie di	eine Reihe von
la gentilezza	Liebenswürdigkeit, Höflichkeit
fuori moda	aus der Mode
ẹssere appassionato di	begeistert sein von
tọgliere* di mano	aus der Hand nehmen
violentemente	gewaltsam
l'agenda	Notizbuch

11

ẹssere* stregato da	verhext sein von
reclamizzare qc.	etw. bewerben

12

l'assicurazione	Versicherung
la marca	Marke
la margarina	Margarine
il gioiello	Schmuckstück
la foglia	Blatt
gustare	probieren
prẹndere il volo	wegfliegen
l'utopịa	Utopie

inseguire*	anstreben
indossare	tragen
comodoso	bequem (Werbesprache)
sciccoso	schick (Werbesprache)
risparmioso	sparsam (Werbesprache)
scattoso	spritzig (Werbesprache)
il creativo	Werbedesigner
vivo	lebhaft
tirar sù	hochziehen
puro	rein
levissima	sehr leicht (Werbesprache)

13

il reclamo	Reklamation
l'addetto	Angestellter
la spedizione	Versand
consegnare	ausliefern
giustificare	rechtfertigen
il ritardo	Verspätung
la consegna	Auslieferung
per mancanza di	weil ... fehlt
il personale	Personal
l'ọrdine	Bestellung
annullare	annullieren
ordinare	bestellen
la garanzịa	Gewähr, Sicherheit
il vaglia postale	Postanweisung
in contrassegno	per Nachnahme
protestare	protestieren, Einspruch erheben
scusarsi	sich entschuldigen
giustificarsi	sich rechtfertigen
reclamare	reklamieren
il/la responsạbile	Verantwortliche(r)
Per fortuna che ...	Zum Glück ...
Le pare il modo di (+ inf.)?	Glauben Sie, dass das die richtige Art ist ...
Come sarebbe a dire?	Was soll das heißen?
Che Le devo dire?	Was soll ich Ihnen sagen?
una cosa del genere	etwas Derartiges
ẹssere* spiacente	Leid tun
assicurare	versichern

14

improvvisare	improvisieren
basarsi su	sich stützen auf
la merce	Ware
in ritardo	mit Verspätung

W

È colpa mia/tua …	Es ist meine/ deine Schuld …
rotto (*da* rompere*)	beschädigt
per cui	weswegen
risultare (*+ agg.*)	sich herausstellen
rovinato	beschädigt
l'incidente (*m.*)	Vorfall
fare* in modo che (*+ cong.*)	bewirken, dass

LEZIONE 4

 1

avvenire*	stattfinden, vorkommen
reale	echt, wahr, real
Con quale frequenza?	Wie oft?

2

i media (*m./pl.*)	*hier:* Kommunikations- mittel
il messaggio	Mitteilung, Nachricht
richiamare	zurückrufen
perciò	deshalb, deswegen
controllare	*hier:* nachsehen
immaginarsi qc.	sich etw. vorstellen
conosciuto	bekannt
l'abbinamento	Verbindung, Kombination
caratterizzare	kennzeichnen, charakterisieren

 3

per e-mail	mit(tels) E-Mail
scambiarsi	austauschen
dare* origine (a qc.)	etw. verursachen
l'altro giorno	neulich
il mistero	Rätsel, Geheimnis
bastare (*+ inf.*)	genügen
pronunciare	aussprechen
il carattere	*hier:* Buchstabe
impiegare	verwenden
e così via	und so weiter
la diffusione	Verbreitung
circolare	in Umlauf sein, zirkulieren
fare* il conto di	*hier:* berechnen, ausrechnen
girare	*hier:* kursieren
gigantesco	riesig, gigantisch

essere* sufficiente (*+ inf.*)	ausreichen, genügen
grosso modo	im Großen und Ganzen
nell'arco di	im Laufe von
considerare	bedenken, beachten
sospendere*	unterbrechen
arrivare alla conclusione	zum (Ent)Schluss kommen
prevedere*	voraussehen
la crescita	Wachstum, Ansteigen
saturarsi	sich sättigen
esplodere*	*hier:* zusammenbrechen
misteriosamente	rätselhafterweise, komischerweise
a meraviglia	hervorragend, perfekt
la prova	*hier:* Schwierigkeit, Hindernis
in arrivo	kommend
la ricerca	Umfrage, Untersuchung
commissionare	in Auftrag geben
apprendere*	erfahren, lernen
appena	*hier:* knapp, gerade
in circolazione	in Umlauf
stimare	schätzen
per quanto riguarda (*+ sost.*)	was … betrifft, was … angeht
totale	gesamt
il privato (*sost.*)	Privatperson
restante	verbleibend
mettere* in luce	ans Licht bringen, aufdecken
per cento	Prozent
la posta elettronica	elektronische Post, E-Mail
la percentuale	Prozentsatz
attualmente	zur Zeit, momentan
essere destinato a	bestimmt sein zu, vorhergesehen sein zu
crescere*	wachsen, steigen
svelto	rasch, schnell
alla svelta	schnell
calcolare	rechnen
l'utente (*m. + f.*)	Nutzer
risultare	resultieren, ergeben
infine	schließlich
il paragrafo	*hier:* Abschnitt, Absatz
il timore	Furcht
ingiustificato	ungerechtfertigt
la saturazione	Sättigung
abbreviato	abgekürzt
aumentare (*intr.*)	wachsen, steigen

notevolmente	beachtlich
il tono	*hier:* Stil
ironico	ironisch
neutro	neutral
preoccupato	besorgt
critico	kritisch

4

l'effetto	Eindruck
emerso (*da* emergere*)	hervorgegangen

5

Meno male!	Gott sei Dank!

6

amare (+ *inf.*)	*hier:* mögen
lasciare un messaggio	eine Nachricht hinterlassen
la segreteria telefonica	Anrufbeantworter
il segnale acustico	Pfeifton
appena possibile	sobald wie möglich
niente	*hier:* nichts wichtiges
come se (+ *cong.*)	als ob
il sordo	Schwerhöriger
prima di tutto … e poi	vor allem … und dann
urlare	brüllen, schreien
odiare (+ *inf.*)	hassen
strettamente necessario	absolut notwendig
chiunque (*pron.*)	jeder(mann)
abituarsi (a)	sich (an etwas) gewöhnen
Non è che (+ *cong.*)	es ist ja nicht so, dass
resta il fatto che	bleibt die Tatsache, dass

7

mille volte	tausendmal, aber und abermals
abbracciarsi	sich umarmen
tenersi* per mano	Händchen halten
essere* arrabbiato con	wütend sein (auf jdn.)

8

la neve	Schnee

9

desiderato	erwünscht, gewüscht
sbagliare numero	sich verwählen
personalmente	persönlich
non … alcun(o)	kein

segnalare	anzeigen

10

fare* tardi	sich verspäten
la riunione	Meeting, Besprechung
il biglietto	*hier:* Zettel

11

il coinquilino	Mitbewohner

12

il destinatario	Adressat, Empfänger
originario	ursprünglich

LEZIONE 5

la lettura	Lesen, Lektüre

1

il quotidiano	Tageszeitung
il romanzo d'amore	Liebesroman
storico	geschichtlich
il romanzo storico	historischer Roman
la fantascienza	Sciencefiction
il saggio	Essay
il romanzo d'**avventura**	Abenteuerroman
il giallo	Krimi
la guida turistica	Reiseführer
a **caso**	zufällig
la recensione	Rezension
su **consiglio** di	auf Anraten von
la compagnia	Begleitung

2

parlare di	handeln von
ammettere*	zugeben
l'assassino	Mörder
assumere*	übernehmen
di volta in volta	von Zeit zu Zeit
l'identità	Identität
la vittima	Opfer
toccare a (qu.)	Sache sein, obliegen
sofisticato	überfeinert
l'intuito	Scharfsinn, Intuition
la capacità (di)	Fähigkeit
l'ascolto	Zuhören
cieco	blind

impeccabile	*hier:* perfekt	a patto che *(+ cong.)*	vorausgesetzt, dass
la solitudine	Einsamkeit	intitolarsi	den Titel haben
sporcare *(trans.)*	verschmutzen	l'appassionato di	Liebhaber, Begeisterter
scivolare	ausrutschen	quasi quasi	am liebsten
cadere*	stürzen	immaginare	sich vorstellen
la corsa	Fahrt	**prima che** *(+ cong.)*	bevor
l'ambulanza	Krankenwagen	**morire***	sterben
il chirurgo	Chirurg	essere* in coma	im Koma sein
rimanere* in attesa (di)	warten	segretamente	heimlich
il salotto	Warteraum	l'autore	Schriftsteller
la camera operatoria	Operationssaal	in **qualche modo**	irgendwie
l'attesa	Warten	incrociarsi	sich überschneiden
sé stesso	sich selbst	immaginario	imaginär
circondare	umgeben	purché *(+ cong.)*	nur … wenn
la precisione	Exaktheit	a condizione che *(+ cong.)*	unter der Bedingung, dass
chirurgico	chirurgisch		
rivelare	enthüllen	**3**	
lo scompenso	Unausgeglichenheit	il diavolo	Teufel
professionista *(agg.)*	berufsmäßig	**l'automobile** *(f.)*	Auto
abile	fähig, gewandt	avvincente	packend
il travestimento	Verkleidung	emozionante	spannend, aufregend
contattare	kontaktieren		
uccidere*	töten	**4**	
l'autostrada	Autobahn	**il risotto** alla milanese	Reis nach Mailänder Art
il poliziotto	Polizist	lo zafferano	Saffran
la Mobile	*Polizeieinheit*	lo sciatore	Skifahrer
essere* in servizio	im Dienst sein	il/la motociclista	Motorradfahrer/in
davvero	wirklich	il/la cantante	Sänger/in
essere* innamorato di	verliebt sein in	**la raccolta**	Sammlung
uno … dopo l'altro	einer nach dem anderen	musicale	Musik…, musikalisch
la laguna	Lagune	il Cannonau	*Weinmarke*
pieno di	voller	errato	falsch, fehlerhaft
lo scenario	Szenarium		
svolgersi*	sich abspielen	**6**	
tormentato	*hier:* schmerzvoll	globale	weltumfassend, global
arrogante	eingebildet	**il titolo**	Titel
irresoluto	unentschlossen	il contenuto	Inhalt
sognatore	verträumt	**il sistema**	System
attrarre*	anziehen	lo scambio	Austausch
l'assenza	Abwesenheit	**internazionale**	international
logoro	verbraucht, abgenutzt	associare (a)	zuordnen
l'universo	Universum	il riconoscimento	Wiedererkennung
il polo opposto	entgegengesetzter Pol	il tam tam	Nachrichtenaustausch
scoccare una scintilla	einen Funken überspringen	spargere*	verstreuen
acquistare	erwerben, kaufen	il continente	Kontinent
il romanzo poliziesco	Kriminalroman	abbandonare	verlassen
comico *(agg.)*	erheiternd	**fortunato**	vom Glück begünstigt
triste	traurig	essere* fortunati	Glück haben

casuale	zufällig	chiaramente	klarerweise
la nota	Hinweis	**arrivare** a destinazione	das Ziel erreichen
la copertina	Umschlag	**liberare**	freilassen
dire*	*hier:* lauten	aggiungersi	sich anschließen
perdere*	verlieren	la catena	Kette
in cerca di	auf der Suche nach	il ritrovamento	Auffinden
superare	überwinden	alla base di	auf der Basis von
la sorpresa	Überraschung	**la scoperta**	Entdecken
l'esperimento	Experiment		
sociologico	soziologisch	**8**	
il/i/la/le **cui**	dessen, deren	**la notizia**	Nachricht
banale	banal	**il governo**	Regierung
proprio per questo	gerade deswegen	**la legge**	Gesetz
rivoluzionario	revolutionär	**presentare una legge**	ein Gesetz vorlegen
il lettore	Leser	la maternità	Mutterschaft
visceralmente	leidenschaftlich	consegnare	übergeben
registrare	registrieren	il romano	Römer
distribuire *(-isc)*	verteilen	il melone	*hier:* Wassermelone
ovunque	überall	**lo sciopero**	Streik
assegnare	zuweisen	**nazionale**	national
l'identificazione *(f.)*	Identifikation	**il discorso**	Rede
l'etichetta	Marke, Etikett	**il/la Presidente**	Präsident/in
la registrazione	Registrierung	il sindaco	Bürgermeister
stampare	drucken	inaugurare	eröffnen
attaccare	ankleben		
andare* sul sito	auf die Homepage gehen	**9**	
in questo **modo**	auf diese Weise	stimolare	anregen
temporaneo	zeitweilig	**fare*** + *inf.*	veranlassen zu
rimettere* in circolo	wieder in Umlauf bringen		
tenere* sott'occhio	in den Augen behalten	**10**	
finire *(-isc)* in buone/	in guten/schlechten	la fiaba	Märchen
cattive mani	Händen landen	la regina	Königin
da un anno a questa parte	seit einem Jahr	il re	König
l'esercito	Heer	la principessa	Prinzessin
gli scambia-libri	Buchtauscher	il principe	Prinz
salire* a	ansteigen auf	il servitore	Diener
l'unità	Einheit	il mago	Zauberer
il traffico	*hier:* Umlauf	la matrigna	Stiefmutter
oltre	über	la fata	Fee
la novella	Novelle	la strega	Hexe
ai quattro angoli	in den vier	la prigione	Gefängnis
	Himmelsrichtungen	il pozzo	Brunnen
il globo	Erdkugel	la polverina magica	Zauberpulver
un centinaio di	etwa hundert	la spada	Schwert
(*pl.* centinaia)		lo stiletto	Stilett
il trucco	Trick	l'incantesimo	Zauber
la stazione di benzina	Tankstelle	**partire per la guerra**	in den Krieg ziehen
di mano in mano	von Hand zu Hand	**diventare madre** di	Mutter werden von

incaricare (qu. di + *inf.*)	beauftragen
ferire *(-isc)*	verletzen
guarire *(-isc) (trans.)*	heilen

11

la lavagna	Tafel

12

il bus-navetta	Pendelbus
percọrrere*	durchfahren
la circonvallazione	Ring(straße)
distinto	vornehm
il completo	Anzug
a strisce	gestreift
in tinta	Ton in Ton
tirato a lụcido	poliert
la polo	Polohemd
allacciato **fino a**	zugeknöpft bis
il bottone	Knopf
gratụito	kostenlos
perplesso	verblüfft
C'è da fidarsi?	Kann man dem trauen?
peggio	schlimmer
e **basta**	und fertig
passare	reichen
infilarsi (gli occhiali)	aufsetzen (die Brille)
cerimonioso	formell
la lentezza	Langsamkeit
la lente da lettura	Lesebrille
la **mezza** lente	halbes Augenglas
consultare	nachschlagen, nachlesen
va mo'	schau her
il fortunello	Glückskind
scandire *(-isc)* le parole	die Wörter deutlich aussprechen
riassaporare	wieder auskosten
abbassare gli occhiali	die Brille abnehmen
ammiccante	zwinkernd
Sta a vedere che …	Du wirst sehen, (dass …)

13

la stampa	Presse
l'iniziativa	Initiative

LEZIONE 6

cambiare faccia	sich verändern

1

il ritratto	Porträt
la solidarietà	Solidarität
la competitività	Konkurrenzdenken
la severità	Strenge
la sicurezza	Sicherheit
la sincerità	Ehrlichkeit
il conflitto	Konflikt, Auseinandersetzung
il calore	Zuneigung
il nido	Nest
l'amicizia	Freundschaft

2

il divorzio	Scheidung
la separazione	Trennung
l'individualismo	Individualismus
l'aumento	Anstieg
la migrazione	(Aus-)Wanderung
il giardinetto	*hier:* kleiner Park
fare* + *inf.*	*hier:* lassen
azzuffarsi (con)	sich streiten, zanken (mit)
l'autocarro	Lastwagen
ribaltạbile	ausklappbar, aufklappbar
il rammạrico	Bedauern
sbagliare a *(+ inf.)*	sich irren
non fare altro che *(+ inf.)*	ständig etw. machen
ẹssere* propenso a *(+ inf.)*	geneigt sein
il bimbo	kleines Kind
una volta	einst, ehemals
continuare	*hier:* fortfahren
È una **vergogna**!	Es ist eine Schande!
la preoccupazione	Besorgnis, Bedenken
la media	Durchschnitt
la natalità	Geburtenrate
crescente	wachsend
la popolazione	Bevölkerung
decimare	vermindern, dezimieren
la risorsa	Ressource
il tasso di crẹscita	Wachstumsrate
scẹndere*	*hier:* sinken
la contraccezione	Empfängnisverhütung
posticipato	verspätet, spät
rurale	ländlich

il pianeta	Planet (*hier:* Erde)
urbano	Stadt..., städtisch
giocare un ruolo (decisivo)	eine (entscheidende) Rolle spielen
decisivo	entscheidend
il decremento	Abnahme
la crẹscita	*hier:* Zunahme
a quattro **stelle**	4 Sterne ...
il safari	Safari
la metrọpoli	Metropole
fattịbile	machbar, möglich
l'educazione *(f.)*	*hier:* Ausbildung
prestigioso	angesehen
la scuola privata	Privatschule
aumentare *(intr.)*	*hier:* zunehmen
rapidamente	rapide, schnell
l'ultrasessantenne *(m. + f.)*	über 60-Jährige(r)
triplicare *(intr.)*	verdreifachen
gli over 80	über 80-Jährige
minore	*hier:* jünger, kleiner

3

dire* la propria	die eigene Meinung kundtun
la tạvola rotonda	Diskussionsrunde
il calo demogrạfico	Bevölkerungsrückgang

4

fare* + *inf.*	*hier:* zulassen
il giocạttolo	Spielzeug

5

il passaggio	Passage, Absatz
sebbene *(+ cong.)*	obwohl
la figura centrale	Schlüsselfigur
i grandi	die Erwachsenen
caricare di	belasten mit
perfino	sogar
ridursi*	sich verringern
la tendenza	Trend
facilitare	erleichtern, vereinfachen
nonostante *(+ cong.)*	obwohl
Anzi!	*hier:* Im Gegenteil!
negare	leugnen, bestreiten
infatti	in der Tat, wirklich
volere* dire	meinen
se	wenn
fare* il nonno	Großvater sein

l'energịa	Kraft
stare* **dietro a** qu.	sich um jdn. kümmern, auf jdn. aufpassen
è colpa di	Schuld hat ...
lo Stato	Staat
indubbiamente	zweifellos, zweifelsohne
in generale	generell, allgemein
il bisogno (di)	Bedürfniss, Bedarf (nach)
separarsi	sich trennen
la facilità	Leichtigkeit

6

in neretto	halbfett
benché *(+ cong.)*	obwohl, obgleich
malgrado *(+ cong.)*	obwohl, obgleich
il valore	Wert

7

sottolineare	*hier:* betonen, hervorheben
a **favore** di	zu Gunsten von

8

brillo	angetrunken, beschwipst
incomprensịbile	unbegreiflich
per comodità	aus Bequemlichkeit
concreto	konkret, bestimmt
la permanenza	*hier:* Aufenthalt
andare* via di casa	von zu Hause ausziehen

10

frequente	häufig
truccarsi	sich schminken
liceale	Gymnasial...
soprannominare	Spitznamen geben
Cristo!	Mein Gott!
il polso	Handgelenk
l'espressione *(f.)*	(Gesichts)ausdruck, Miene
l'espressione da tigre	Tigermiene
Facciamo alle quattro!	Sagen wir um vier!
ẹsservi*	vorhanden sein
all'altro capo del filo	am anderen Ende der Leitung
il tinello	*kleines Esszimmer*
fare* un salto da	bei jdm. vorbeischauen
considerare	*hier:* anmerken
il Cancelliere	Gerichtsschreiber
da **dentro**	von drinnen
la mutter	Mutter

W

fare* *(pop.)*	sagen
distogliere* gli occhi (da)	(von etw.) aufblicken, den Blick (von etw.) nehmen
rientrare	heimkommen
comunque	*hier:* sowieso, ohnehin
insistere* (su)	beharren, bestehen (auf etw.)
l'autocontrollo	Selbstbeherrschung
la prova	*hier:* Beweis
la volontà	Wille
al massimo	bestenfalls
ripassare	*hier:* wiederholen, durchsehen
infilare	*hier:* anziehen
l'impermeabilizzato	Windjacke, Regenjacke
in ogni caso	auf jeden Fall
sprofondare	vertiefen
impercettibilmente	unbemerkbar, unmerklich
il soprannome	Spitzname

11

farsi* male	sich verletzen, wehtun

12

la sceneggiatura	Drehbuch
proseguire	fortfahren
la scena	Szene

13

lavare i piatti	Teller waschen
le faccende domestiche *(pl.)*	Hausarbeit
la lavastoviglie	Spülmaschine
apparecchiare	Tisch decken
l'aspirapolvere *(m.)*	Staubsauger
passare l'aspirapolvere	Staub saugen
spazzare	kehren
spolverare	abstauben, Staub wischen
pulire i vetri	Fenster putzen
pulire il bagno	das Bad putzen
portare fuori	hinaustragen
l'immondizia	Müll, Abfall
di sesso opposto	vom anderen Geschlecht
l'analogia	Übereinstimmung, Gemeinsamkeit

14

l'organizzazione *(f.)*	Organisation
il contributo	Beitrag

la politica familiare	Familienpolitik
rispecchiare	widerspiegeln

LEZIONE 7

2

l'uso	Brauch
legato a	verbunden mit
riferirsi a	sich auf etw. beziehen
l'Epifania	Dreikönigsfest
il carnevale	Karneval, Fasching
il presepio	Weihnachtskrippe
fare* il presepio	Krippe aufstellen
il mazzo	*hier:* (Blumen)strauß
la mimosa	Mimose *(Pflanzengattung)*
il panettone	*italienischer Weihnachtskuchen*
la calza	Strumpf, Socke
il carbone	Kohle
il carbone di zucchero	*Süßigkeit in Brikettform (Kohle)*
lo scherzo	Scherz, Spaß
fare* scherzi	Streiche spielen
brindare	anstoßen, prosten
giocare a tombola	Tombola spielen *(eine Art Lottospiel)*
a **forma** di	in ... Form, in Form von ...
la colomba	Taube
addobbare	schmücken, dekorieren
l'albero	*hier:* Tannenbaum
il cotechino	*italienische Schlackwurst*
le lenticchie *(pl.)*	Linsen
mascherarsi	sich maskieren

3

noto	*hier:* bekannt
rispettare	*hier:* bewahren

4

essere* in ritardo	verspätet sein, Verspätung haben
senza di (+ *pron.*)	ohne
magari (+ *cong.*)	schön wäre es
la portata	Gericht
non ... mica	gar nicht, doch nicht
essere* obbligato a (+ *inf.*)	gezwungen sein
Che c'è che non va?	Was passt nicht? Was stimmt nicht?

è **solo** che	nur (dass)
per una volta	(wenigstens) einmal
in maniera diversa	anders
tenerci* a (+ *inf.*)	etw. wichtig finden
magari	*hier:* vielleicht
dopo pranzo	nach dem Mittagessen
Sembra brutto!	Das ist unhöflich!
calcolando che	davon ausgehend, dass
Dai!	Komm (schon)!
la possibilità	Möglichkeit
la speranza	Hoffnung

5

è **la prima (seconda)** **volta** che	es ist das erste (zweite) Mal, dass
l'ennesimo	Soundsovielte, x-te
dimenticarsi (di + *inf.*)	sich (an etw.) nicht erinnern, (etw.) vergessen
rimandare	*hier:* verschieben, verzögern
l'apertura	Eröffnung
la ristrutturazione	Umbau, Renovierung

6

avvicinarsi	sich nähern
non vedere l'ora che (+ *cong.*)	etw. nicht erwarten können

7

stressante	stressig
superfluo	unnötig, überflüssig

8

riciclare	recyceln, wiederverwenden
la riflessione	Überlegung, Nachdenken
fare* una brutta/ **bella figura**	eine schlechte/gute Figur abgeben
in **caso** di (+ *sost.*)	im Falle, falls
il riciclaggio	Recycling (*hier:* Weiterverschenken)
rispettare	respektieren, achten
valutare	bewerten, Wert legen (auf etw.)
in **senso** assoluto	im strengen Sinne
certo che	natürlich, klar (dass)
distinguere*	unterscheiden
la quotidianità	Alltag
la formalità	Formvorschrift, Formalität
l'incarto	(Geschenk)verpackung

fare* una figuraccia	eine blamable Figur abgeben
Non è detto che (+ *cong.*)	es ist (ja) nicht gesagt, dass
rimanerci* male	übel nehmen
la reazione	Reaktion
proprio	*hier:* überhaupt
tenere* (a qu., a qc.)	(an etw., an jdm.) hängen
non aver di meglio che	nichts besseres (vor)haben als
rifilare	andrehen, anhängen
tanto per (+ *inf.*)	nur um, einfach um
dimostrare	zeigen, beweisen
privarsi di	sich von etw. entledigen
cosiddetto	sogenannt
di circostanza	aus einem Anlass
va fatto	*hier:* es muss gemacht werden
le cose possono cambiare	die Dinge ändern sich
il sottoscritto	der unten Genannte
il giorno prima	am vorangegangenen Tag
poi	*hier:* dann auch noch
mettere*	*hier:* stecken, packen
il cassetto	Schublade, Schubfach
passare	*hier:* vorbeikommen
impacchettare	verpacken, einpacken
sprofondare	untergehen, verschwinden
decisamente	entschieden, entschlossen
essere* contrario a	gegen etw. sein

10

è **l'unico/-a** a (+ *inf.*)	er/sie ist der/die einzige, der/die
invitare	einladen
l'anticipo	Voraus

11

accadere*	passieren, vorfallen
scoprire*	*hier:* entdecken
deserto	*hier:* einsam, verlassen
invisibile	unsichtbar
votare	wählen, auswählen

12

festaiolo	*jemand, der gerne feiert*

LEZIONE 8

1

lo slogan	Slogan
ispirato a	inspiriert durch

2

preoccupare	beunruhigen
il cambiamento climatico	Klimawandel
l'elettrosmog *(m)*	Elektrosmog
il buco dell'ozono	Ozonloch
l'effetto serra	Treibhauseffekt
la siccità	Trockenheit
il rischio	Risiko, Gefahr
la slavina	Lawine
l'inquinamento	Verschmutzung
l'inquinamento atmosferico	Luftverschmutzung
l'alluvione *(f.)*	Überschwemmung
la deforestazione	Abholzung
lo scioglimento	Auflösung, Schmelze
il ghiacciaio	Gletscher
l'accumulo	Anhäufung
i rifiuti *(pl.)*	Müll
per me	meiner Meinung nach
grave	schwerwiegend
sciogliersi*	schmelzen

3

a proposito di	hinsichtlich
la settimana bianca	Skiurlaub
confortevole	bequem
rifarsi* a	sich verlassen auf
il buon senso	gesunder Menschen- verstand
la lotteria	Lotterie
sbagliare rotta	den falschen Weg einschlagen
prendere* come esempio	als Beispiel nehmen
il ménage **familiare**	Familienhaushalt
ipotetico	vermeintlich, hypothetisch
il/la rappresentante	Vertreter/in
italico	italienisch
il guaio	Unheil
premere per *(+ inf.)*	drängen
l'ONU	UNO
ritardare *(trans.)*	verspäten
la nevicata	Schneefall

anticipare di (+ tempo)	vorverlegen
la pista	Piste
dotare di	ausstatten mit
prendere* in considerazione	in Betracht ziehen
per un attimo	einen Moment lang
dopo (+ *inf. pass.*)	nachdem
la cronaca	Bericht
cambiare idea	es sich anders überlegen
lo smottamento	Erdrutsch
il versante alpino	Berghang
il torto	Unrecht
avere* torto	Unrecht haben
il permafrost	Permafrost
il terreno	Boden
permanentemente	ständig
gelato	gefroren
tendere* a *(+ inf.)*	neigen zu
cedere	weichen
il rifugio	Schutzhütte
essere* a **rischio**	in Gefahr sein
il relax	Ausspannen
invernale	winterlich
rifarsi*	sich wieder erholen
governare	beherrschen
frequentemente	häufig
l'evento	Ereignis
estremo	extrem
somigliare a	gleichen
il monsone	Monsun
in sostanza	im Wesentlichen
cadere* in testa	auf den Kopf fallen
drammatico	dramatisch
in maniera drammatica	auf dramatische Weise
la violenza	Heftigkeit
la grandinata	Hagel
il che **significa**	das bedeutet
il territorio	Gebiet
urbanizzato	verstädtert
il torrente	Strom, Fluss
la massa	Masse
il fango	Schlamm
spazzare via	wegfegen, zerstören
l'alveo	Flussbett
sconfortato	entmutigt
abbattersi	sich werfen
capitare in **mano**	in die Hand fallen
le precipitazioni *(pl.)*	Niederschläge

W

l'area	Gebiet
l'Europa **centrale**	Mitteleuropa
il clima	Klima
la conseguenza	Folge

4

poiché	da
invano	vergeblich
venire* fame	Hunger bekommen
muoversi*	sich bewegen
entrambi	beide
da entrambe **le parti**	auf beiden Seiten, beidseitig
buttare (via)	wegwerfen
essere* **abituato** a *(+ inf.)*	gewöhnt sein zu
i lavori di casa *(pl.)*	Hausarbeiten

5

l'eco-**consiglio**	Umwelt-Ratschlag
l'ambiente *(m.)*	*hier:* Umwelt
ecologico	ökologisch
la raccolta differenziata	Abfalltrennung
la provenienza	Herkunft
il detersivo	Waschmittel
prodotto *(da* **produrre***)*	produziert
riciclato	recycelt
rinunciare a	verzichten auf
il più *(+ agg./ avv.)* possibile	so … wie möglich
il contenitore	Behälter

6

intorno a cui	worum
ruotare intorno a	sich drehen um
la scomodità	Unbequemlichkeit
l'incidente stradale *(m.)*	Verkehrsunfall
la scarsità	Knappheit
Che c'è?	Was ist los?
essere* nero	wütend, zornig
Com'è che …?	Wieso …?
È che …	Der Grund ist …
il giro	Umweg, Runde
a parte il fatto che	abgesehen von der Tatsache
stare* seduto	sitzen
comodamente	bequem
piuttosto che	(an)statt
pigiato come una sardina	eingeklemmt wie eine Sardine

la metro	U-Bahn
innanzitutto	vor allem
contribuire *(-isc)* a	beitragen
diminuire *(-isc)*	verringern
Non sarà certo …	Es wird sicher nicht … sein
fare* **la differenza**	den Unterschied machen

8

confessare	beichten, gestehen
in tempo	rechtzeitig
giocare i numeri al lotto	Zahlen im Lotto tippen
uscire*	herauskommen
svendere	ausverkaufen
a prezzi incredibili	zu unglaublichen Preisen
la località	Örtlichkeit, Ort
la delusione	Enttäuschung
minuscolo	winzig

9

| **le ferie** *(pl.)* | Urlaub |
| il totocalcio | Fußballtoto |

10

rimanere* bloccato	stecken bleiben
dare* un film	einen Film zeigen
arrabbiato	wütend

11

la campagna pubblicitaria	Werbefeldzug
atteso *(da* **attendere***)*	erwartet
al solito	gewöhnlich
avviarsi **verso**	sich begeben zu
di **fiducia**	des Vertrauens
il genere alimentare	Lebensmittel
finire *(-isc)*	*hier:* landen
la fila	Schlange
l'ingresso	Eingang
Che abbia a che fare con …?	Ob das wohl zu tun haben wird mit …?
il banchetto	kleiner Tisch
importare	*hier:* von Belang sein
avere* fretta	es eilig haben
l'associazione *(f.)*	Vereinigung
nobile	ehrenwert
la causa	*hier:* Angelegenheit
tirare dritto	seiner Wege gehen
fondato	begründet
ostacolare	behindern, versperren

W

il passaggio	Durchgang, Weg	precotto	vorgekocht
la pettorina	Brustlatz	l'ingrediente (m.)	Zutat, Bestandteil
campeggiare	sich abheben	il pericolo	Gefahr
preso	ergriffen	la mucca pazza	Rinderwahnsinn
interessato	interessiert	venire* a sapere	erfahren
incuriosire	neugierig machen	giungere* alla fine	sich dem Ende nähern
iniziare a (+ inf.)	beginnen zu	la raccomandazione	Ratschlag
il volontario	Freiwilliger, Aktivist	fermare	stoppen
l'agricoltura	Landwirtschaft	il consumatore	Verbraucher
transgenico	genetisch verändert	impegnarsi	sich verpflichten
genetico	genetisch	far sentire la propria voce	die eigene Stimme erheben
l'ingegneria genetica	Gentechnologie	il mercato alimentare	Lebensmittelmarkt
l'organismo	Organismus	la multinazionale	multinationales
geneticamente manipolato	genmanipuliert		Unternehmen
innovativo	innovativ	la detentrice	Inhaberin
intendere*	auslegen, verstehen	il brevetto	Patent
risolvere*	lösen, aufheben	amareggiato	verbittert
lo scienziato	Wissenschaftler	sconsolato	betrübt
l'esattezza	Genauigkeit	il barattolo	Dose
il meccanismo	Mechanismus	il cibo in scatola	Fertiggericht
a lungo termine	auf lange Sicht	minacciosamente	drohend
manipolare	manipulieren	dal fondo	aus der Tiefe
l'istruzione (f.)	Anleitung	rimettere* a posto	zurückstellen, zurücklegen
venire* in mente	in den Sinn kommen	microscopico	winzig klein
Cosa c'entra … con …?	Was hat … zu tun mit …?	l'olio vegetale	Pflanzenöl
l'interrogativo	Frage	inorridito	entsetzt
irrisolto	ungelöst, unbeantwortet	sarcastico	sarkastisch, spöttisch
nel frattempo	in der Zwischenzeit	essere* solito (+ inf.)	pflegen (etwas zu tun)
spostarsi	rücken, sich	ambientalista	Umwelt...
	weiterbewegen	mostrare	zeigen
lo scatolame	Fertiggericht	d'ora in poi	von nun an
cogliere* l'occasione	die Gelegenheit		
	wahrnehmen	**13**	
a parte (+ sost.)	abgesehen von	la boccata d'aria	Mund voll Luft
il veleno	Gift	sensato	sinnvoll
chimico	chemisch	la mascherina	Atemschutzmaske
il difetto	Mangel, Fehler	creare	schaffen
sperimentare	erproben	respirare	atmen
adeguatamente	angemessen, genügend	l'ossigeno	Sauerstoff
il test	Test	la seduta	Sitzung
il pesce gatto	Katzenwels		
sufficiente	ausreichend		
la validità	Gültigkeit, Stichhaltigkeit		
il periodo	Zeitraum		
il campo	Gebiet		
l'effetto	Auswirkung		
i surgelati (pl.)	Tiefkühlkost		
surgelato	tiefgefroren		

LEZIONE 9

1

la Groenlandia	Grönland
il miglio	Meile
la guerra	Krieg
rilassare	entspannen
il politico	Politiker
la trasmissione televisiva	Fernsehsendung
fare* arrabbiare	erzürnen
mancanza di rispetto	Respektlosigkeit
innervosire (-isc)	nervös machen
il pettegolezzo	Klatsch, Tratsch
mettere* di buon/ cattivo umore	in gute/schlechte Stimmung bringen
il profumo	Duft
il sogno	Traum
il sogno nel cassetto	Wunschtraum
il parapendio	Gleitschirmfliegen

2

di meno	am wenigsten
il voto	Note
l'ipocrisia	Heuchelei
l'onestà	Rechtschaffenheit, Ehrlichkeit
la disonestà	Unredlichkeit, Unehrlichkeit
l'egoismo	Egoismus
la correttezza	Korrektheit, Anstand
la scorrettezza	Unkorrektheit, Fehlerhaftigkeit
la flessibilità	Flexibilität
l'inflessibilità	Starrheit
l'ottimismo	Optimismus
il pessimismo	Pessimismus
l'impazienza	Ungeduld
la generosità	Großzügigkeit
l'avarizia	Geiz
la modestia	Bescheidenheit
la superbia	Hochmütigkeit
la fedeltà	Treue
l'infedeltà	Untreue
la tolleranza	Toleranz
l'intolleranza	Intoleranz

3

eliminare	beseitigen
scolorito	verblichen, verschossen
la mania	Manie
mettere* a posto	aufräumen

5

soffrire* di cuore	Herzprobleme haben
a giudicare da	nach ... zu urteilen

6

fuori posto	nicht an seinem Platz
dividere*	teilen
disordinato	unordentlich
l'ordine (m.)	Ordnung
la memoria	Andenken, Erinnerung
il/la consumista	konsumsüchtige Person
la caffettiera	Espressokanne

7

il passaporto	Pass
i documenti	Papiere
il lucido per **le scarpe**	Schuhputzzeug
il fazzoletto	Taschentuch
l'apribottiglie (m.)	Flaschenöffner
mantenere*	halten

8

l'astronomo	Sternforscher
chiamare	nennen
la cultura alternativa	Alternativkultur
dare* diffusione a	verbreiten
la tipa	Typ
spiritoso	geistreich
comunicativo	mitteilsam, gesprächig
tondo	rundlich
passare	hier: durchlaufen
il genere	Art
il coinvolgimento	Verwicklung
sessuale	sexuell
sentimentale	sentimental, gefühlsmäßig
tuffarsi	sich vertiefen, sich stürzen
l'irruenza	Heftigkeit, Ungestüm
leggendario	sagenhaft
interiore	innere, Innen...
il motorino	Moped
il mezzo militare **leggero**	leichtes Militärfahrzeug
buttarsi nelle mischie	sich ins Gewühl stürzen

arrivare a distanza zero	sich jdm. sehr stark nähern
mẹttere* in gioco	aufs Spiel setzen
invadente	aufdringlich
spạrgere*	streuen, verstreuen
il segnale	Zeichen
la gratitụdine	Dankbarkeit
tale	derartig
la profusione	Schwall, Fülle
qualunque *(invar.)*	jeglich
la resistenza	Widerstand
ẹssere* disposto a *(+ inf.)*	bereit sein
fare* il buffone	den Narren spielen
pur di *(+ inf.)*	bloß um
recitare	aufsagen, rezitieren
ovunque *(+ cong.)*	wohin auch immer
per mirạcolo	wie durch ein Wunder
mịnimo	geringst
l'esitazione *(f.)*	Zögern
stupendo	wunderbar
l'incapacità	Unfähigkeit
discriminare	diskriminieren
impedire *(-isc)*	hindern
cọgliere*	wahrnehmen
il tratto	Wesenszug, Merkmal
negativo	negativ
chiunque **altro**	jeder andere
capitare	widerfahren
andare* a **sbạttere contro**	etwas selbst erleben
non c'era verso	es half nichts
ricorrente	regelmäßig wiederkehrend
il fatto che *(+ cong.)*	die Tatsache, dass …
fịsico *(agg.)*	körperlich
il narratore	Erzähler

9

il lẹssico	Wortschatz
presente	vorhanden
la riga	Zeile
non ẹsserci* niente da fare	nichts zu machen sein

10

determinare	festlegen, bestimmen

11

tollerare	tolerieren, dulden
il momento no	Krise, unglücklicher Moment

per quello che sei	so wie du bist
mantenere* un segreto	ein Geheimnis für sich behalten
la bugịa	Lüge
ẹssere* solidale con qu.	zu jdm. stehen

12

il/la compagno/-a di giochi	Mitspieler
ispirarsi a	sich anregen lassen durch

13

il litigio	Streit
il licenziamento	Entlassung
il trasferimento	Versetzung, Umzug

14

cambiare sede	den Arbeitsort wechseln
stupire *(-isc)*	erstaunen
perlomeno	zumindest
pure	*hier:* doch

15

lo scambio di battute	Wortwechsel
la battuta	*hier:* Satz, Ausspruch
andare* a finire	enden

LEZIONE 10

1

formulare una **domanda**	eine Frage formulieren
bagnare	*hier:* umspülen, umgeben
appartenere* a	angehören, dazugehören
avere* sede	Sitz haben
il partito	Partei
ẹssere* al Governo	an der Regierung sein, regieren
attuale	derzeitig, gegenwärtig
geograficamente	geographisch
politicamente	politisch
la riunificazione	Wiedervereinigung

2

percorso *(da* percọrrere*)*	*hier:* zurückgelegt, gefahren
l'uscita	*hier:* Ausfahrt
in alternativa	alternativ, als Alternative

la statale	*hier:* Staatsstraße
in direzione	in Richtung
il battello	Boot
la Società di navigazione	Schifffahrtsgesellschaft
in partenza da	abfahrend von
a nord di	nördlich
l'abitato	Wohngebiet
passeggiare	spazieren, wandern
signorile	herrschaftlich
il cortile	Hof
il gioiello	*hier:* Juwel
affrescare	mit Fresken ausstatten
superiore	*hier:* höher
la scalinata	Treppe
a sua volta	ihrerseits
costeggiare	*hier:* flankieren, umgeben
in cima a	*hier:* am oberen Ende
scenografico	spektakulär, eindrucksvoll
molteplici	zahlreiche
spiccare	herausragen
la gita	Ausflug, Tour
apposito	speziell
per informazioni su	für Informationen zu …
il noleggio	Verleih
l'imbarcadero	Pier
noleggiare	*hier:* verleihen
la barca a remi	Ruderboot
la barca a motore	Motorboot
niente da fare	nichts zu machen
frequentato	besucht
il colle	Hügel
il torrione	Wehrturm, Bergfried
risalente a	zurückgehend auf
sovrastare	*hier:* dominieren, emporragen
la penisola	Halbinsel
intero	ganz
il tessuto	Stoff
artigianale	handgefertigt
il pezzo d'antiquariato	Antiquität
l'oggettistica	Geschenkartikel
d'epoca	Alt…, antiquiert

3

la multa	Bußgeld
la cassa automatica	*hier:* Fahrkartenautomat
depositare i bagagli	Gepäck aufbewahren
la portineria	Pförtnerloge

fuori da	außerhalb (von)
la polizia	Polizei
il Comando di Polizia Municipale	örtliches Polizeirevier

5

alla scoperta di	auf Entdeckung
l'attrazione turistica	Touristenattraktion

6

la spiegazione	Erklärung, Definition
il manzo	Rind
essiccato	gedörrt
la specialità	Spezialität
analcolico	alkoholfrei
aromatizzato	aromatisiert
la mandorla	Mandel
tostato	geröstet
l'impasto	Teig
il bianco d'uovo	Eiweiß
contenente	beinhaltend
il pistacchio	Pistazie
la nocciola	Haselnuss
il condimento	Soße, Dip
intingere*	eintauchen, tunken
tipo	*hier:* wie
il finocchio	Fenchel
tenero	weich, zart
la vacca	Kuh

7

l'ufficio del turismo	Fremdenverkehrsamt
a mia/tua … scelta	meiner/deiner Wahl

8

promuovere* un'iniziativa	eine Iniziative starten
essere* caro a qu.	jdm. wichtig sein
minacciare	bedrohen
la speculazione	*hier:* Grundstücks-spekulation
di massa	Massen…
l'incuria	Nachlässigkeit
la segnalazione	*hier:* Meldung
viva	Es lebe!
magico	magisch, zauberhaft
perseguitare	verfolgen
fare* di tutto	alles Mögliche tun
affinché *(+ cong.)*	damit

il paradiso terrestre	Paradies auf Erden	**ricco di**	reich an
tale	*hier:* (geanu)so, derartig	**il centro** residenziale	Wohngebiet
a dispetto di	trotz	in (continua) espansione	in (ständiger) Erweiterung
la carretta del **mare**	Schrottschiff	alpino	Alpen..., alpin
avere* rispetto per	vor etwas Respekt haben	laterale	neben, seitlich
vịvere*	*hier:* erleben	il patrimonio ambientale	Umweltgut
primitivo	ursprünglich, eigentlich	programmare	*hier:* planen
il villaggio	Dorf	la devastazione	Verwüstung
la bellezza	Schönheit	la realizzazione	Verwirklichung,
struggente	verzehrend		Realisierung
la speculazione edilizia	Immobilienspekulation	l'impianto di risalita	Liftanlage
avere* la meglio su	Oberhand gewinnen	il comprensorio sciịstico	Skigebiet
avere* **modo** di *(+ inf.)*	Gelegenheit haben	economicamente	wirtschaftlich
notare	bemerken	abbondare di	reichlich vorhanden sein
la ruspa	Bagger	le strutture **turịstiche**	Touristeneinrichtungen
la gru	Kran	necessitare di	Bedarf bestehen, bedürfen
quel **poco** che	das bisschen, das	proprio di	typisch, eigentümlich
lo stretto	Meerenge	**alto**	*hier:* hoch
paesaggịstico	landschaftlich	**il prato**	Wiese
ụnico nel suo gẹnere	einzigartig	motivato	motiviert
comprẹndere*	*hier:* umfassen	rispettoso	respektvoll
ben	gut, circa	lo stambecco	Steinbock
marino	Meer...	**popolare**	bevölkern
composto da	bestehend aus	lo spiazzo	Lichtung
la flora	Flora (Pflanzenwelt)	**servire** da *(+ sost.)*	dienen als
la fạuna	Fauna (Tierwelt)	la volpe	Fuchs
meritare	verdienen	**l'aspetto**	Aspekt
preservare	(be)schützen		
comprommẹttere*	gefährden	**9**	
stante *(+ sost.)*	angesichts, wegen		
il tunnel	Tunnel	**il monte**	Berg
la Mạnica	Ärmelkanal	**10**	
la riserva naturale	Naturschutzgebiet	**perché** *(+ cong.)*	damit

Qualcosa in più

Ieri, oggi …

in modo determinante	entscheidend
altrettanto	genauso
appartenere* a	gehören zu
il quotidiano	*hier:* tägliches Leben
la descrizione	Beschreibung
il fazzoletto di carta	Papiertaschentuch
la penna biro	Kugelschreiber
il cerotto	Pflaster
il reggiseno	Büstenhalter
parere*	scheinen
la creazione	Erfindung
celebre	berühmt
l'indumento	Kleidungsstück
femminile	weiblich
dovere* a qu.	*hier:* verdanken
aderire	anhaften, eng anliegen
il seno	Brust
il nastro	Band
sorreggere*	stützen
il meccanismo	Mechanismus, Vorrichtung
composto da (*da* comporre*)	bestehend aus
il serbatoio	Tank
l'inchiostro	Tinte
alla base	am unteren Teil
la sfera	Kugel
ruotare *(intr.)*	kreisen
la traccia	Spur
la guerra mondiale	Weltkrieg
l'infermeria	Krankensaal
morbido	weich
assorbente	aufsaugend
produrre*	produzieren
la cartiera	Papierfabrik
soffiarsi il naso	sich schneuzen
comparire* sul mercato	auf dem Markt erscheinen
divenire*	werden
ben presto	bald
il sinonimo (di)	Synonym, Sinnbild
la praticità	Zweckmäßigkeit
essere* fatto di	gemacht werden aus
il politene	Polyäthylen
mettere* in commercio	in den Handel bringen

gli Stati Uniti *(pl.)*	die USA
essere* sotto accusa	beschuldigt werden
principale	hauptsächlich, Haupt …
il/la responsabile	Verantwortliche(r)
l'inquinamento	Verschmutzung
la scoperta	Erfindung
distratto	zerstreut
il ricercatore	Forscher
non faceva che tagliarsi	schnitt sich ständig
medicare	verarzten
mettere* insieme	zusammenfügen
la garza	Gaze
il nastro adesivo	Klebeband
il fondatore	Gründer
al tempo stesso	gleichzeitig
la passione	Leidenschaft
inconciliabile	unvereinbar
almeno	zumindest
fino a quando … (non)	bis …
la società	Gesellschaft
l'apparecchio alimentato a batterie	Apparat mit Batterien gespeist
essere* capace di	in der Lage sein
riprodurre	*hier:* abspielen
la musicassetta	Musikkassette
strepitoso	glänzend, großartig
il tostapane	Toaster
la cintura di sicurezza	Sicherheitsgurt
le calze *(pl.)* di nylon	Nylonstrümpfe

Gesti

il gesto	Geste
indicare	anzeigen
la minaccia	Drohung
minacciare	androhen
la punizione	Bestrafung
il/la conoscente	Bekannte/r
in tono scherzoso	in scherzhaftem Ton
l'allontanamento	Weggehen
l'intesa	Einvernehmen
l'indifferenza	Gleichgültigkeit
la stupidità	Dummheit
la pazzia	Verrücktheit
negare	leugnen
augurare	wünschen
scongiurare	beschwören

l'inimicizia	Feindschaft
intendersela	sich gut miteinander verstehen
tagliare la corda	sich aus dem Staub machen
Chi se ne importa!?	Was geht mich das an?
Tiè!	Nimms!
Ma fossi scemo?	Ich bin doch nicht blöd?
prenderle	gehauen werden

Stampa italiana

il periodico	Zeitschrift, Periodikum
settimanale	wöchentlich
il carattere	*hier:* Art
di carattere generale	allgemeiner Art
la politica	Politik
la società	Gesellschaft
specialistico	Fach…
la politica interna	Innenpolitik
la politica estera	Außenpolitik
culturale	Kultur…
saltare	überspringen

Fare e ricevere regali

scartare	auspacken
il bigliettino di ringraziamento	Dankeskarte
il Galateo	Anstandsbuch (Knigge)
attorno a cui	um die

aleggiare	wehen
la superstizione	Aberglaube
negativo	negativ
la spilla	Anstecknadel
appuntito	spitz
la piuma	Feder
la saliera	Salzfass, Salzstreuer
godere* fama di	den Ruf haben
il portafortuna	Glücksbringer
il prodotto di bellezza	Schönheitsmittel
la biancheria	Wäsche
imbarazzare	in Verlegenheit bringen
essere* in confidenza con	vertraut sein mit
il donatore	Geber, Schenkender
intimo	intim
influente	einflussreich
la riconoscenza	Dankbarkeit
il cestino	Geschenkkorb
le specialità gastronomiche	gastronomische Spezialitäten
di persona	persönlich
in presenza di	in Anwesenheit von
a mani vuote	mit leeren Händen
commentare	kommentieren
tanto meno	noch weniger
accennare a	anspielen, hinweisen auf
a quattr'occhi	unter vier Augen
calorosamente	herzlich
essere* presente	anwesend sein
a bassa voce	mit leiser Stimme
rinnovare i ringraziamenti	den Dank erneuern

W

ALPHABETISCHES WÖRTERVERZEICHNIS

Die erste Zahl (fett) gibt die Nummer der Lektion an, die zweite Zahl den Lernschritt. Die mit Stern gekennzeichneten Verben haben eine unregelmäßige Form.

a caso **5** 1
A che mi/ti serve? **2** 4
a condizione che
  (+ cong.) **5** 2
a dispetto di **10** 8
a favore di **6** 7
a forma di **7** 2
a giudicare da **9** 5
a lungo termine **8** 11
a male parole **2** 6
A me non sembra
  proprio! **1** 10
a memoria **1** 1
a meraviglia **4** 3
a mia/ tua ... scelta **10** 7
a nord di **10** 2
a parte (+ sost.) **8** 11
a parte il fatto che **8** 6
a patto che (+ cong.) **5** 2
a prezzi incredibili **8** 8
a proposito di **8** 3
a quattro stelle **6** 2
a strisce **5** 12
a sua volta **10** 2
a suon di clacson **2** 6
abbandonare **5** 6
abbassare gli occhiali
  5 12
abbattersi **8** 3
abbinamento **4** 2
abbondare di **10** 8
abbracciarsi **4** 7
abbreviato **4** 3
abile **5** 2
abitato (sost.) **10** 2
abituarsi a **4** 6
accadere* **7** 11

accesso **1** 12
accettato **1** 8
acciaccato **2** 6
acciuga **2** 6
accontentarsi di qc. **2** 12
accordo **1** 10
accumulo **8** 2
acquistare **5** 2
addetto **3** 13
addobbare **7** 2
adeguatamente **8** 11
adeguato **1** 12
affare **3** 1
affinché (+ cong.) **10** 8
affrescare **10** 2
agenda **3** 8
aggeggio **1** 12
aggiornamento **3** 8
aggiungersi **5** 6
agricoltura **8** 11
ai quattro angoli **5** 6
al massimo **6** 10
al solito **8** 11
albero **7** 2
all'altro capo del filo **6** 10
all'interno **2** 14
alla base di **5** 6
alla scoperta di **10** 5
alla svelta **4** 3
allacciato fino a **5** 12
alluvione **8** 2
alpino **10** 8
alternativa **1** 12
altimetro **3** 8
alto **10** 8
altre volte **1** 2
altro giorno **4** 3

alveo **8** 3
amare (+ inf.) **4** 6
amareggiato **8** 11
ambientalista (agg.) **8** 11
ambiente **8** 5
ambulanza **5** 2
amicizia **6** 1
ammettere* **5** 2
ammiccante **5** 12
analcolico **10** 6
analogia **6** 13
analogo **1** 8
andare* **1** 8
andare* a finire **9** 15
andare* a sbattere contro
  9 8
andare* sul sito **5** 6
andare* via di casa **6** 8
annullare **3** 13
antialce **3** 8
anticipare **3** 4
anticipare di **8** 3
anticipo **7** 10
antifurto **3** 4
Anzi! **6** 5
anziché (+ inf.) **2** 4
apertura **7** 5
apparecchiare **6** 13
apparecchio a scansione
  1 12
appartenere* a **10** 1
appassionato di **5** 2
appena **2** 12 / **4** 3
appena possibile **4** 6
apposito **10** 2
apprendere* **4** 3
apprendimento **1** 2
apribottiglie **9** 7
arabo **2** 2
area **8** 3
argento **3** 1
argomentare **1** 10

argomento **1** 12
aromatizzato **10** 6
arrabbiato **8** 10
arrangiarsi **1** 1
arrendersi* **2** 12
arrivare a destinazione
  5 6
arrivare a distanza zero
  9 8
arrivare alla conclusione
  4 3
arrogante **5** 2
artigianale **10** 2
ascolto **5** 2
asilo (nido) **2** 4
aspetto **10** 8
aspirapolvere **6** 13
assassino **5** 2
assegnare **5** 6
assenza **5** 2
assicurare **3** 13
assicurazione **3** 12
associare a **5** 6
associazione **8** 11
assumere* **1** 12 / **5** 2
assurdo **1** 12
astronomo **9** 8
attaccare **5** 6
attento **1** 15
attesa **5** 2
atteso (da attendere*)
  8 11
attrarre* **5** 2
attraversare **2** 6
attrazione turistica **10** 5
attuale **10** 1
attualmente **4** 3
aumentare (intr.)
  4 3 / **6** 2
aumento **6** 2
autentico **1** 1
autocarro **6** 2

autocontrollo **6** 10
automobile **5** 3
automobilistico **2** 2
autore **5** 2
autostrada **5** 2
avarizia **9** 2
avere* difficoltà a (fare
   qc.) **2** 4
avere* fretta **8** 11
avere* in mano **2** 12
avere* la meglio su **10** 8
avere* modo di *(+ inf.)*
   10 8
avere* rispetto per **10** 8
avere* sede **10** 1
avere* torto **8** 3
avere* valore **3** 1
avere* voglia di *(+ inf.)*
   3 4
avvenire* **4** 1
avversario **1** 12
avvertire **3** 6
avviarsi verso **8** 11
avvicinarsi **7** 6
avvincente **5** 3
avvocato **2** 9
azzuffarsi **6** 2
bagnare **10** 1
banale **5** 6
banchetto **8** 11
barattolo **8** 11
barca a motore **10** 2
barca a remi **10** 2
barrare **3** 2
basarsi su **3** 14
basso **2** 12
bastare *(+ inf.)* **4** 3
battaglia **1** 12
battello **10** 2
battersi con **1** 12
battuta **9** 15
bellezza **10** 8
ben **10** 8
benché *(+ cong.)* **6** 6
bene di consumo **3** 7
benzina **3** 5
bianco d'uovo **10** 6
biglietto **4** 10

bimbo **6** 2
bisogno (di) **6** 5
bloccarsi **1** 2 / **3** 8
boccata d'aria **8** 13
botta **2** 6
bottone **5** 12
brevetto **8** 11
brillo **6** 8
brindare **7** 2
brunito **3** 8
buco dell'ozono **8** 2
bugia **9** 11
buon senso **8** 3
bus-navetta **5** 12
busta **2** 4
buttare via **8** 4
buttarsi nelle mischie **9** 8
C'è da fidarsi? **5** 12
cadere* **5** 2
cadere* in testa **8** 3
caffettiera **9** 6
calcolando che **7** 4
calcolare **4** 3
calo demografico **6** 3
calore **6** 1
calza **7** 2
cambiamento climatico
   8 2
cambiare argomento
   1 12
cambiare faccia **6** 0
cambiare idea **8** 3
cambiare itinerario **2** 4
cambiare la macchina
   3 4
cambiare sede **9** 14
camera operatoria **5** 2
campagna pubblicitaria
   8 11
campeggiare **8** 11
campo **8** 11
cantante **5** 4
capacità (di) **5** 2
capelli rasati **3** 8
capitale **2** 2
capitare **9** 8
capitare in mano **8** 3
capoluogo **2** 2

carattere **4** 3
caratterizzare **4** 2
carbone **7** 2
carbone di zucchero **7** 2
caricare di **6** 5
carnevale **7** 2
carretta del mare **10** 8
caso **1** 8
cassa automatica **10** 3
cassetto **7** 8
casuale **5** 6
categorico **1** 8
catena **5** 6
causa **8** 11
cedere **8** 3
centinaio di
   (pl. centinaia) **5** 6
centro economico **2** 2
centro per gli anziani **2** 5
centro residenziale **10** 8
centromeridionale **1** 8
ceramica **3** 1
cerimonioso **5** 12
certo che **7** 8
Che abbia a che fare
   con ...? **8** 11
Che c'è? **8** 6
Che c'è che non va? **7** 4
Che Le devo dire? **3** 13
che sia ... o ... **2** 12
chiamare **9** 8
chiaramente **5** 6
chiaro **1** 6
chiedere* in prestito **1** 9
chilometro **3** 4
chimico *(agg.)* **8** 11
chirurgico **5** 2
chirurgo **5** 2
chiunque *(pron.)* **4** 6
chiunque altro **9** 8
chiusura centralizzata
   3 4
chiusura lampo **3** 1
cibo in scatola **8** 11
cieco **5** 2
cinefilo **3** 8
cioè **2** 7
circa **1** 8

circolare **4** 3
circondare **5** 2
circonvallazione **5** 12
citare **1** 12
città portuale **2** 2
cittadina **2** 12
cittadino **2** 4
clacson **2** 6
clima **8** 3
cogliere* **9** 8
cogliere* l'occasione **8** 11
coinquilino **4** 11
coinvolgimento **9** 8
collana **3** 2
colle **10** 2
collegamento infrarossi
   3 8
collegarsi a **3** 8
colomba **7** 2
colonna **3** 4
coloro che **1** 12
Com'è che ...? **8** 6
comandamento **1** 12
Comando di Polizia
   Municipale **10** 3
comando vocale **3** 8
combattere **1** 12
Come sarebbe a dire?
   3 13
come se *(+ cong.)* **4** 6
comico *(agg.)* **5** 2
commissionare **4** 3
comodamente **8** 6
compagnia **5** 1
compagno/-a di giochi
   9 12
competitività **6** 1
complemento di stato
   in luogo *(gr.)* **1** 8
complesso **1** 12
completo *(sost.)* **5** 12
composto da **10** 8
compravendita **3** 1
comprendere* **1** 1 / **10** 8
comprensorio sciistico
   10 8
compromettere* **10** 8
comune *(sost.)* **2** 12

comunicare 1 1
comunicativo 9 8
comunque 6 10
con esattezza 3 4
Con quale frequenza? 4 1
concentrarsi su 1 6
concreto 6 8
condimento 10 6
conferenza 1 12
confessare 8 8
confinare con 2 14
conflitto 6 1
confortevole 8 3
confronto 1 2
conosciuto 4 2
consegna 3 13
consegnare 3 13 / 5 8
conseguenza 8 3
consentire 1 12
considerare 4 3 / 6 10
consulente 3 8
consulenza 3 8
consultare 5 12
consumatore 8 11
consumista 9 6
contattare 5 2
contenente 10 6
contenitore 8 5
contenuto (sost.) 5 6
contesto 1 8
continente 5 6
continuare 2 8 / 6 2
continuo 2 6
contraccezione 6 2
contratto 3 8
contribuire (-isc) a 8 6
contributo 6 14
controllare 4 2
conversazione 1 1
convinto (da
   convincere*) 1 8
copertina 5 6
cornice 3 1
correttezza 9 2
corsa 5 2
cortile 10 2
Cosa c'entra … con …?
   8 11

cosiddetto 7 8
cosmetico 3 7
costare un patrimonio
   3 4
costeggiare 10 2
costruire (-isc) 2 4
costrutto 1 8
costruzione 2 5
cotechino 7 2
creare 8 13
creativo 3 12
crescente 6 2
crescere* 4 3
crescita 4 3 / 6 2
Cristo! 6 10
critico 4 3
cronaca 8 3
cui 5 6
cultura alternativa 9 8
d'epoca 10 2
d'ora in poi 8 11
da come 3 4
da dentro 6 10
da entrambe le parti 8 4
Da quanto tempo? 1 2
da residente 2 12
da un anno a questa
   parte 5 6
da un'altra parte 1 5
Dai! 7 4
dal fondo 8 11
dall'altra parte 2 4
dare* diffusione a 9 8
dare* in prestito 1 9
dare* origine (a qc.) 4 3
dare* un film 8 10
dare* una botta 2 6
darsi* da fare 3 8
davvero 5 2
decimare 6 2
decisamente 7 8
decisivo 6 2
decremento 6 2
deforestazione 8 2
del tutto 3 4
delusione 8 8
depositare i bagagli 10 3
deserto (agg.) 7 11

desiderato 4 9
destinatario 4 12
detentrice 8 11
determinare 9 10
detersivo 8 5
dettato 1 1
devastazione 10 8
di base 1 8
Di che colore è? 3 4
di circostanza 7 8
di fiducia 8 11
di mano in mano 5 6
di massa 10 8
di meno 9 2
di sesso opposto 6 13
di tanto in tanto 1 6
di volta in volta 5 2
dialetto 1 8
diavolo 5 3
difendersi* (bene) 1 12
difetto 8 11
difficoltà 1 2
diffusione 4 3
dimenticarsi di (+ inf.)
   7 5
diminuire (-isc) 8 6
dimostrare 7 8
dipendere* da 1 8
dire* 5 6
dire* la propria 6 3
direttore 1 8
disaccordo 1 10
discorso 1 6 / 5 8
discreto 1 1
discriminare 9 8
disonestà 9 2
disordinato 9 6
dispositivo 1 12
distinguere* 7 8
distinto 5 12
distogliere* gli occhi (da)
   6 10
distribuire (-isc) 5 6
disturbare 2 11
diventare madre di 5 10
diversamente 1 10
dividere* 9 6
divieto 1 15

divorzio 6 2
dizionario 1 12
documenti 9 7
documento 1 1
dopo 1 2
dopo (+ inf. pass.) 8 3
dopo pranzo 7 4
dopo tutto 1 2
dotare di 3 1 / 8 3
drammatico 8 3
È (proprio) vero. 1 10
e basta 5 12
È che … 8 6
è colpa di 6 5
È colpa mia/tua … 3 14
e così via 4 3
è l'unico/-a a (+ inf.)
   7 10
è l'uso che fa
   la regola 1 8
è la prima (seconda)
   volta che 7 5
è mio/tuo/ … 2 9
È proprio questo il
   punto! 1 2
è solo che 7 4
è tuo/suo/ …? 2 9
È una vergogna! 6 2
eco-consiglio 8 5
ecologico 8 5
economicamente 10 8
edera 3 8
editoria 2 2
educazione 6 2
effetto 4 4 / 8 11
effetto serra 8 2
egoismo 9 2
elemento 3 4
elettronica 1 12
elettrosmog 8 2
eliminare 9 3
eloquio 3 8
emerso (da emergere*)
   4 4
emozionante 5 3
energia 6 5
ennesimo 7 5
enorme 2 2

entrambi **8** 4
entrare a far parte **1** 12
entrare in testa **1** 2
Epifania **7** 2
eppure **1** 12
equivalente *(sost.)* **1** 12
errato **5** 4
errore **1** 2
esaminare **1** 12
esattezza **8** 11
eschimese **1** 13
esempio **2** 5
esercito **5** 6
esercizio **1** 1
esibire *(-isc)* **3** 8
esitazione **9** 8
esondare **2** 12
esperimento **5** 6
esplodere* **4** 3
espressione **6** 10
espressione da tigre **6** 10
esprimere* il proprio
   parere **1** 1
essa **1** 8
esserci* in giro **1** 8
essere* a rischio **8** 3
essere* abituato a *(+ inf.)*
   8 4
essere* al Governo **10** 1
essere* aperto **1** 6
essere* appassionato di
   3 8
essere* arrabbiato con **4** 7
essere* caro a qu. **10** 8
essere* contento di **1** 5
essere* contrario a **7** 8
essere* convinto **3** 4
essere* convinto di **1** 8
essere* del parere **1** 10
essere* destinato a **4** 3
essere* disposto a
   (+ inf.) **9** 8
essere* fatto per **3** 8
essere* fermo **2** 6
essere* fortunato **5** 6
essere* in coma **5** 2
essere* in ritardo **7** 4
essere* in servizio **5** 2

essere* in vena di *(+ inf.)*
   2 9
essere* innamorato di **5** 2
essere* nero **8** 6
essere* obbligato a
   (+ inf.) **7** 4
essere* propenso a
   (+ inf.) **6** 2
essere* solidale con qu.
   9 11
essere* solito *(+ inf.)* **8** 11
essere* spiacente **3** 13
essere* stregato da **3** 11
essere* sufficiente *(+ inf.)*
   4 3
esservi* **6** 10
essiccato **10** 6
estremo *(agg.)* **8** 3
etichetta **5** 6
Europa centrale **8** 3
evacuare **2** 12
evento **8** 3
evidenziare **1** 8
fabbro **3** 8
faccende domestiche
   (pl.) **6** 13
facilità **6** 5
facilitare **6** 5
fallire *(-isc)* **2** 6
fango **8** 3
fantascienza **5** 1
far sentire la propria
   voce **8** 11
fare* *(pop.)* **6** 10
fare* + inf. **5** 9 / **6** 2 / **6** 4
fare* acquisti **3** 3
fare* arrabbiare **9** 1
fare* benzina **3** 5
fare* di tutto **10** 8
fare* finta di *(+ inf.)* **2** 6
fare* il buffone **9** 8
fare* il confronto con **1** 2
fare* il conto di **4** 3
fare* il nonno **6** 5
fare* il presepio **7** 2
fare* in modo che
   (+ cong.) **3** 14
fare* la differenza **8** 6

fare* la figura da **1** 12
fare* la gimcana **2** 4
fare* parte di **1** 12
fare* presente (qc. a qu.)
   2 11
fare* ridere* **1** 12
fare* scherzi **7** 2
fare* storie **3** 4
fare* tardi **4** 10
fare* un corso **1** 2
fare* un salto da **6** 10
fare* una brutta/bella
   figura **7** 8
fare* una fermata **2** 4
fare* una figuraccia **7** 8
farsi* gli affari propri **2** 9
farsi* male **6** 11
fata **5** 10
faticoso **2** 11
fattibile **6** 2
fauna **10** 8
fazzoletto **9** 7
fedeltà **9** 2
ferie *(f./pl.)* **8** 9
ferire *(-isc)* **5** 10
fermare **8** 11
fermo **2** 6
ferro **3** 1
festaiolo **7** 12
fiaba **5** 10
figura centrale **6** 5
fila **8** 11
finanziario **2** 2
finché **2** 6
finire *(-isc)* **8** 11
finire *(-isc)* in buone/
   cattive mani **5** 6
finocchio **10** 6
firmare **3** 8
fisico *(agg.)* **9** 8
flessibilità **9** 2
flora **10** 8
flusso **2** 6
foglia **3** 12
foglio **1** 12
fondato **8** 11
forbici *(f./pl.)* **1** 9
formale **1** 8

formalità **7** 8
formulare una domanda
   10 1
fornitore **1** 12
fortunato **5** 6
fortunello **5** 12
Forza! **2** 6
fotografare **2** 10
frenare **2** 6
frequentato **10** 2
frequente **6** 10
frequentemente **8** 3
frullatore **3** 2
funzionamento **3** 8
funzione logica **1** 8
fuori da **10** 3
fuori moda **3** 8
fuori posto **9** 6
garanzia **3** 13
garbo **3** 8
gelato *(agg.)* **8** 3
genere **9** 8
genere alimentare **8** 11
generosità **9** 2
geneticamente
   manipolato **8** 11
genetico **8** 11
gentilezza **3** 8
geograficamente **10** 1
ghiacciaio **8** 2
giallo *(sost.)* **5** 1
giapponese **1** 13
giardinetto **6** 2
gigantesco **4** 3
giocare a tombola **7** 2
giocare i numeri al
   lotto **8** 8
giocare un ruolo
   (decisivo) **6** 2
giocattolo **6** 4
gioia **2** 12
gioiello **3** 12 / **10** 2
giorno prima **7** 8
girare **2** 12 / **4** 3
giro **2** 4 / **8** 6
gita **10** 2
giungere* alla fine **8** 11
giustificare **3** 13

giustificarsi 3 13
globale 5 6
globo 5 6
governare 8 3
governo 5 8
gradualmente 1 6
graduatoria 3 7
grandi *(m./pl.)* 6 5
grandinata 8 3
gratitudine 9 8
gratuito 5 12
grave 8 2
grazioso 3 1
gridare 2 6
grosso modo 4 3
gru 10 8
guaio 8 3
Guardi che … 2 9
guarire *(-isc)* 5 10
guerra 9 1
guida turistica 5 1
guinzaglio 2 10
gustare 3 12
identificazione 5 6
identità 5 2
il che significa 8 3
il fatto che *(+ cong.)* 9 8
il più *(+ agg./avv.)*
   possibile 8 5
il più possibile 1 1
imbarcadero 10 2
immaginare 5 2
immaginario 5 2
immaginarsi qc. 4 2
immondizia 6 13
impacchettare 7 8
impasto 10 6
impazienza 9 2
impeccabile 5 2
impedire *(-isc)* 9 8
impegnarsi 8 11
impercettibilmente 6 10
impermeabile *(agg.)* 3 1
impermeabilizzato 6 10
impersonale 3 4
impianto di risalita 10 8
impianto sportivo 2 4
impiegare 4 3

importare 8 11
impossibile 1 12
improvvisamente 2 11
improvvisare 3 14
improvviso 1 12
impuntarsi 1 12
in (continua) espansione
   10 8
in alternativa 10 2
in arrivo 4 3
in basso 1 8
in caso di *(+ sost.)* 7 8
in cerca di 5 6
in cima a 10 2
in circolazione 4 3
in contrassegno 3 13
in direzione 10 2
in generale 6 5
in maniera diversa 7 4
in maniera drammatica
   8 3
in neretto 6 6
in ogni caso 6 10
in pace 2 9
in partenza da 10 2
in qualche caso 1 12
in qualche modo 5 2
In quanto tempo? 1 2
in questo modo 5 6
in realtà 1 8
in ritardo 3 14
in senso assoluto 7 8
in sostanza 8 3
in tempo 8 8
in tinta 5 12
in un colpo (solo) 1 6
in voga 1 12
inattaccabile 1 12
inaugurare 5 8
incantesimo 5 10
incapacità 9 8
incaricare qu. di *(+ inf.)*
   5 10
incarto 7 8
incidente 3 14
incidente stradale 8 6
incomprensibile 6 8
incrociarsi 5 2

incuria 10 8
incuriosire 8 11
indiano 1 13
indietro 2 6
indispensabile 3 1
individualismo 6 2
indossare 3 12
indubbiamente 6 5
industria 2 2
infatti 6 5
infedeltà 9 2
infilare 6 10
infilarsi (gli occhiali) 5 12
infine 4 3
inflessibilità 9 2
influsso 1 8
informale 1 8
ingegneria genetica 8 11
ingiustificato 4 3
ingombrante 3 1
ingorgo 2 6
ingrandire *(-isc)* 2 5
ingrediente 8 11
ingresso 8 11
iniziare a *(+ inf.)* 8 11
iniziativa 5 13
inizio 3 1
innanzitutto 8 6
innervosire *(-isc)* 9 1
innovativo 8 11
inorridito 8 11
inquinamento 8 2
inquinamento
   atmosferico 8 2
inseguire* 3 12
insistentemente 2 11
insistere* 6 10
intanto 3 8
intendere* 8 11
interessare a qu.*(+ inf.)*
   3 3
interessato 8 11
interiore 9 8
internazionale 5 6
intero 10 2
interrogativo *(sost.)* 8 11
intingere* 10 6
intitolarsi 5 2

intolleranza 9 2
intorno a cui 8 6
introdurre* 1 8 / 2 5
intuito 5 2
inutile 1 12
invadente 9 8
invano 8 4
invece di *(+ inf.)* 2 7
invenzione 1 12
invernale 8 3
investire 2 5
invisibile 7 11
invitare 7 10
ipocrisia 9 2
ipotetico 8 3
ironico 4 3
irresoluto 5 2
irrisolto 8 11
irruenza 9 8
isola 2 2
ispirarsi a 9 12
ispirato a 8 1
istituzione 1 15
istruzione 8 11
italico 8 3
itinerario 2 4
l'importante è 1 6 / 3 4
l'indomani 3 8
ladro 3 8
laguna 5 2
lasciare *(+ inf.)* 2 9
lasciare a piedi 3 4
lasciare un messaggio
   4 6
lasciarsi 3 5
laterale 10 8
latino 1 12
lavagna 5 11
lavare i piatti 6 13
lavastoviglie 6 13
lavori di casa *(pl.)* 8 4
Le pare il modo di
   (+ inf.)? 3 13
legato a 7 2
legge 5 8
leggendario 9 8
legno 3 1
lente da lettura 5 12

lentezza 5 12
lenticchie *(pl.)* 7 2
lessico 9 9
letterale 1 12
letteratura 2 7
lettore 5 6
lettura 5 0
liberare 5 6
liceale 6 10
licenziamento 9 13
liceo 2 12
linea 2 5
lino 3 1
litigio 9 13
livello 1 1
località 8 8
logoro 5 2
lotteria 8 3
lucido per le scarpe 9 7
luogo pubblico 2 10
macchina 3 8
magari *(+ cong.)* 7 4
maggiore 2 2
magico 10 8
mago 5 10
magro come un'acciuga
  2 6
malgrado *(+ cong.)* 6 6
mancanza di rispetto 9 1
mandorla 10 6
mania 9 3
maniera 1 6
manipolare 8 11
mantenere* 9 7
mantenere* un segreto
  9 11
manzo 10 6
marca 3 12
margarina 3 12
marino 10 8
martello 3 2
mascherarsi 7 2
mascherina 8 13
massa 8 3
materiale *(sost.)* 3 1
maternità 5 8
matita 1 9
matrigna 5 10

mattone 3 8
mazzo 7 2
meccanismo 8 11
media 6 2
media *(sost.)* 4 2
mediterraneo 1 12
melone 5 8
memoria 9 6
memorizzare 1 6
ménage familiare 8 3
Meno male! 4 5
mercato alimentare 8 11
merce 3 14
meritare 10 8
messaggio 4 2
metà … metà … 1 12
metallo 3 1
metodo 1 6
metro 8 6
metrò 2 12
metropoli 6 2
metterci* a 1 2
mettere* 7 8
mettere* a disposizione
  2 5
mettere* a posto 9 3
mettere* di buon/cattivo
  umore 9 1
mettere* in evidenza 1 8
mettere* in gioco 9 8
mettere* in luce 4 3
mezza lente 5 12
mezzo di comunicazione
  1 15
mezzo militare leggero
  9 8
Mi sa che … 1 8
mi/ti tocca *(+ inf.)* 2 4
microscopico 8 11
miei 3 4
miglio 9 1
migrazione 6 2
milanese 2 12
mille volte 4 7
mimosa 7 2
minacciare 10 8
minacciosamente 8 11
minimo 9 8

minore 6 2
minuscolo 8 8
misteriosamente 4 3
misterioso 2 13
mistero 4 3
Mobile *(sost.)* 5 2
moca 3 2
modestia 9 2
modesto 1 12
modificare
  geneticamente 3 8
mogano 3 1
molteplici 10 2
momento no 9 11
mondiale 1 12
monsone 8 3
monte 10 9
montuoso 2 13
morire* 5 2
morto 2 6
mostrare 8 11
mostrare curiosità 1 6
mostruoso 1 12
motivato 10 8
motociclista 5 4
motorino 9 8
mucca pazza 8 11
multa 10 3
multinazionale 8 11
muoversi* 8 4
musicale 5 4
mutare 3 8
narratore 9 8
nascere* 2 12
natalità 6 2
naturale 1 6
navigatore
  satellitare 3 8
navigazione 1 12
nazionale 5 8
nebbia 2 2
necessità 1 8
necessitare di 10 8
negare 6 5
negativo 9 8
nei confronti di 1 6
nei quali 1 6
nel frattempo 8 11

nell'arco di 4 3
neutro 4 3
neve 4 8
nevicata 8 3
nido 6 1
niente 4 6
niente da fare 10 2
Niente ma! 2 9
nobile *(agg.)* 8 11
nocciola *(sost.)* 10 6
noleggiare 10 2
noleggio 10 2
non … alcun(o) 4 9
non … mica 7 4
non … neanche 3 4
non … nemmeno 1 5
non … nessun(o) 2 9
non aver di meglio che
  7 8
Non c'è problema! 2 4
non c'era verso 9 8
Non direi proprio! 1 10
Non è che *(+ cong.)* 1 8
Non è che …? 1 8
Non è detto che
  (+ cong.) 7 8
Non è grave. 1 6
non esserci* niente
  da fare 9 9
non fare altro che *(+ inf.)*
  6 2
Non sarà certo … 8 6
Non so cosa darei per
  (+ inf.) 2 12
non vedere l'ora che
  (+ cong.) 7 6
nonostante *(+ cong.)* 6 5
normanno 2 2
nota 5 6
nota dolente 2 12
notare 10 8
notevolmente 4 3
notizia 5 8
noto 7 3
novella 5 6
obiettare 3 8
occhiali da sole 3 2
odiare *(+ inf.)* 4 6

W

oggettistica **10** 2
olio vegetale **8** 11
oltre **5** 6
oltrepassare **2** 12
onestà **9** 2
opportunità **1** 6
opuscolo informativo **1** 6
ora di punta **2** 6
ordinare **2** 6 / **3** 13
ordine **3** 13 / **9** 6
orecchino **3** 1
organismo **8** 11
organizzazione **6** 14
originario **4** 12
origine **1** 13
oro **3** 1
orribile **1** 8
osservare **1** 6 / **2** 1
ossigeno **8** 13
ostacolare **8** 11
ottimismo **9** 2
ottimizzare **3** 8
ovale **3** 1
over 80 **6** 2
ovolone **3** 8
ovunque **5** 6
ovunque *(+ cong.)* **9** 8
pace **2** 9
padella **3** 2
paesaggistico **10** 8
paio *(pl.* le paia) **3** 1
pallone **3** 2
panettone **7** 2
paradiso terrestre **10** 8
paragrafo **4** 3
parapendio **9** 1
parcheggiare **2** 9
parecchi/parecchie **2** 4
parere *(sost.)* **1** 1
parlare di **5** 2
parte **2** 4
partire **3** 6
partire per la guerra **5** 10
partita **3** 8
partito **10** 1
passaggio **1** 12 / **6** 5 / **8** 11
passaporto **9** 7
passare **1** 4 / **2** 6 / **5** 12 /

7 8 / **9** 8
passare all'offensiva **1** 12
passare l'aspirapolvere
    6 13
passeggiare **10** 2
patrimonio ambientale
    10 8
Pazzesco! **1** 2
peccato che *(+ cong.)* **3** 8
peggio **5** 12
penisola **10** 2
pensarla **1** 10
per cento **4** 3
per cominciare **1** 12
per comodità **6** 8
per cui **3** 14
per definizione **1** 12
per e-mail **4** 3
Per fortuna che … **3** 13
per informazioni su **10** 2
per mancanza di **3** 13
per me **8** 2
per miracolo **9** 8
per non parlare di **2** 4
per quanto riguarda
    (+ sost.) **4** 3
per quello che sei **9** 11
per un attimo **8** 3
per una volta **7** 4
percentuale *(sost.)* **4** 3
perché *(+ cong.)* **10** 10
perciò **4** 2
percorrere **5** 12
percorso *(da* percorrere*)*
    10 2
perdere* **5** 6
perfino **6** 5
pericolo **8** 11
periodo **8** 11
perlomeno **9** 14
permafrost **8** 3
permanentemente **8** 3
permanenza **6** 8
perplesso **5** 12
perseguitare **10** 8
personale *(agg.)* **1** 12
personale *(sost.)* **3** 13
personalmente **4** 9

pesante **3** 1
pesare *(intr.)* **3** 8
pesce gatto **8** 11
pessimismo **9** 2
pettegolezzo **9** 1
pettine **3** 2
pettorina **8** 11
pezzo d'antiquariato **10** 2
pianeggiante **2** 13
pianeta **6** 2
piatto **2** 12
pieno di **5** 2
pigiato come una
    sardina **8** 6
pista **8** 3
pista ciclabile **2** 5
pistacchio **10** 6
più … meglio … **1** 6
piuttosto che **8** 6
poi **7** 8
poiché **8** 4
politica familiare **6** 14
politicamente **10** 1
politico *(agg.)* **2** 2
politico *(sost.)* **9** 1
polizia **10** 3
poliziotto **5** 2
polo **5** 12
polo opposto **5** 2
polso **6** 10
polverina magica **5** 10
popolare **10** 8
popolazione **6** 2
popolo **1** 12
porre* una domanda **2** 12
porsi* un obiettivo **1** 6
porta blindata **3** 8
portare fuori **6** 13
portata *(sost.)* **7** 4
portiere **2** 9
portineria **10** 3
portone **2** 4
portuale **2** 2
posate *(f./pl.)* **3** 2
possibilità **7** 4
posta elettronica **4** 3
posticipato **6** 2
pozzo **5** 10

prato **10** 8
precipitazioni *(pl.)* **8** 3
precisione **5** 2
precotto **8** 11
premere per *(+ inf.)* **8** 3
prendere* come esempio
    8 3
prendere* in
    considerazione **8** 3
prendere* il volo **3** 12
preoccupare **8** 2
preoccupato **4** 3
preoccupazione **6** 2
presentare una legge **5** 8
presentarsi **3** 8
presente *(agg.)* **9** 9
presepio **7** 2
preservare **10** 8
Presidente **5** 8
preso *(agg.)* **8** 11
prestare **1** 8
prestigioso **6** 2
prevedere* **4** 3
prigione **5** 10
prima che *(+ cong.)* **5** 2
prima di *(+ inf.)* **1** 2
prima di tutto … e poi
    4 6
primitivo **10** 8
principe **5** 10
principessa **5** 10
privarsi di **7** 8
privato *(sost.)* **4** 3
prodotto *(da* produrre*)*
    8 5
professionista *(agg.)* **5** 2
profumo **3** 7 / **9** 1
profusione **9** 8
progettare **2** 5
programmare **10** 8
progresso **1** 5
promuovere*
    un'iniziativa **10** 8
pronuncia **1** 1
pronunciare **4** 3
proprio **7** 8
proprio di **10** 8
proprio per questo **5** 6

proseguire **6** 12

protestare **3** 13

prova **4** 3 / **6** 10

provare **1** 12

provare a *(+ inf.)* **2** 6

provenienza **8** 5

pubblicità **3** 8

pulire i vetri **6** 13

pulire il bagno **6** 13

puntatore **1** 12

punto di partenza **2** 6

pur di *(+ inf.)* **9** 8

purché *(+ cong.)* **5** 2

pure **9** 14

puro **3** 8 / **3** 12

quadrato *(agg.)* **3** 1

qualsiasi **1** 6

qualunque **9** 8

quasi quasi **5** 2

quel che importa **1** 6

quel poco che **10** 8

quel(lo) che **1** 6

quotidianità **7** 8

quotidiano *(sost.)* **5** 1

raccolta **5** 4

raccolta differenziata **8** 5

raccomandazione **8** 11

rammarico **6** 2

rapidamente **6** 2

rapido **1** 12

rappresentante **8** 3

raro **1** 12

rasoio **3** 2

re **5** 10

reale **4** 1

realistico **1** 6

realizzare **1** 15

realizzazione **10** 8

reazione **7** 8

recensione **5** 1

recitare **9** 8

reclamare **3** 13

reclamizzare **3** 11

reclamo **3** 13

regina **5** 10

regionalismo **1** 8

regione **2** 12

registrare **5** 6

registrazione **5** 6

registro colloquiale **1** 8

regola **1** 2

relativamente **3** 4

relax **8** 3

rendere* l'idea **1** 12

resistente **3** 1

resistenza **9** 8

respingere* **2** 6

respirare **8** 13

responsabile **3** 13

resta il fatto che **4** 6

restante **4** 3

restaurare **3** 1

rete **1** 12

rettangolare **3** 1

riassaporare **5** 12

ribaltabile **6** 2

ricco di **10** 8

ricerca **4** 3

richiamare **4** 2

riciclaggio **7** 8

riciclare **7** 8

riciclato **8** 5

riconoscimento **5** 6

ricorrente **9** 8

ricostruire *(-isc)* **2** 9

ridere* **1** 12

ridicolo **3** 8

ridurre* **1** 6

ridursi* **6** 5

rientrare **6** 10

rifarsi* **8** 3

rifarsi* a **8** 3

riferirsi a **7** 2

rifilare **7** 8

rifiuti *(m./pl.)* **8** 2

riflessione **7** 8

rifugio **8** 3

riga **9** 9

rigido **1** 8

rilassare **9** 1

rimandare **7** 5

rimanerci* male **7** 8

rimanere* bloccato **8** 10

rimanere* in attesa (di)
   5 2

rimbalzare **2** 6

rimettere* a posto **8** 11

rimettere* in circolo **5** 6

rimodernare **3** 8

rimproverare **3** 8

rinunciare a **8** 5

ripassare **6** 10

ripetere **1** 6

ripetizione **1** 8

ripresentarsi **3** 8

risalente a **10** 2

rischio **8** 2

riserva naturale **10** 8

riservato **2** 9

risolvere* **8** 11

risorsa **6** 2

risotto alla milanese **5** 4

risparmioso **3** 12

rispecchiare **6** 14

rispedire **2** 6

rispettare **1** 8 / **7** 3 / **7** 8

rispettoso **10** 8

rispiegare **3** 8

ristrutturazione **7** 5

risultare **4** 3

risultare *(+ agg.)* **3** 14

ritardare **8** 3

ritardo **3** 13

ritratto **6** 1

ritrovamento **5** 6

ritrovarsi **2** 6

riunificazione **10** 1

riunione **4** 10

rivedere **1** 6

rivelare **5** 2

rivelarsi **1** 12

rivoluzionario *(agg.)* **5** 6

romano *(sost.)* **5** 8

romantico **2** 13

romanzo d'amore **5** 1

romanzo d'avventura **5** 1

romanzo poliziesco **5** 2

romanzo storico **5** 1

rotto *(da* rompere*)* **3** 14

rovinato **3** 14

ruotare intorno a **8** 6

rurale **6** 2

ruspa **10** 8

safari **6** 2

saggezza **1** 12

saggio *(sost.)* **5** 1

Sai/sapete che gioia?! **2** 12

salire* a **5** 6

salotto **5** 2

salvo *(+ inf.)* **2** 12

sarcastico **8** 11

saturarsi **4** 3

saturazione **4** 3

sbagliare **1** 2

sbagliare a *(+ inf.)* **6** 2

sbagliare numero **4** 9

sbagliare rotta **8** 3

sbagliato **2** 6

scaffale **1** 8

scalinata **10** 2

scambia-libri **5** 6

scambiarsi **4** 3

scambio **5** 6

scambio di battute **9** 15

scandire *(-isc)* le parole
   5 12

scannare **1** 12

scarsità **8** 6

scatolame **8** 11

scena **6** 12

scenario **5** 2

scendere* **6** 2

sceneggiatura **6** 12

scenografico **10** 2

schermo **1** 12

scherzo **7** 2

sciatore **5** 4

scienziato **8** 11

sciogliersi* **8** 2

scioglimento **8** 2

sciopero **5** 8

scivolare **5** 2

scoccare una scintilla **5** 2

scolorito **9** 3

scomodità **8** 6

scompenso **5** 2

sconfortato **8** 3

sconsolato **8** 11

scoperta **5** 6

scopo **1** 12

scoprire* **7** 11

scorrettezza **9** 2

scorretto 1 8

scortese 2 9

scrupolo di coscienza 1 12

scuola privata 6 2

scuotere* la testa 3 8

scusarsi 3 13

sdraiarsi 2 6

se 6 5

sé stesso 5 2

sebbene (+ cong.) 6 5

secondo l'esempio 2 5

seduta 8 13

segnalare 4 9

segnalazione 10 8

segnale 2 9/ 9 8

segnale acustico 4 6

segnale di divieto 2 9

segretamente 5 2

segreteria telefonica 4 6

Sembra brutto! 7 4

seminuovo 3 4

sensato 8 13

sensibilizzare 1 15

sensuale 2 13

sentimentale 9 8

sentimento 3 4

senza (+ inf.) 3 2

senza di (+ pron.) 7 4

separarsi 6 5

separazione 6 2

sequenza 2 6

serpentone mangiacoda
  3 8

servire a 1 8

servire a qu. 2 4

servire allo scopo 1 12

servire da (+ sost.) 10 8

servitore 5 10

sessuale 9 8

settimana bianca 8 3

severità 6 1

siccità 8 2

sicurezza 6 1

signorile 10 2

silenzioso 3 6

simile a 1 11

sincerità 6 1

sindaco 5 8

sistema 2 5 / 5 6

sistema delle targhe
  alterne 2 5

sito 1 12

slavina 8 2

slogan 8 1

smottamento 8 3

Società di navigazione
  10 2

sociologico 5 6

soddisfatto di 1 12

soddisfazione 1 1

soffrire* di cuore 9 5

sofisticato 5 2

sognare 1 5

sognatore 5 2

sogno 9 1

sogno nel cassetto 9 1

solidarietà 6 1

solitudine 5 2

somigliare a 8 3

sono tre anni che … 1 2

soprannome 6 10

soprannominare 6 10

sordo 4 6

sorpresa 5 6

sospendere* 4 3

sospensione 3 8

sottolineare 6 7

sottoscritto 7 8

sovrastare 10 2

spada 5 10

spargere* 5 6 / 9 8

spazzare 6 13

spazzare via 8 3

specialità 10 6

specifico 1 12

speculazione 10 8

speculazione edilizia 10 8

spedizione 3 13

speranza 7 4

sperimentare 8 11

spesa 3 7

spiazzare 1 12

spiazzo 10 8

spiccare 10 2

spiegarsi 2 9

spiegazione 10 6

spietato 1 12

spiritoso 9 8

spolverare 6 13

sporcare (trans.) 5 2

sporcizia 2 4

sposare 2 12

spostamento 1 12

spostare 1 12

spostarsi 8 11

sprofondare 6 10 / 7 8

Sta a vedere che … 5 12

stabile (sost.) 2 9

stambecco 10 8

stampa 5 13

stampare 5 6

stampella 3 2

stante (sost.) 10 8

stare* dietro a qu. 6 5

stare* insieme 3 5

stare* seduto 8 6

statale 10 2

Stato 6 5

stazione di benzina 5 6

stiletto 5 10

stimare 4 3

stimolare 5 9

storico (agg.) 5 1

stranamente 3 6

strangolare 3 8

strappare di mano 3 8

strega 5 10

stressante 7 7

strettamente necessario
  4 6

stretto (sost.) 10 8

striscia (pedonale) 2 6

struggente 10 8

strutture turistiche 10 8

stupendo 9 8

stupire (-isc) 9 14

su consiglio di 5 1

succo del discorso 1 6

sufficiente 8 11

suggerimento 1 12

sul lavoro 1 1

suonare (intr.) bene/
  male 1 8

suonare il clacson 2 10

superare 5 6

superato 3 8

superbia 9 2

superfluo 7 7

superiore 10 2

supposizione 3 4

surf 1 12

surgelati (m./pl.) 8 11

surgelato (agg.) 8 11

sveglia 3 2

svelto 4 3

svendere 8 8

svolgersi* 5 2

tale 9 8

tale 10 8

tale (che) 2 6

tam tam 5 6

tanto che 2 12

tanto per (+ inf.) 7 8

tanto per dirne una 2 12

tappetino 1 12

targa 2 5

tasca 3 1

tasso di crescita 6 2

tastiera 1 12

tavola rotonda 6 3

tecnologia 1 6

tecnologico 3 8

tema 1 8 / 1 15

temporaneo 5 6

tendenza 6 5

tendere* a (+ inf.) 8 3

tenerci* a (+ inf.) 7 4

tenere* (a qu., a qc.) 7 8

tenere* sott'occhio 5 6

tenero 10 6

tenersi* per mano 4 7

termine 1 12

terreno 8 3

territorio 8 3

terza media 2 12

tessuto 10 2

test 8 11

testo letterario 1 1

timore 4 3

tinello 6 10

tipa 9 8

tipo 10 6

tirar sù **3** 12

tirare dritto **8** 11

tirato a lucido **5** 12

titolo **5** 6

tizio **3** 8

toccare a (qu.) **5** 2

togliere* di mano **3** 8

togliere* una curiosità **1** 2

tolleranza **9** 2

tollerare **9** 11

tondo **9** 8

tono **4** 3

topo **1** 12

tormentato **5** 2

tornare a *(+ inf.)* **2** 12

torrente **8** 3

torrione **10** 2

torto **8** 3

tostato **10** 6

totale *(agg.)* **4** 3

totocalcio **8** 9

tovaglia **3** 1

tra parentesi **1** 4

tradurre* **1** 1

traffico **5** 6

transgenico **8** 11

trasferimento **9** 13

trasmissione televisiva **9** 1

trasporti pubblici **2** 5

tratto **9** 8

traversata **2** 6

travestimento **5** 2

travolgere* **3** 8

trenino **3** 2

triangolare **3** 1

triplicare *(intr.)* **6** 2

triste **5** 2

truccarsi **6** 10

trucco **3** 7 / **5** 6

tuffarsi **9** 8

tunnel **10** 8

turco **1** 13

tutela **1** 15

tutelare **1** 15

tutto il santo giorno **2** 12

uccidere* **5** 2

ufficiale *(agg.)* **1** 1

ufficio del turismo **10** 7

ultrasessantenne **6** 2

un (anno) sì e tre no **2** 12

un paio di **1** 2

un sacco di **1** 2

una cosa del genere **3** 13

una serie di **3** 8

una volta **6** 2

unico nel suo genere **10** 8

unità **1** 15 / **5** 6

universo **5** 2

uno … dopo l'altro **5** 2

urbanizzato **8** 3

urbano **6** 2

urlare **4** 6

usato **3** 4

uscire* **8** 8

uscita **10** 2

uso **7** 2

utente **4** 3

utopia **3** 12

va fatto **7** 8

va mo' **5** 12

vabbe' **1** 2

vacca **10** 6

vaglia postale **3** 13

validità **8** 11

valido **2** 2

valore **6** 6

valutare **1** 1 / **7** 8

vario **2** 13

vaso **3** 2

vecchio *(sost.)* **2** 6

veleno **8** 11

velluto **3** 1

veloce **2** 6

venire* a sapere **8** 11

venire* fame **8** 4

venire* in mente **8** 11

venire* incontro **3** 8

venire* un dubbio **1** 8

venire* un'idea **2** 6

vergognarsi (di) **1** 2

versante alpino **8** 3

vetro **3** 1

via **3** 3

videogiocomane **3** 8

videoregistratore **3** 8

vietare **2** 9

vietato **2** 9

villaggio **10** 8

violentemente **3** 8

violenza **8** 3

visceralmente **5** 6

vittima **5** 2

viva **10** 8

vivere* **10** 8

vivibile **2** 13

vivo **3** 12

volere* dire* **3** 8 / **6** 5

volontà **6** 10

volontario *(sost.)* **8** 11

volpe **10** 8

votare **7** 11

voto **9** 2

zafferano **5** 4

zona **2** 4

W

Qualcosa in più

a bassa voce
a mani vuote
a quattr'occhi
accennare a
aderire
aleggiare
alla base
allontanamento
almeno
al tempo stesso
altrettanto
apparecchio alimentato a
  batterie
appartenere* a
appuntito
assorbente
attorno a cui
augurare
ben presto
biancheria
bigliettino di
  ringraziamento
calorosamente
calze (pl.) di nylon
carattere
cartiera
celebre
cerotto
cestino
Chi se ne importa!?
cintura di sicurezza
commentare
comparire* sul mercato
composto da (da
  comporre*)

conoscente
creazione
culturale
descrizione
di carattere generale
di persona
distratto
divenire*
donatore
dovere* a qu.
essere* capace di
essere* fatto di
essere* in confidenza con
essere* presente
essere* sotto accusa
fazzoletto di carta
femminile
fino a quando … (non)
fondatore
Galateo
garza
gesto
godere* fama di
guerra mondiale
imbarazzare
in modo determinante
in presenza di
in tono scherzoso
inchiostro
inconciliabile
indicare
indifferenza
indumento
infermeria
influente

inimicizia
inquinamento
intendersela
intesa
intimo
meccanismo
medicare
mettere* in commercio
mettere* insieme
minaccia
minacciare
morbido
musicassetta
nastro
nastro adesivo
negare
negativo
non faceva che tagliarsi
parere*
passione
pazzia
penna biro
periodico (sost.)
piuma
politene
politica
politica estera
politica interna
portafortuna
praticità
prenderle
principale
prodotto di bellezza
produrre*
punizione

quotidiano (sost.)
reggiseno
responsabile
ricercatore
riconoscenza
rinnovare i
  ringraziamenti
riprodurre
ruotare (intr.)
saliera
saltare
scartare
scongiurare
scoperta
seno
serbatoio
settimanale (agg.)
sfera
sinonimo (di)
società
soffiarsi il naso
sorreggere*
specialistico
specialità gastronomiche
spilla
Stati Uniti (pl.)
strepitoso
stupidità
superstizione
tagliare la corda
tanto meno
Tiè!
tostapane
traccia

LÖSUNGSSCHLÜSSEL

LEZIONE 1

1

1. ci hai messo; 2. si mette; 3. ci mettete; 4. si è messa; 5. metterci; 6. si metta

2

1. Prima di partire faccio benzina. 2. Prima di andare a letto mi lavo i denti. 3. Prima di andare a dormire spegne la TV. 4. Prima di partire abbiamo controllato bene i bagagli. 5. Prima di cominciare a studiare si è riposato un po'. 6. Prima di prenotare il biglietto ci informeremo sul prezzo.

3

aveva aperto, si era dimenticata, aveva letto, aveva trascorso, era andata, aveva usato

4

2. Erano ... stati/-e; 3. aveva letto; 4. aveva ... preso; 5. avevo ... visto; 6. Era ... uscita; 7. Aveva ... mangiato; 8. Si erano ... arrangiati

5

1. delle quali; 2. nelle quali; 3. del quale; 4. nel quale; 5. per la quale; 6. con i quali; 7. per il quale; 8. con i quali

6

2. del quale; 3. con le quali; 4. della quale; 5. nel quale; 6. della quale; 7. nei quali

7

1. Domani ci dovrebbe essere/dovrebbe esserci il sole. 2. Il prossimo anno mi dovrei laureare/dovrei laurearmi. 3. In estate dovremmo partire per le Maldive. 4. Al corso si dovrebbero iscrivere/ dovrebbero iscriversi 30 persone. 5. Dovrebbero arrivare verso le 8. 6. Oggi dovrei finire questi esercizi.

8

	+ lo	+ la	+ li	+ le	+ ne
mi	me lo	me la	me li	me le	me ne
ti	te lo	te la	te li	te le	te ne
gli/le/Le	glielo	gliela	glieli	gliele	gliene
ci	ce lo	ce la	ce li	ce le	ce ne
vi	ve lo	ve la	ve li	ve le	ve ne
gli	glielo	gliela	glieli	gliele	gliene

9

1. me li; 2. me l'; 3. glieli; 4. glielo; 5. ve lo; 6. gliene; 7. te ne

10

1. glielo; 2. me le; 3. te lo; 4. me ne; 5. ve ne; 6. ce li

11

1. f. gliela; 2. h. gliene; 3. a. me ne; 4. g. Te l'; 5. c. Ve lo; 6. e. Ce li; 7. d. me ne; 8. i. Gliene; 9. b. glieli

12

1. te lo; 2. gliel'; 3. me ne; 4. me ne; 5. ce l'; 6. me l'; 7. me l'

13

Il prefisso *in-* diventa *im-* davanti a *b, m* e *p*. Diventa *ir-* davanti a *r*.
in-: incredibile, indeciso, indipendente, infinito, inusuale, inutile, inadatto, incapace
im-: impossibile, imprevisto, immangiabile, impaziente, imperfetto, impopolare, impreciso, improbabile
ir-: irregolare, irragionevole

LEZIONE 2

2. d; 3. e; 4. a; 5. b; 6. c

1. Oggi a Sandro tocca studiare tutto il giorno.
2. È vero che sei dovuto/-a stare a casa tutta la sera?
3. Domani ci tocca partire anche se non ne abbiamo voglia. 4. Ieri mia sorella è dovuta tornare in ufficio dopo cena. 5. Spero che non ti tocchi ripetere l'anno!

2. avrei guidato; 3. avrei messo; 4. avremmo preferito; 5. sarebbe piaciuto; 6. Avrei potuto

4

2. avrebbe dovuto–d; 3. sarebbe piaciuto–e; 4. avremmo preso in affitto–f; 5. avrebbero voluto–c; 6. avrei accompagnata–a

5

1. c; 2. b, 3. a; 4. a; 5. b; 6. c; 7. a; 8. a; 9. a; 10. b

1. Cleopatra: fece, ebbe, diede, Visse; 2. Domenico Modugno: iniziò, presentò, Vinse, Partecipò, diventò; 3. Maria Callas: fu, ebbe, Sposò, si innamorò, lasciò, Morì; 4. Guglielmo Marconi: studiò, si trasferì, andò, visse, Inventò, ottenne

8

sono andato/-a; ho detto; sono arrivato/-a; abbiamo chiesto; avete dato; hanno avuto; abbiamo detto; hanno dato

a.
1. il mio ombrello: aggettivo; 2. I miei: pronome; 3. i tuoi: pronome; 4. mio padre ... la sua giovinezza: aggettivi; 5. la mia: pronome; 6. il tuo cappotto: aggettivo/il mio: pronome
b.
1. v; 2. f; 3. v; 4. v

1. la, la; 2. -, i, -; 3. -, i; 4. -, -; 5. i, il; 6. -; la

6

	io	tu	lui, lei, Lei	noi	voi	loro
avere	ebbi	avesti	ebbe	avemmo	aveste	ebbero
chiedere	chiesi	chiedesti	chiese	chiedemmo	chiedeste	chiesero
dare	diedi	desti	diede	demmo	deste	diedero
dire	dissi	dicesti	disse	dicemmo	diceste	dissero
essere	fui	fosti	fu	fummo	foste	furono
fare	feci	facesti	fece	facemmo	faceste	fecero
ottenere	ottenni	ottenesti	ottenne	ottenemmo	otteneste	ottennero
prendere	presi	prendesti	prese	prendemmo	prendeste	presero
scrivere	scrissi	scrivesti	scrisse	scrivemmo	scriveste	scrissero
vedere	vidi	vedesti	vide	vedemmo	vedeste	videro
venire	venni	venisti	venne	venimmo	veniste	vennero
vincere	vinsi	vincesti	vinse	vincemmo	vinceste	vinsero
vivere	vissi	vivesti	visse	vivemmo	viveste	vissero

Le forme della seconda persona singolare e della prima e seconda persona plurale sono sempre regolari (eccetto *dare* e *dire*). Tutti i verbi irregolari hanno l'accento sulla penultima sillaba. Solo la terza persona plurale ha l'accento sulla terzultima sillaba.
Rispondere: risposi, rispondesti, rispose, rispondemmo, rispondeste, risposero

11

1. la tua, la mia; 2. Miei, Tuoi, i miei; 3. del nostro, del mio; 4. sua, mia; 5. i miei, Suo, 6. tua, la mia; 7. la mia; 8. nel vostro

12

nel 1963, fino a 22 anni, dal 1985, dopo 18 anni, un anno sì e tre no, nel novembre, dello scorso anno, quando, mentre, da quando, tutto il santo giorno, finché, appena

13

1. Umbria; 2. Valle d'Aosta; 3. Sicilia; 4. Campania; 5. Puglia; 6. San Marino

LEZIONE 3

1. ZAINO; 2. ORECCHINI; 3. QUADERNO; 4. COMPUTER; 5. TOVAGLIA; 6. RASOIO; 7. TAVOLO; 8. OCCHIALI. Soluzione: ACQUISTI

1. abbia comprata; 2. sia costata; 3. abbiano … cambiato; 4. hanno dati; 5. sia uscito; 6. abbia comprata

3

da eliminare: 1. abbia avuto; 2. sia stato, ci siano state, abbiano potuto; 3. abbia, rimanga; 4. abbiano avuto, diventi; 5. sia stato, spenda; 6. paghi; 7. acquisti

4

1. cosmetici: pomata, crema, profumo; 2. capi di abbigliamento: abito, impermeabile, pelliccia, sciarpa; 3. documenti: carta di credito, passaporto; 4. mezzi di trasporto: autobus, macchina, metrò, scooter; 5. mezzi di comunicazione: cellulare, telefono, lettera; 6. sport: calcio, sci. Soluzione: CONSUMISMO

1. a noi; 2. con il computer; 3. con Carlo; 4. da loro; 5. con mio padre; 6. con il cellulare; 7. a casa; 8. all'infanzia; 9. con i soldi

6

significato di di nuovo, ancora una volta: 1. rileggo, riascolto; 3. Ripartirei; 6. rivediamo; 10. richiama

7

1. Quando mi sarò laureato/-a, andrò all'estero.
2. Appena sarà arrivato il treno, telefoneremo a Sandra.
3. Dopo che avrete letto l'articolo, farete una discussione? 4. Quando avrà finito di fare i bagagli Francesco partirà. 5. Appena saranno ritornati i nostri amici festeggeremo insieme.

8

1. si sarà laureata, organizzerà; 2. Ci vorrà, avrò finito, partirò; 3. avrà riparato, verrò; 4. metteranno; 5. andrò; 6. avrò, chiamerò; 7. Si metterà ; avrà finito

9

da sottolineare: andrò, Sarei andato, usciranno, sarebbe venuta, Sarei uscito, farò

11

(1) Per fortuna siete ancora aperti! Senta, io avrei un problema. La settimana scorsa ho comprato qui da voi un cellulare, ma … non funziona più.
(2) *Strano, è la prima volta che succede una cosa del genere. Me lo fa vedere?*
(3) Guardi qua. Mi avevate assicurato che era di ottima qualità …
(4) *In effetti lo è. Adesso diamo un' occhiata. Dunque, vediamo … Ma questo telefonino ha preso acqua!*
(5) Come sarebbe a dire? Acqua? No, non direi … Non mi pare …
(6) *Eppure Le garantisco … perché vede, i contatti con la batteria sono ossidati!*
(7) Se lo dice Lei … beh … può darsi, ma in ogni caso ho la garanzia!
(8) *Eh, signora, sono spiacente, ma purtroppo questo non è un difetto dell'apparecchio. In questo caso la garanzia non copre la sostituzione.*
(9) Allora voglio parlare con il proprietario. Guardi che sono una buona cliente io!
(10) *Mi dispiace, ma al momento non c'è. Non può ripassare più tardi?*
(11) Certo che torno, non si preoccupi!

LEZIONE 4

1

1. Basterà pronunciare il messaggio e tutto sarà chiaro. 2. Internet ha conosciuto ultimamente una grandissima diffusione. 3. Ogni giorno circolano nel mondo moltissime mail. 4. Molti avevano previsto questo sviluppo di Internet. 5. Tutto ha funzionato in modo perfetto. 6. E questo numero è destinato a crescere. 7. Molte persone usano ogni giorno il PC.

2

a.

fare	stare	essere	vedere	partire
facessi	stessi	fossi	vedessi	partissi
facessi	stessi	fossi	vedessi	partissi
facesse	stesse	fosse	vedesse	partisse
facessimo	stessimo	fossimo	vedessimo	partissimo
faceste	steste	foste	vedeste	partiste
facessero	stessero	fossero	vedessero	partissero

b.

indicativo presente: faccio;
indicativo imperfetto: bevevo, facevo;
congiuntivo imperfetto: dicessi, bevessi, facessi

c.

La prima e seconda persona singolare del congiuntivo imperfetto sono uguali. Il congiuntivo imperfetto, anche dei verbi irregolari, si forma normalmente dall'indicativo imperfetto.

3

1. lavorassero; 2. avessimo; 3. parlassero; 4. passaste; 5. avessi; 6. guadagnaste; 7. riuscissi; 8. fosse

4

1. Temevo che tu non mi capissi. 2. Non sopportavo che i miei mi chiamassero «piccola». 3. Mi dava fastidio che si fumasse in casa. 4. Aveva paura che non facessimo in tempo ad arrivare. 5. Immaginavo che fossero soddisfatti del risultato. 6. L'insegnante temeva che non studiassimo abbastanza. 7. Non vedevano l'ora che tu venissi.

5

1. fosse; 2. vedesse; 3. capissi; 4. ci fossero; 5. mangiassi; 6. avessi; 7. steste; 8. andasse

6

1. f, g; 2. c, d; 3. b, e; 4. a, m; 5. h, l; 6. i, n

7

2 – 7 – 9 – 10 – 8 – 3

1. sta facendo, lo richiamerà; 2. ha, farsi; 3. lui, andranno, vuole andare, loro, deve chiamarli, ha, deve; 4. si sente, mangia; 5. stanno aspettando, le pesa

8

1. Siccome non ho molto tempo, domenica non potrò venire a sciare con voi. 2. Mi dispiace, il mio PC si è rotto e quindi non posso finire la traduzione. 3. Se vuoi, stasera puoi uscire con la tua ragazza. 4. Capiamo perché non hai più voglia di studiare. 5. Deve venire da me alle cinque e, se non fa in tempo, deve telefonarmi. 6. La vostra macchina sarà pronta fra sette giorni, ma se avete davvero fretta, posso cercare di ripararla un po' prima.

9

2 – 4 – 1 – 5 – 3; La prima volta …; Oddio, proprio …; di continuo …; davanti alla …; Lei, poverina …

10

Che il tempo è brutto, che l'albergo dov'è costa un sacco di soldi, che la proprietaria è piuttosto antipatica, ma che (lei) si sente benissimo. Che dorme molto, che quindi è riposata e di conseguenza sempre di buon umore. Che Guglielmo le insegna a nuotare e che vanno sempre al mare quando il tempo lo permette. E mi ha anche rivelato un segreto: che è innamorata di lui e che pensa di sposarsi presto o comunque di andare presto a vivere con lui.

11

1. però; 2. quando: 3. per; 4. che ne so; 5. se; 6. Così/Quindi; 7. però; 8. quindi/così; 9. comunque; 10. Anzi

LEZIONE 5

1

1. PROTAGONISTA; 2. SCRITTRICE; 3. POLIZIESCO; 4. RECENSIONE; 5. GIORNALE; 6.GUIDA; 7. ROMANZO. Soluzione: SICILIA

2

1. Lo aiuto volentieri, purché/a condizione che/a patto che mi prometta di studiare di più. 2. Ci va anche lei, purché/a condizione che/a patto che l'accompagni qualcun altro. 3. Lo leggerete volentieri, purché/a condizione che/a patto che amiate i gialli. 4. Esco con loro, purché/a condizione che/a patto che mi promettano di non andare in discoteca. 5. Ti divertirai purché/a condizione che/a patto che ami la montagna. 6. Sarà divertente purché/a condizione che/a patto che vi piacciano le escursioni. 7. Lo prendo purché/a condizione che/a patto che Lei mi faccia uno sconto.

3

b. Linda (4); c. Grazia (5); d. Miriam (2); e. Rebecca (6); f. Vittorio (9); g. Simona (7); h. Francesco (8); i. Valentina (1)

4

1. È la città più bella che abbia mai visto. 2. È il libro più avvincente che abbia mai letto. 3. È la giornata più bella che abbiano mai trascorso. 4. È la vacanza più stressante che abbiate mai fatto? 5. È il cibo più salato che (tu) abbia mai mangiato? 6. È la birra più forte che abbiamo mai bevuto. 7. È il programma più interessante che abbia mai ascoltato.

5

1. Sì, è la città più bella che abbia mai visitato. 2. Oh, sono le persone più generose che abbia mai conosciuto. 3. Sì, è il cibo più piccante che abbiamo mai provato. 4. Sì, è la trasmissione più stupida che abbia mai visto. 5. Sì, è il monte più alto su cui/sul quale siano mai stati.

6

Quando, infatti, quello, Insomma, chi, In questo modo, mentre, a questa parte, Per esempio, Al momento, però

7

1. Fu, fu, è/viene (Venezia); 2. è/viene (il Po); 3. fu/venne (il Trentino-Alto Adige); 4. sono stati (Federico Fellini); 5. è stata (Sofia Loren)

8

1. Un libro di John Grisham venne/fu abbandonato da un signore all'aeroporto di Los Angeles. 2. Il volume non era stato perduto dal signore, era stato lasciato lì di proposito. 3. Questo esperimento sociologico globale è stato organizzato da un sito Internet. 4. A ogni libro vengono/sono assegnati un numero di identificazione ed un'etichetta da *bookCrossing*. 5. L'etichetta può essere stampata e attaccata sul volume dal responsabile. 6. Il libro trovato può essere letto dal nuovo proprietario. 7. I proprietari sperano che i libri vengano/siano rimessi in circolazione dai lettori.

9

l'albergo è già stato prenotato; i fiori devono ancora essere innaffiati; i documenti devono ancora essere controllati; il frigo e la luce devono ancora essere staccati; la guida è già stata letta; il gatto deve ancora essere portato alla vicina; il lavoro in ufficio è già stato finito

10

1. guerra; 2. matrigna; 3. fata; 4. regina; 5. servitore
Soluzione: Carlo Collodi

11

circonvallazione, distinto, giornale, stazioni, occhiali, pagina, paio, segno zodiacale, vergine, periodo, fortuna, piacere

12

infilarsi: gli occhiali, le scarpe, i pantaloni, una giacca
allacciarsi: una cintura, i pantaloni, le scarpe
consultare: un medico, l'oroscopo, un orario, un catalogo
indossare: una polo, i pantaloni, le scarpe, una giacca
scandire: le parole, il tempo
abbassar(si): i pantaloni
assaporare: un piacere, un cibo

13

2. Paola, che tu sappia Sandro ha ancora la macchina o l'ha già venduta? 3. Olga, senti, che tu sappia ci sono ancora biglietti per il Rugantino? 4. Hai visto Michele? Mah, che io sappia non è ancora arrivato. 5. Signorina, che Lei sappia è già arrivato il tecnico per il computer? 6. C'è da fidarsi di lui? Ma cosa vuoi che ne sappia?

LEZIONE 6

1

ultrasessantenne (s), insipido (c), stanza (s), loquace (c), crescita (c), convincere (c), metropoli (s), pulire (c), moderno (c), privato (c), giovane (c), distrattamente (c), nascita (c)

1. sì, 2. no; 3. no; 4. no; 5. sì, 6. sì; 7. sì; 8. sì

2

1. peggiore; 2. migliore, le migliori, ottime; 3. meglio; 4. più; 5. pessimo; 6. il minore; 7. meno

3

2. credibile; 3. indimenticabile; 4. incomprensibile; 5. mangiabile; 6. è riciclabile; 7. fattibili

4

3. Lasciami entrare! Fa freddo fuori ... 4. Mi lasci provare i tuoi pantaloni? 6. Lasciami capire cosa ti passa per la testa! 7. Lasciatemi passare, per cortesia! 9. I miei mi lasciano sempre fare quello che voglio. 11. Lasciami pensare un momento!

5

2. Perché non prestate mai attenzione a quello che dico? 3. Presenti la domanda entro il 10 febbraio! 4. Ieri con la macchina ho percorso 100 chilometri. 5. Com'è dimagrita. Avrà seguito una dieta? 6. In quella ditta si producono bellissimi mobili. 7. Mia madre mi cucina sempre dei piatti magnifici. 8. In città hanno costruito un nuovo impianto sportivo. 9. Mi poneva sempre un sacco di domande. 10. È vero che pratica moltissimi sport?

6

1. Sebbene non ne abbia voglia devo studiare. 2. Sebbene (tu) sia stanco finisci il lavoro! 3. Sebbene fossero stranieri, parlavano benissimo l'italiano. 4. Sebbene si alzassero presto, arrivavano sempre in ritardo. 5. Sebbene perdiate, continuate a battervi. 6. Sebbene continuino a sbagliare, non si perdono d'animo. 7. Sebbene fosse grasso non si metteva mai a dieta.

7

da sottolineare: anche se ero da sola, Sebbene ci fosse molta gente, anche se mio marito ... dice il contrario, malgrado ci fosse un freddo terribile

2. nonostante/sebbene/benché/malgrado fossi da sola; 3. Anche se c'era molta gente; 4. nonostante/sebbene/benché/malgrado mio marito ... dica il contrario; 5. anche se c'era un freddo terribile

8

1. e; 2. b; 3. d; 4. g; 5. f; 6. a; 7. c

9

1. ci si è; 2. ci si impunta; 3. Ci si lamenta; 4. ci si blocca; 5. ci si arrende, si; 6. ci si trasferisce, si; 7. ci si fida

10

1. a, 2. b, 3. a; 4. a, 5. a, 6. b; 7. b, 8. a

11

1. Vedendo; 2. sbagliando; 3. Uscendo; 4. Ripetendo; 5. Facendo; 6. Andando; 7. ascoltando; 8. Traducendo

12

verbo	sostantivo	aggettivo	avverbio
---	l'attenzione	attento	attentamente
aumentare	l'aumento	---	---
cambiare	il cambiamento	---	---
controllare	il controllo	---	---
contenere	il contenuto	contenente	
crescere	la crescita	cresciuto/crescente	---
decidere/decidersi	la decisione	deciso/decisivo	decisamente
---	la disponibilità	disponibile	---
---	l'eleganza	elegante	elegantemente
nascere	la nascita/natalità	nato	---
preoccuparsi	la preoccupazione	preoccupato	---
---	la severità	severo	severamente
---	la sicurezza	sicuro	sicuramente
---	la sincerità	sincero	sinceramente
---	la tradizione	tradizionale	tradizionalmente
vivere	la vita	vivente	---

I sostantivi in *-sione* e *-zione* sono femminili.

LEZIONE 7

1. papà; 2. carnevale; 3. lenticchie; 4. presepio; 5. novembre; 6. S. Silvestro
Soluzione: Natale con i tuoi e Pasqua con chi vuoi!

1. Magari; 2. è solo che; 3. mica; 4. magari; 5. Dai; 6. Per carità; 7. Calcolando che

1. d. potessimo; 2. a. fosse; 3. e. avesse; 4. b. venisse; 5. c. portasse

4 – 10 – 8 – 2 – 7 – 3 – 6 – 1 – 9 – 11 – 5

2. mi avresti portato/-a a sciare! (d); 3. non sareste più arrivati/-e in ritardo! (b); 4. avrebbe festeggiato con te? (f); 5. l'avrebbe portata alle Maldive. (g); 6. avrebbe spedito le mail il più presto possibile. (a); 7. la sera sarebbero usciti. (e)

avresti portato/-a, saremmo andati, avresti accompagnato/-a, avremmo visitato, saremmo sposati, avresti regalato, saresti dimenticato, saresti cambiato, saresti diventato, avrei creduto

Soluzione: A caval donato non si guarda in bocca.

8

1. vedendomi; 2. facendolo; 3. Ascoltandolo; 4. Rivedendola; 5. riprendendoli; 6. Rileggendola; 7. Ripensandoci; 8. Richiamandoti

9

Soluzione: MARCHE

10

1. Se la stanza non fosse molto buia, sarebbe più accogliente. 2. Se le scarpe fossero meno care, le comprerei. 3. Se fosse meno distratto, non avrebbe sempre un sacco di difficoltà. 4. Se ci fosse meno traffico, prenderei la macchina. 5. Se avessero più tempo, non farebbero tutto di fretta. 6. Se Eva fosse una persona meno chiusa, la sposerei. 7. Se mi dessero una mano, non dovrei fare tutto da solo. 8. Se Franco non fosse pessimista e avaro, lo troverei simpatico.

11

1. e.; 2. d; 3. b.; 4. c.; 5. a.

12

1. avessi; 2. funzionasse; 3. ti alzassi; 4. steste; 5. rispondesse; 6. fossero; 7. dovessimo; 8. facesse

13

potessi, sarei, partirei, potrei, girerei, sarebbe, Tirerei, avrei, facesse, mi metterei, lascerei, avessi, farei, sarebbe, farei, dovrei, sognasse

LEZIONE 8

1

Soluzione: PIOGGE ACIDE

2

1. essere al verde; 2. principe azzurro; 3. una settimana bianca; 4. leggere gialli; 5. mangiare in bianco; 6. in neretto

3

2. Avendo saputo; 3. Avendo previsto; 4. Essendo arrivati; 5. Avendo seguito; 6. Avendo speso

4

1. Essendosi diplomata con una votazione molto alta; 2. Non essendo bravo in matematica; 3. Non avendo mai avuto il coraggio di mettersi in proprio; 4. Avendo lavorato troppo ieri; 5. Conoscendo molto bene l'inglese; 6. Avendo deciso di passare una settimana in montagna

5

Dopo esser andata dal medico, mi sono messa a dieta./Dopo aver seguito i tuoi consigli, sono migliorato molto./Dopo aver telefonato ad Arianna, chiamò Sara./Dopo aver letto la notizia, ne discusse con gli amici./ Dopo aver visitato Venezia, tornò nel suo Paese./Dopo esser stati al cinema, sono andati a bere qualcosa insieme./Dopo aver ricevuto il regalo, mi accorsi che era riciclato./Dopo aver ringraziato dell'invito, uscì.

6

1. Dopo aver bevuto qualcosa al bar, sono andato al lavoro. 2. Dopo aver controllato bene le valigie, sono partite. 3. Dopo essermi informato/-a sul prezzo del biglietto, prenoterò. 4. Dopo essersi comprati un nuovo paio di sci, sono partiti per la settimana bianca. 5. Dopo aver provato a curarsi da solo, ha chiamato il medico. 6. Dopo aver finito gli esercizi, siamo usciti. 7. Dopo esserci riposati un po', abbiamo ripreso il lavoro.

7

1. d; 2. g; 3. h; 4. e; 5. f; 6. c; 7. a; 8. b

8

avrei saputo, avrei deciso, avessi preso, sarei ... stato, avrei/sarei vissuto, avrei conosciuto, fossi andato, avrei imparato, sarei venuto a contatto, avrei fatto, avessi frequentato, mi sarei innamorato

9

Se non fosse stato bocciato, avrebbe proseguito gli studi, avrebbe preso un diploma e poi una laurea. Se avesse preso una laurea, avrebbe ottenuto un posto di lavoro più interessante e avrebbe guadagnato di più. Se avesse guadagnato di più, avrebbe potuto lavorare di meno e avrebbe avuto più tempo libero. Se avesse avuto più tempo libero, avrebbe potuto riprendere a studiare.

10

Soluzione: MUCCA PAZZA

11

1. Che facciano; 2. Che voglia; 3. Che sia; 4. Che manchino; 5. Che stiano; 6. Che dipenda

1. no; 2. no; 3. sì

12

1. avrebbero potuto; 2. trattano, pagano; 3. costruiranno; 4. hanno detto; 5. risponderanno, hanno assicurato; 6. avessero suonato; 7. danno; 8. regalassero; 9. stiano

13

1. SCATOLAME; 2. PRECOTTI; 3. BARATTOLO; 4. ALIMENTARI; 5. ASSOCIAZIONE; 6. BREVETTI; 7. CONSUMATORE; 8. AGRICOLTURA; 9. SURGELATI; 10. CARRELLO
Soluzione: SOTTOVUOTO

LEZIONE 9

venissi, portassi, potessi, conoscessi, diventaste, dicessi, arrivassi, dessi

1. aveste … incontrato; 2. servisse; 3. abbia, abbia venduto; 4. ammirassi; 5. sia; 6. si fosse dimenticata; 7. siano partiti

1. stava; 2. sia; 3. ci siano rimasti; 4. fossero; 5. hai fatto; 6. sia andato; 7. aveste già mangiato; 8. ha capito; 9. avesse visitato; 10. è, ha

da quando, per questo, prima che, forse, senza, pur di, Anzi, proprio

5

1. finisca; 2. vada, si trovi, 3. desse; 4. facesse; 5. fossero, 6. trasmettesse ; 7. ci troviamo; 8. vada

1. potessi; 2. sopportassimo, 3. avessero; 4. sia; 5. abbia mai amato; 6. abbia capito; 7. avessero

1. MOTORINO; 2. SCORRETTO; 3. TORTO; 4. OMBRELLO; 5. EGOISMO; 6. MANTENERE; 7. BUGIE, 8. AVARO; 9. USO; 10. DIFETTO; 11. ONESTO; 12. SUPERBO
Soluzione: TROVA UN TESORO

1. Mi dice sempre che la grammatica è difficile./Mi diceva sempre che la grammatica era difficile. 2. Sandra dice che Carlo l'ha cercata./Sandra ha detto che Carlo l'aveva cercata. 3. Sandra dice che Colette aveva già studiato l'italiano./Sandra ha detto che Colette aveva già studiato l'italiano. 4. Paolo dice che andrà a vedere la mostra./Paolo ha detto che sarebbe andato a vedere la mostra. 5. Paolo mi dice sempre di mangiare di meno./Paolo mi ha detto di mangiare di meno.
6. Flavia dice che suo figlio vorrebbe riposare./Flavia ha detto che suo figlio avrebbe voluto riposare.

9

1. Il marito disse alla moglie che sarebbero venuti a pranzo due colleghi. 2. L'amica gli chiese se lì non si trovava (trovasse) bene. 3. Lucio domandò all'amico se andava (andasse) anche lui a bere qualcosa con loro. 4. Stefania gli ha risposto che aveva da fare e aveva preferito rimanere a casa. 5. Silvio ha detto a Franca che il sabato successivo sarebbe dovuto andare a Bologna e le ha chiesto se andava (andasse) con lui.

10

era (fosse), lì, c'era, di parlare, se aveva (avesse) già visto, loro, di no, pensava, dopo, dirle di aspettarlo, darle, se non doveva (dovesse) darlo, gli aveva detto, credeva che non fosse più, gli poteva (potesse) telefonare, ci fossero stati, di no, l'avrebbe richiamato lui, aspettava, sua

11

forme corrette: di essere tornato, fosse stato, lasciasse, fosse, era tornato, fosse andato, di essere, aver, avesse preparato, la sera, aveva invitato, dispiacesse, avrebbe preferito, lì, era, di essere, pensava, temeva, avrebbe fatto, pensare, stare, farsi

LEZIONE 10

1

comune/provincia/regione/stato; Veneto/Trentino/Lombardia/Piemonte; Toscana/Lazio/Abruzzo/Calabria; Emilia Romagna/Molise/Valle d'Aosta; Colosseo/Pantheon/Uffizi; Milano/Torino/Venezia; Monte Bianco/Monte Rosa/Etna

2

1. f; 2. a; 3. h; 4. e; 5. b; 6. g; 7. d; 8. c

3

da sottolineare: la lingua viene usata, i vocaboli devono essere studiati, deve essere seguito il proprio ritmo personale, non ogni singola parola deve essere capita, devono essere memorizzate frasi intere, devono essere fatti tutti, quelli che vengono assegnati dal professore, vengano copiati da un compagno, i consigli dovrebbero essere seguiti, i voti devono essere dati; i vocaboli vanno studiati; va seguito il proprio ritmo personale; non ogni singola parola va capita; vanno memorizzate frasi intere; vanno fatti tutti; i consigli andrebbero seguiti, i voti vanno dati

4

le cui, i cui, il cui, la cui, la cui, il cui

5

1. saLe; 2. acEto; 3. Cotto; 4. analCOlica; 5. caRNe; 6. mIEle. Soluzione: LECCORNIE

6

1. brilli; 2. timidi; 3. colleghi; 4. distratti; 5. amici; 6. disponibili; 7. calvi; 8. fratelli

7

1. si è mangiato; 2. non si è riusciti; 3. si sono bevute; 4. si sono venduti; 5. non si è visto; 6. si è lavorato

8

1. dall'; 2. a cui; 3. la meglio; 4. di tutto; 5. necessita; 6. abbonda

9

1. iSOla; 2. ReGione; 3. scioglimENto; 4. presidenTE; 5. FOrmaggio; 6. CEntro
Soluzione: Il fiume nasce da una SORGENTE e muore con la FOCE.

10

1. la benzina è troppo cara./i consumi fossero minori. 2. mio marito possa usare la macchina./la macchina la usa mio marito. 3. mi accompagnasse dal dentista./mi serviva un'informazione. 4. faceva troppa ombra./ci fosse più luce. 5. i miei figli possano avere un futuro migliore./mancano due colleghe. 6. mi coprissero le gambe storte./amo l'abbigliamento sportivo.

11

1. è; 2. è riusciti, cerchi; 3. venga; 4. possa; 5. è; 6. diventi

12

2. Nella zona di Orta si possono fare molte gite in bicicletta, *anche se* non esistono piste apposite.
3. Si deve fare di tutto *affinché* i nostri paesi non vengano minacciati dal turismo di massa.
4. L'Ufficio del Turismo informa i turisti su ciò *che* possono vedere di interessante.
5. *Dopo* aver visto l'esperienza del tunnel nella Manica, un lettore pensa che anche il luogo paesaggistico dello Stretto di Messina possa essere compromesso dalla costruzione di un ponte.
6. *Poiché* era molto stressato, l'ipotesi di una bella settimana di vacanza lo attirava.
7. *Ovunque* si vada, in Val Savaranche si sente solo il rumore del torrente.

QUELLENVERZEICHNIS

Umschlagfoto: oben links: © Reiner Harscher/BlueBox; unten rechts: Arts + Crafts Team,
    Dieter Reichler, München
Seite 11: Prospektmaterial
Seite 12: © Europäische Kommission/Europarat
Seite 14: «Grammatica Italiana di Base», S. 110 und S. 168, © Zanichelli, 2000, Bologna
Seite 16: aus «Io donna/Corriere della Sera», 1998
Seite 23: «La traversata dei vecchietti» aus «Il bar sotto il mare» von Stefano Benni,
    © Giangiacomo Feltrinelli Editore, 1987, Mailand
Seite 30: unten rechts: MHV-Archiv; unten Mitte: mit freundlicher Genehmigung von Stilmöbel Mauksch:
    www.englisch-wohnen.de
Seite 36: aus «Il dottor Niù» von Stefano Benni, © Giangiacomo Feltrinelli, 2001, Mailand
Seite 38: links: © Berloni S. p. A., Pesaro; Mitte: © Photonica/Johner; rechts:
    © Preca Brummel S. p. A., Carnago
Seite 44: Text: aus «Affari & Finanza/la Repubblica» von Giuseppe Turani, 27/05/2002
Seite 53: Buchcover links und Mitte: Arnoldo Mondatori, Mailand; rechts: © Tullio Pericoli, Mailand
Seite 56: aus «la Repubblica» von Alessandro Rampietti, 5/08/2002
Seite 60: aus «la Repubblica», 12/06/2002
Seite 63: aus «Newsweek/la Repubblica» von Susan H. Greenberg, 19/04/2001
Seite 68: Buchcover: Baldini & Castoldi, Mailand; Text: aus «Jack Frusciante è uscito dal gruppo»
    von Enrico Brizzi; © Baldini & Castoldi, 1995, Mailand
Seite 72: Mitte links: © www.romaturismo.it; Mitte rechts: MHV-Archiv/MEV
Seite 80: © Photonica/Gerry Johansson
Seite 81: aus «la Repubblica» von Antonio Cianciullo, 31/08/2002
Seite 87: MHV-Archiv/Photodisc;
Seite 88: © Capri & Capri
Seite 94: aus «I veri nomi» von Andrea De Carlo, Mondadori 2002, Mailand
Seite 101: Text: aus «Bell'Italia» von Auretta Monesi, Nr. 192/April 2002
Seite 102: © GEOnext – Istituto Geografico De Agostini, 2003
Seite 103: © Turismo Torino
Seite 104: Mitte: MHV-Archiv/MEV
Seite 108: Papiertaschentücher: © Zewa/Sca Hygiene Products GmbH; Kugelschreiber:
    © mit freundlicher Genehmigung von Parker; Walkman: © Sony Deutschland GmbH; BH,
    Plastikflaschen, Pflaster: MHV-Archiv
Seite 109: Kaugummi: © Wrigley GmbH; Sicherheitsgurt: © BMW Group; Waschmittel:
    © Henkel S. p. A.; Turnschuhe: © Puma AG; Nassrasierer: © Gillette Gruppe Deutschland;
    Toaster: © AEG Deutschland; Anrufbeantworter: © Olympia IT GmbH; Nylonstrümpfe:
    © Falke KG
S. 123: © dpa, Frankfurt
Seite 124: aus «Storiette e Storiette tascabili» von Luigi Malerba, Mondadori, Giulio Einaudi Editore,
    1994, Turin
Seite 141: Text: «Il Computer» aus «Ordine e Disordine» von Luciano De Crescenzo,
    Arnoldo Mondadori, 1997, Mailand

Die CD enthält alle mit dem Symbol ⊚ gekennzeichneten Dialoge und Hörtexte. Auf Knopfdruck ist jeder gewünschte Text unmittelbar verfügbar.

Gesamtlaufzeit: 59 Minuten

Sprecher: G. Andrei, M. Balì, S. Carotti, T. Fallai, C. Ionda, M. Lombardi, R. Serafini
Für die Instrumentalmusik danken wir Vanni Cassori und Cubase Magazine.
Produktion: Tonstudio Harmonizer, Firenze, Tontechniker Vanni Cassori.